A. PRUDHOMME
Archiviste de l'Isère

ÉTUDES HISTORIQUES

SUR

L'ASSISTANCE PUBLIQUE A GRENOBLE

AVANT LA RÉVOLUTION

TOME I

Maison de l'Aumône de Saint-Hugues ou Hôpital de la Madeleine. — Hôpital de Saint-Antoine. — Hôpital de Saint-Jacques. — Hôpital de l'Ile ou des Infez. — La Peste à Grenoble. — Les Maladreries ou Léproseries.

GRENOBLE
LIBRAIRIE DAUPHINOISE
H. FALQUE ET FÉLIX PERRIN
1898

ÉTUDES HISTORIQUES

SUR

L'ASSISTANCE PUBLIQUE A GRENOBLE

AVANT LA RÉVOLUTION

OUVRAGES DU MÊME AUTEUR

Histoire de Grenoble. Grenoble, Gratier, 1888, grand in-8°.

De l'origine et du sens des mots Dauphin et Dauphiné et de leurs rapports avec l'emblème du Dauphin en Dauphiné, en Auvergne et en Forez. Paris, 1893, in-8°.

Les Juifs en Dauphiné aux XIV*e et* XV*e siècles*. Grenoble, 1883, in-8°.

Simples notes sur Pierre de Sébiville, premier prédicateur de la Réforme à Grenoble (1514-1524). Bourgoin, 1884, in-8°.

Notice historique sur la ville de Bourgoin. Vienne, 1881, in-8°.

Le Trésor de Saint-Pierre-de-Vienne. Paris, Picard, 1885, in-8°.

Un épisode inconnu de la vie privée du Baron des Adrets. Grenoble, 1887, in-8°.

La Charte communale de Veynes (Hautes-Alpes). Paris, 1886, in-8°.

La démission de Servan et le procès scandaleux de la Demoiselle Bon. Grenoble, 1889, in-8°.

Recherches sur l'emplacement de la tombe de Bayart dans l'église des Minimes de la Plaine et sur l'authenticité du corps transféré, en 1822, dans l'église de Saint-André de Grenoble. Grenoble, 1890, in-8°.

Notes sur l'érection de la statue de Bayart sur la place de Saint-André de Grenoble. Grenoble, 1891, in-8°.

Notes et documents relatifs à l'histoire de l'Instruction publique en Dauphiné pendant la Révolution. Bourgoin, 1894, in-12.

Mémoire historique sur la partie du Valentinois située sur la rive droite du Rhône. Paris-Grenoble, 1886, in-8°.

La Journée des Tuiles (7 juin 1788). Grenoble, 1893, in-8°.

L'Élection des députés de l'Isère à la Convention nationale. Grenoble, 1897, in-8°.

Documents pour servir à l'histoire de l'église de Saint-Antoine en Viennois.

Lettres du Cardinal Mazarin extraites des manuscrits de la Bibliothèque de Grenoble.

A. PRUDHOMME
Archiviste de l'Isère

ÉTUDES HISTORIQUES

SUR

L'ASSISTANCE PUBLIQUE A GRENOBLE

AVANT LA RÉVOLUTION

TOME I

Maison de l'Aumône de Saint-Hugues ou Hôpital de la Madeleine. — Hôpital de Saint-Antoine. — Hôpital de Saint-Jacques. — Hôpital de l'Ile ou des Infez. — La Peste à Grenoble. — Les Maladreries ou Léproseries.

GRENOBLE
LIBRAIRIE DAUPHINOISE
H. FALQUE ET FÉLIX PERRIN

1808

PRÉFACE

Un économiste grenoblois, qui avait une âme d'apôtre, a écrit, il y a près de quarante ans, un bon et honnête livre, sans prétention littéraire, à la vérité, mais plein de généreuses intentions et de nobles conseils et qui eût suffi à assurer à son auteur la reconnaissance de la postérité alors même qu'il n'aurait pas justifié ses écrits par des actes et confirmé ses conseils par des institutions philanthropiques aussi vivaces, après un demi-siècle d'existence, qu'au jour où elles sortirent, savamment organisées, de son cerveau ou plutôt de son cœur.

M. Frédéric Taulier, dans l'introduction de ce livre dont le titre *Le vrai Livre du peuple ou le riche et le pauvre* indique assez les tendances, constatait que la Révolution française, faite par la bourgeoisie, avait surtout profité à la bourgeoisie — et cela était plus vrai de son temps qu'aujourd'hui — mais que le peuple qui peine et qui souffre, ouvriers de la charrue et ouvriers de l'usine, n'ayant rien gagné à ce mouvement plus politique que social, appelait de ses vœux une autre révolution qui nivellerait le monde moderne, un nouveau quatorze juillet, destructeur de la Bastille du capitalisme, un nouveau quatre août, où sombreraient les privilèges de la richesse, cette aristocratie de notre société démocratique.

A constater cet effrayant antagonisme des classes, qui divise le monde moderne, le doux rêveur ne se laissait pas aller au désespoir. Il lui semblait qu'au fond ce dissentiment ne reposait que sur un malentendu. Les adversaires en présence ne se connaissaient pas. Ni les favorisés de la fortune ne se donnaient la peine de pénétrer dans l'âme de leurs frères les pauvres et d'y reconnaître des ressources jamais épuisées de courage, de patience et d'abnégation ; ni les pauvres ne soupçonnaient quels trésors de charité on trouve souvent dans le cœur d'un bon riche.

Et sans prétendre résoudre ainsi le problème social, il croyait qu'on en pourrait préparer la solution en montrant aux uns et aux autres ce que la richesse a pu faire dans tous les temps et peut encore faire pour le soulagement de la misère et ce que les pauvres de leur côté peuvent, par l'association, par le groupement des efforts et des ressources pour ramener ou pour accroître le bien-être de leur foyer.

C'est dans cette pensée qu'il écrivit son livre, où sont énumérées et décrites toutes les institutions charitables qui fonctionnaient de son temps dans la ville de Grenoble. *Le*

PRÉFACE

Un économiste grenoblois, qui avait une âme d'apôtre, a écrit, il y a près de quarante ans, un bon et honnête livre, sans prétention littéraire, à la vérité, mais plein de généreuses intentions et de nobles conseils et qui eût suffi à assurer à son auteur la reconnaissance de la postérité alors même qu'il n'aurait pas justifié ses écrits par des actes et confirmé ses conseils par des institutions philanthropiques aussi vivaces, après un demi-siècle d'existence, qu'au jour où elles sortirent, savamment organisées, de son cerveau ou plutôt de son cœur.

M. Frédéric Taulier, dans l'introduction de ce livre dont le titre *Le vrai Livre du peuple ou le riche et le pauvre* indique assez les tendances, constatait que la Révolution française, faite par la bourgeoisie, avait surtout profité à la bourgeoisie — et cela était plus vrai de son temps qu'aujourd'hui — mais que le peuple qui peine et qui souffre, ouvriers de la charrue et ouvriers de l'usine, n'ayant rien gagné à ce mouvement plus politique que social, appelait de ses vœux une autre révolution qui nivellerait le monde moderne, un nouveau quatorze juillet, destructeur de la Bastille du capitalisme, un nouveau quatre août, où sombreraient les privilèges de la richesse, cette aristocratie de notre société démocratique.

A constater cet effrayant antagonisme des classes, qui divise le monde moderne, le doux rêveur ne se laissait pas aller au désespoir. Il lui semblait qu'au fond ce dissentiment ne reposait que sur un malentendu. Les adversaires en présence ne se connaissaient pas. Ni les favorisés de la fortune ne se donnaient la peine de pénétrer dans l'âme de leurs frères les pauvres et d'y reconnaître des ressources jamais épuisées de courage, de patience et d'abnégation ; ni les pauvres ne soupçonnaient quels trésors de charité on trouve souvent dans le cœur d'un bon riche.

Et sans prétendre résoudre ainsi le problème social, il croyait qu'on en pourrait préparer la solution en montrant aux uns et aux autres ce que la richesse a pu faire dans tous les temps et peut encore faire pour le soulagement de la misère et ce que les pauvres de leur côté peuvent, par l'association, par le groupement des efforts et des ressources pour ramener ou pour accroître le bien-être de leur foyer.

C'est dans cette pensée qu'il écrivit son livre, où sont énumérées et décrites toutes les institutions charitables qui fonctionnaient de son temps dans la ville de Grenoble. *Le vrai Livre du peuple* réalisa-t-il les généreuses intentions de son auteur? Je serais tenté de le croire, en constatant combien se sont développées les œuvres qu'il recommandait. En tout cas il les fit mieux connaître et plus exactement apprécier et provoqua en leur faveur des adhésions et des libéralités, qui les aidèrent à vivre et à faire le bien. Ce succès-là vaut les plus beaux tirages et je suis certain que M. Taulier n'en aurait pas souhaité d'autre.

Je reprends après lui ce même sujet : La Charité dans notre bonne ville de Grenoble, et je voudrais pouvoir espérer que les pages qui vont suivre auront, elles aussi, une influence bienfaisante.

Je n'ai pas la prétention de refaire ce que M. Taulier a fait et bien fait. Mais il a laissé dans l'ombre, dans son historique, presque toute la partie antérieure à notre siècle. Il n'a que très sommairement indiqué les antiques origines de nos hôpitaux et il n'a rien dit de l'organisation de la bienfaisance aux époques lointaines du moyen-âge et de la renaissance. C'est ce complément que je voudrais donner à son livre.

A l'aide des ressources qu'offrent aujourd'hui aux historiens les archives classées de la ville et de l'hôpital de Grenoble, il est facile de faire revivre l'histoire trop oubliée ou trop superficiellement connue de la charité à Grenoble et j'ajoute que cela est utile et bon.

Il est toujours utile à une génération de ne pas se désintéresser de ce qui a été fait avant elle pour subvenir aux mêmes besoins, parer aux mêmes difficultés. Si le milieu dans lequel il s'agite a changé, l'homme est resté le même, en proie aux mêmes souffrances, aux mêmes douleurs. C'est pourquoi ceux qui ont la louable ambition de le soulager ne sauraient, sans une présomption coupable, négliger les enseignements qui se dégagent des expériences tentées par leurs aînés. Il est banal à force d'être vrai, ce vieil aphorisme qui fait germer du passé la leçon de l'avenir, soit pour lui demander des modèles à suivre, soit pour apprendre de lui les écueils qu'il faut éviter. Parmi les nombreuses créations charitables dont je raconterai l'histoire il en est que l'on pourrait utilement faire revivre. Telles ces pieuses fondations destinées à payer l'apprentissage d'un certain nombre de jeunes ouvriers ou à fournir une dot à de pauvres filles. Si notre patronage des apprentis remplace avantageusement par l'étendue de ses libéralités la première de ces institutions disparues, la seconde n'a pas d'équivalent de nos jours, à moins qu'on ne considère comme tels les couronnements de rosières, dont je me garderai de sourire, mais qui sont encore trop peu répandus pour rendre de grands services.

Enfin alors même que notre science philanthropique serait assez sûre d'elle-même pour n avoir rien à puiser dans l'exemple du passé, il serait encore bon de garder pieusement le souvenir des braves gens qui ont consacré leur intelligence, leur activité, leur fortune et parfois leur vie au soulagement des malheureux. La ville de Grenoble est justement fière de ses gloires locales. Elle a donné à ses rues les noms de guerriers illustres — Lesdiguières et sa famille y sont rappelés par les rues de Lesdiguières, de Bonne, de Créqui et de Sault — de diplomates, de philosophes, de littérateurs, d'historiens, de poètes. Gentil-Bernard a sa rue, petite à la vérité comme son génie, Guy-Allard, l'indigeste compilateur, a la sienne et les fondateurs de nos hôpitaux, les bienfaiteurs des pauvres, à une seule exception près[1], ne sont rappelés à la reconnaissance publique que par une table de marbre noir placée à la porte des bâtiments hospitaliers. Pourquoi la rue de France qui borde l'hôpital, créé et doté par Aymon de Chissé, ne porterait-elle pas son nom ? Pourquoi la modeste rue de Lorraine, à l'angle de laquelle Jacques de Die fonda au XIVe siècle l'hôpital de Saint-Jacques, ne prendrait-elle pas celui de ce généreux financier ? Auprès du cimetière, où s'élevait l'hôpital de l'Ile, ne serait-il pas possible de donner à une rue le nom de Grace d'Archelles ?

De tels oublis accuseraient notre ingratitude s'ils n'étaient expliqués par l'ignorance, où l'on est à Grenoble, de tout ce qui concerne l'origine de nos institutions charitables ?

C'est pourquoi ces pages ne seront peut-être pas inutiles. Elles tireront de l'obscurité où leur modestie se dérobe et placeront en pleine lumière quelques nobles et généreuses figures d'hommes de bien, de femmes au grand cœur et les offriront à l'admiration reconnaissante des pauvres et à la généreuse émulation de toutes les âmes charitables qui continuent leur œuvre.

[1] M. de Moidieu.

ÉTUDES HISTORIQUES

SUR

L'ASSISTANCE PUBLIQUE A GRENOBLE

AVANT LA RÉVOLUTION

I

MAISON DE L'AUMONE DE SAINT-HUGUES OU HOPITAL DE LA MADELEINE

Le premier hôpital de Grenoble dont l'histoire fasse mention est une aumônerie dépendant du chapitre Notre-Dame, située en dehors de la porte Traine, dans le voisinage de la place Grenette actuelle. Le Cartulaire de Saint-Hugues [1] qui nous a révélé son existence ne nous en dit pas plus long : « domus vero que fuit helemosinaria ad por-

[1] J. Marion, *Cartulaire de l'Église de Grenoble*. Paris, 1869, in-4°, p. 115.

tam Trivoriam est de Gratianopolitanis canonicis [1]. »
Cette brève mention indique bien que la propriété de la maison appartenait au chapitre; mais elle ne nous dit rien du fonctionnement intérieur de cet établissement hospitalier. Offrait-il un gîte aux mendiants passagers? Faisait-il des distributions de pain aux pauvres de la ville? Soignait-il les malades? Recueillait-il les enfants trouvés? Autant de questions auxquelles il serait imprudent de vouloir répondre. Tout au plus peut-on présumer que peut-être il avait joué ce rôle autrefois, conformément aux prescriptions des conciles qui recommandaient aux ecclésiastiques de réserver aux pauvres une partie des offrandes qu'ils recevaient de la piété des fidèles. En tout cas, il semble bien qu'à l'époque de saint Hugues ces traditions étaient abandonnées puisque le saint évêque comprit dans son plan de réorganisation de sa ville épiscopale la création d'un hôpital.

Cet hôpital, qui porta dans la suite les noms de maison de l'Aumône de Saint-Hugues et d'hôpital de la Madeleine, fut construit sur les bords de l'Isère, en dehors de la ligne des remparts, à l'endroit où se trouve actuellement la place des Cordeliers. Nous ne possédons pas son acte de fondation, non plus que son premier règlement. Tout ce que nous savons, c'est qu'il était dirigé par un prêtre et que vraisemblablement il donnait l'hospitalité à un certain nombre de pauvres. En effet, le dauphin Guigue VI, dans son testament daté du 5 des calendes

---

[1] De même à Valence, la plus ancienne maison charitable est une aumônerie dépendant de l'église du Bourg-les-Valence. V. Dupré de Loire, *Les Établissements charitables de Valence* (*Bull. de la Société d'archéologie de la Drôme*, t. II.)

de juillet 1267 [1], lui lègue dix livres, à condition qu'elles soient distribuées aux pauvres qui l'habitent « et dividantur pauperibus manuatim ».

Déjà le dauphin André avait en mourant (1237) attribué à l'hôpital Saint-Hugues un legs de soixante sous [2].

En 1257, l'évêque de Grenoble Falque modifiait gravement l'organisation de l'aumônerie fondée par saint Hugues et, dans le but d'y donner plus d'éclat au service divin, préparait inconsciemment sa ruine, en lui annexant un prieuré composé d'un prieur et de deux chanoines. Ce prieur devait être choisi par l'Évêque parmi les membres du chapitre de l'église cathédrale. En réalité, la réforme de l'évêque Falque était inspirée par le désir d'accroître les revenus de ce chapitre en y créant trois nouvelles prébendes. Il explique, en effet, que les chanoines du nouveau prieuré prendront place au chœur de la cathédrale et recevront une part dans les distributions; mais, en même temps, ils s'installaient dans les bâtiments de l'hôpital et célébraient le service divin dans sa chapelle [3].

Que lui apportaient-ils en échange de cette hospitalité? L'acte de l'évêque Falque, dont Valbonnais nous a conservé les dispositions relatives à la création de ce prieuré, est muet sur ce point. Il ne leur impose même pas l'obli-

---

[1] Valbonnais. *Histoire du Dauphiné*, II. Preuves, p. 3. Archives de l'Isère, B. 3001, f° 124.

[2] Valbonnais, I, p. 60.

[3] Pièces justificatives. Cf. Maignien. *Notes historiques sur l'Évêché de Grenoble de 1237 à 1338.* Grenoble, 1877, p. 10. — E. Pilot de Thorey. *Les Prieurés de l'ancien diocèse de Grenoble.* (*Bull. de la Société de statistique de l'Isère,* 3e série, t. XII, p. 127).

gation de se consacrer au service des pauvres, et, en fait, nous savons par une mention du pouillé de l'église de Grenoble, rédigé 1497 [1], qu'un seul chanoine remplissait les fonctions de recteur de l'Aumône de Saint-Hugues et avait la disposition de ses modestes ressources.

A cette date (1497), les revenus du prieuré s'élèvent à trois cents florins que se partagent le prieur et les chanoines. Quant à l'hôpital, il n'en prend aucune part. Son chétif patrimoine ne semble pas avoir prospéré comme celui du prieuré et les libéralités testamentaires qui sont allées à ce dernier, n'ont en rien servi au soulagement des pauvres. De toutes les pieuses fondations dont les titres figuraient dans les archives de la Madeleine, une seule intéresse l'hôpital. Elle émane de la corporation des cordonniers de Grenoble, lesquels avaient depuis 1440, dans l'église de la Madeleine, une chapelle sous le vocable de saint Crépin et saint Crépinien, martyrs. En 1455, cette même corporation ajouta cinquante florins à sa fondation, à condition qu'on lui abandonnerait une chambre de l'hôpital « pour réduire et retirer les pauvres confrères et sœurs infirmes et nécessiteux de ladicte confrérie ». Le prieur accepta cette clause en stipulant que les sœurs et confrères qui mourraient dans cette chambre seraient ensevelis dans l'église du prieuré et que leurs biens, s'ils en avaient, seraient attribués à l'hôpital [2].

Dans de telles conditions, quels services pouvait rendre cet établissement charitable qui, pendant deux

---

[1] Marion. — *Cart. de l'Église de Grenoble*, p. 301.

[2] Archives de l'Isère, série H. Fonds du prieuré de la Madeleine. Cf. Pilot de Thorey, p. 120.

siècles, fut le seul asile ouvert dans la ville aux malheureux? Faisait-il comme les primitives aumôneries des distributions de vivres et de secours aux pauvres à certaines époques de l'année? Cela semble résulter du testament du dauphin Guigue le Jeune que nous avons cité plus haut. D'autre part le traité conclu avec la confrérie des Cordonniers indique qu'il pouvait recevoir des malades et cette hypothèse est confirmée par une délibération du Conseil de ville, du 13 mai 1497, laquelle constate que les consuls remirent à cette date à Humbert d'Aure, recteur de l'hôpital de la Madeleine, vingt draps destinés au service des pauvres[1]. Mais les secours qu'il distribuait et l'hospitalité qu'il offrait aux pauvres et aux malades auraient été bien insuffisants à la fin du XVe siècle, s'il n'avait été aidé dans sa tâche par les hôpitaux de Saint-Antoine, de Saint-Jacques et de Notre-Dame, successivement fondés du XIIIe au XVe siècle. D'un autre côté, cette multiplicité même d'établissements charitables, avec leurs administrations spéciales et leurs patrimoines distincts, était un obstacle à une équitable répartition des secours obtenus de la charité publique. Aussi, dès le commencement du XVIe siècle, les consuls de Grenoble, qui avaient souvent à intervenir pour suppléer à l'insuffisance des ressources de leurs quatre hôpitaux, demandèrent au roi de les réunir en un seul dont l'administration serait confiée à un Conseil. Après les réformes si bienfaisantes de François Ier, ils finirent par obtenir gain de cause, et un arrêt du Parlement de Grenoble, du 16 novembre 1545, réunit l'antique aumônerie de Saint-Hugues à l'hôpital de Notre-Dame. Le Prieuré de la Madeleine conserva ses pré-

---

[1] Archives de Grenoble, série BB n° 2.

bendes et se borna à remettre à la nouvelle administration hospitalière le bâtiment attenant à son église et qui servait à recevoir les pauvres. Ce bâtiment avait été reconstruit dans la première moitié du xve siècle [1].

Après sa réunion aux autres établissements hospitaliers, l'hôpital de la Madeleine eut des destinées diverses. En 1559, on y tient temporairement les réunions du Conseil des surintendants des pauvres; en 1574, on y loge des mendiants; en 1580, il donne asile aux soldats de Mayenne blessés au siège de La Mure. Après la prise de Grenoble par Lesdiguières, en 1590, le maître d'école délogé de la maison qu'il habitait près du couvent des Cordeliers transformé en arsenal, y installe pour quelque temps sa chaire et ses bancs. On l'en expulse en 1592 pour y placer des lits destinés aux pauvres qui abondent dans la ville, et faute d'un abri, meurent sur des fumiers [2].

C'est la dernière fois que le vieil hôpital de Saint-Hugues remplit son rôle de bienfaisance. L'année suivante, il est loué par l'administration hospitalière au conseiller Jean Robert qui y établit son habitation. D'autres locataires s'y succèdent jusqu'en 1631, époque où quelques dames pieuses y ouvrent un asile aux Repenties. A cette date, sa destination première est complètement oubliée : on ne l'appelle plus que « la maison située près

---

[1] Le 18 août 1410, Hugonet de Brianson, seigneur d'Eybens, et Arthaud Trollion, de Tavernolles, vendent à Claude Ducret, prieur de la Madeleine, acceptant au profit du prieuré et du « nouveau hospital dudit prieuré », une cense de six gros. (Arch. de l'Isère, série H. Inventaire des titres du prieuré de la Madeleine, f° 9).

[2] Inventaire des archives hospitalières de Grenoble. Série E *passim*.

de la Madeleine ». Enfin, en 1639, pour faire face aux dépenses causées par la construction du nouvel hôpital Notre-Dame on se décide à le vendre, et le 6 février 1647, il est adjugé pour 5.050 livres à Jean Gellinot, procureur au bailliage de Saint-Marcellin[1].

[1] Archives hospitalières, B. 22.

PIÈCES JUSTIFICATIVES [1]

Fondation du prieuré de l'Aumône de Saint-Hugues par Falque, évêque de Grenoble.

L'acte de fondation, qui figurait au Cartulaire d'Aimon de Chissé, folio 142, n'existe plus, le cahier où il se trouvait et qui comprenait les feuillets 126 à 172 ayant disparu depuis longtemps.

Un extrait de cet acte a été publié par Valbonnais, t. II, p. 135. Nous le reproduisons :

« Verum cum domus Eleemosinæ Gratianopolitanæ pleno jure spectet et pertineat ad nos, nullo medio, nos desiderantes ipsam domum in melius reformare ut relligio ibidem valeat pullulare, ordinavimus et volumus de consensu et voluntate decani et capituli gratianopolitani, canonicos regulares ibidem procreare duos cum priore, et nos et successores nostri debemus et promittimus ordinare ibidem priorem unum de canonicis ecclesiæ Gratianopolitanæ professis et non aliunde. Canonicos autem predictos Heleemosinæ et conversos seu redditos episcopus et prior ejusdem loci instituant, et prior, facta obedientia et fidelitate episcopo, obedientiam eorum recipiat; qui canonici et conversi in cimeterio ecclesiæ majoris sepeliantur. Præterea sciendum est quod predicti duo canonici vel plures, si, augmentatis facultatibus ipsius domus, in posterum crearentur usque ad quatuor, cum clerico suo sint chorearii et liberam tant in anniversariis quam in aliis, tanquam chorearii, recipiant, etiamsi canonici ad matutinas missam et vesperas ad quas dicti canonici venire tenentur, necessitate compellente, non venirent. »

Ce sont les termes d'un des articles du règlement fait en 1257 par Falque, évêque de Grenoble, touchant les droits de son chapitre sur diverses églises et maisons régulières de son diocèse, parmi lesquelles celle de l'hôpital se trouva comprise.

---

[1] Chacun des chapitres de ces études formant une monographie distincte, j'ai cru utile de le faire suivre de ses pièces justificatives, au lieu de les reporter toutes ensemble à la fin de l'ouvrage.

HOPITAL DE SAINT-ANTOINE

Dans un ancien plan de Grenoble, publié jadis par M. Pilot père [1], et qui remonte à l'année 1544, on voit figuré sur la route de Chalemont, à mi-chemin de la tour Rabot, une chapelle dédiée à saint Antoine. Cette chapelle ne se trouve plus dans le plan dressé en 1572 par les ordres des consuls, pour la *Cosmographie* de Belleforest [2] non plus que dans les autres vues de Grenoble postérieures à cette date. Elle fut donc vraisemblablement démolie vers le milieu du XVIe siècle. Or, si l'on considère que le chemin de Chalemont fut, depuis l'époque romaine et pendant tout le moyen âge, la route de Grenoble à Vienne, on peut raisonnablement admettre avec nos vieux auteurs dauphinois que cette chapelle était un reste d'une antique maladrerie, — celle-là peut-être que les textes du XIIIe siècle désignent sous le nom de maladrerie du Mont-Esson ; — créée à l'époque de saint Hugues et cédée ensuite aux Antonins [3].

Quoi qu'il en soit de cette conjecture, il y avait à la fin du XIVe siècle, dans la rue Perrière, sur les bords de l'Isère, et non loin du port de la Roche, un hôpital dédié à saint Antoine, dont l'administration appartenait

---

[1] *Bulletin de la Société de Statistique de l'Isère*, 1re série, t. II. Sur la date de ce plan, voyez l'*Inventaire des archives communales de Grenoble*, série CC., n° 636, p. 107, c. 1, note 1.

[2] Ce plan a été réimprimé par M. le commandant de Rochas dans dans le même Bulletin, 3e série, t. IV.

[3] A. du Boys. *Vie de saint Hugues*.

aux consuls de Grenoble [1]. Les Antonins qui l'avaient ouvert à une époque qu'il est impossible de préciser, soit qu'ils l'aient descendu des hauteurs de Chalemont, soit qu'ils l'aient créé en cet endroit, l'avaient peu après abandonné à la ville et n'avaient gardé pour eux que leur chapelle et les bâtiments de la commanderie y attenants.

On sait que d'après ses statuts, l'abbaye de Saint-Antoine ne devait recevoir dans ses hôpitaux que les malades atteints du feu de saint Antoine et les démembrés, c'est-à-dire ceux dont les membres, rongés par ce mal mystérieux, avaient dû être amputés [2]. Lorsque le fléau diminua puis cessa complètement ses ravages, les Antonins oublièrent peu à peu que le but primordial de leur institution était moins l'exercice des fonctions ecclésiastiques que l'observance des œuvres de charité et de miséricorde [3]. Dans un grand nombre de villes les commandeurs abandonnèrent aux municipalités leurs hôpitaux vides et se réfugièrent dans le chœur de leurs églises.

Ainsi les choses durent se passer à Grenoble, à une

---

[1] Archives de Grenoble. *Livre de la Chaîne*, f° 298. D'après Dupré de Loire (*Les Établissements charitables de Valence,* dans le *Bull. de la Société d'archéologie de la Drôme*, II, 289) il y avait au Bourg-les-Valence, en 1344, un hôpital Saint-Antoine, appartenant à la ville. Voyez à ce sujet un acte du 20 octobre 1344, du *Cartulaire de Saint-Pierre du Bourg-les-Valence,* publié par l'abbé U. Chevalier.

[2] « Que nuls autres malades soyent reçeus aux hôpitaux d'icelle religion, sauf les contagiés du mal Saint-Antoine. » (Extrait du règlement de 1477). G. Dassy.

[3] A. Falcoz. *Antonianæ Historiæ compendium,* IVᵃ Pars, Cap. 38. « Hujus plantationis institutio, non tam in ecclesiasticorum ministeriorum functione quam in operum caritatis et misericordiæ observatione facta fuisse dignoscitur. »

époque très reculée; car les archives de Saint-Antoine sont muettes [1] sur l'existence de l'hôpital de Grenoble, en sorte que si cet établissement n'avait pas porté le nom du saint ermite et s'il n'avait pas été situé à côté de la commanderie, nous n'aurions pas le droit d'en attribuer la fondation aux hospitaliers de Saint-Antoine.

Pendant le temps qu'il dépendit de la célèbre abbaye du Viennois, il dut être administré comme toutes les autres maisons du même ordre. Chaque hôpital de Saint-Antoine était, dans une certaine mesure, indépendant de la commanderie à laquelle il était annexé. Les malades y étaient placés sous la surveillance de l'un d'entre eux, choisi par le commandeur et qui, à Saint-Antoine, se nommait le maître du Pilon. Les femmes séparées des hommes étaient de même soumises à la direction d'une de leurs compagnes investie du titre de maîtresse. Le service était fait par une chambrière, chargée de soigner les impotents. La Commanderie fournissait à des époques déterminées des vivres et des vêtements aux malades. La charité publique faisait le reste.

Cette organisation fort simple, qui était celle du grand hôpital de Saint-Antoine, dut être celle de la petite maison hospitalière de Grenoble, pendant la période durant laquelle elle fut administrée par les Antonins.

Après la cession de l'hôpital de Saint-Antoine à la municipalité de Grenoble, les consuls y établirent le même régime qu'à l'hôpital Notre-Dame. Un prêtre choisi par le

---

[1] Les Archives du Rhône qui possèdent le fonds de Saint-Antoine ne contiennent aucun document relatif à cet hôpital, et l'Inventaire des titres de Saint-Antoine rédigé au XVIIIe siècle n'en mentionne aucun.

Conseil consulaire[1] parmi les chanoines ou les prêtres habitués du chapitre Notre-Dame en eut la direction[2], la ville restant chargée des réparations du bâtiment et de l'entretien des pauvres. A raison de sa proximité de la porte Perrière, il fut spécialement affecté au logement des mendiants passagers que l'on gardait un jour ou deux et que l'on congédiait ensuite en leur donnant une légère aumône appelée « la passade ».

Cette aumône était fournie par le receveur des deniers communs de la ville, la pauvreté de l'hôpital ne permettant pas de la prélever sur ses ressources ordinaires. Pour tout patrimoine, il possédait en effet une vigne de deux setérées et demie, située aux Côtes de Chalemont. Et encore ce maigre domaine, on avait dû l'aliéner en 1484[3] pour réparer les bâtiments de l'hôpital qui tombaient en ruines et acheter quelques draps pour les lits des pauvres. Un charitable bourgeois nommé Antoine Mestadier consentit à l'acheter pour 300 florins, somme supérieure à sa valeur et promit en outre de payer au recteur de Saint-Antoine une rente annuelle de 8 florins, d'offrir chaque année un repas aux pensionnaires de la maison, le jour de la fête de leur patron (17 janvier) et de fournir la paille nécessaire à leurs lits.

Cette rente de 8 florins et quelques rares aumônes constituaient toutes les ressources de l'hôpital[4]. C'est

---

[1] Voyez aux pièces justificatives l'élection d'Antoine Gastelet, prêtre incorporé de l'église Saint-André, en qualité de recteur de l'hôpital Saint-Antoine.

[2] Archives de Grenoble. Comptes de l'année 1417.

[3] Ibid. *Cartulaire de l'hôpital*, f° 396.

[4] Et encore on fut obligé de plaider pendant près de vingt ans

dire le rôle modeste qu'il pouvait jouer. Comme la plupart des hôpitaux du moyen âge, la maison de Saint-Antoine n'était, en somme, qu'une sorte d'hôtellerie gratuite où les passants recevaient l'hospitalité d'une nuit. A peine devait-il contenir une vingtaine de lits. Il ne nourrissait pas ses hôtes et se bornait à leur remettre, à leur départ, le pain de la passade. Toutefois, une fois par an, le jour de la fête de Saint-Antoine, il servait aux pauvres un repas fourni par les héritiers de l'acquéreur de la vigne de Chalemont. Quelquefois aussi un legs charitable permettait de renouveler cette largesse, mais ces distributions étaient exceptionnelles et rares.

Le personnel chargé du service intérieur était composé d'un hospitalier et de sa femme [1], nommés par le Conseil consulaire et placés sous la surveillance du recteur. Ce dernier était lui-même soumis à la direction du consul du quartier Saint-Laurent, dont il devait prendre avis dans toutes les circonstances importantes.

Réuni en 1545 à l'hôpital Notre-Dame [2], avec la Madeleine et Saint-Jacques, la maison de Saint-Antoine devint une succursale de cet établissement et, comme lui, fut administrée par le Conseil des surintendants des pauvres récemment organisé. A la place du recteur ecclésiastique dont la gestion était négligente et parfois coupable [3], on

---

avec les héritiers d'Antoine Mestadier pour obtenir le paiement du prix de vente et de la rente annuelle. Cf. Archives de Grenoble, BB. 3, f° 36, et BB. 4, f° 23. *Cartulaire de l'hôpital,* f° 411.

[1] Archives de Grenoble, BB. 4, fol. 135, et 233 V°.

[2] Ibid. BB. 13.

[3] Le 17 mai 1532, des remontrances furent adressées à Jean Berjon, recteur de l'hôpital Saint-Antoine, accusé de concussion (Archives de Grenoble BB. 10. Inventaire, p. 25.)

nomma en 1559 [1] un agent laïque marié qui, moyennant un salaire, fut chargé de veiller avec sa femme sur les pauvres qui y recevaient l'hospitalité, de soigner les malades et les impotents, de distribuer les vivres et les aumônes et en outre de remplir avec son collègue de l'hôpital de Notre-Dame les fonctions de chasse-coquins [2], lesquelles consistaient à expulser de la ville les mendiants étrangers, reconnus valides, qui s'y réunissaient en foule.

Nous aurons occasion de revenir plus loin, en parlant de l'hôpital de Notre-Dame, sur les mesures prises au XVIe siècle, à Grenoble, pour le soulagement de la misère et la répression de la mendicité. Dans cette œuvre de bienfaisance et de police, l'hôpital de Saint-Antoine joua son rôle : il abrita tantôt, suivant les exigences du moment, des pauvres et des infirmes pendant la paix, et des soldats blessés pendant la guerre. En 1589 [3], lorsqu'on dut expulser tous les mendiants étrangers qui encombraient les rues, on ne garda que les impotents qui furent logés à Saint-Antoine jusqu'au jour où ils pourraient regagner leur pays.

Après la prise de Grenoble par Lesdiguières (1590), l'hôpital de Saint-Antoine servit pendant quelque temps de demeure au bourreau dépossédé de sa maison de Chalemont par les travaux de fortification de la ville. En 1593 [4], les surintendants des pauvres le rendirent à sa première

---

[1] Archives de l'hôpital de Grenoble, E. 1.
[2] Ibid., E. 2.
[3] Ibid., E. 3.
[4] Archives de Grenoble, CC. 713.

destination. Mais bientôt après ses murs séculaires tombèrent en ruines et en 1626 il devint nécessaire de leur faire d'importantes réparations[1].

A ce moment, on songeait à reconstruire l'hôpital de Notre-Dame. Quand, grâce à la puissante intervention du maréchal de Créqui, ce projet eut abouti, on dut, pour parfaire les sommes nécessaires à la nouvelle construction, vendre tous les anciens bâtiments hospitaliers, Notre-Dame, la Madeleine, Saint-Hugues. L'hôpital de Saint-Antoine fut seul épargné : on le garda pour servir, comme par le passé, aux mendiants passagers. En 1640[2], une épidémie de fièvre maligne s'y déclara parmi des soldats blessés qui y étaient en traitement. Il fut alors décidé qu'à l'avenir les soldats blessés qui se présenteraient aux portes de la ville seraient renvoyés à la porte Très-Cloître pour être visités ; que ceux qui seraient reconnus atteints d'une maladie contagieuse seraient internés dans l'hôpital de l'Ile, affecté aux épidémies, et que, seuls, les autres recevraient l'hospitalité à Saint-Antoine.

Il continua ainsi pendant quelque temps encore à rendre des services à l'hôpital de Notre-Dame, dont il était une annexe. Tantôt vide, on l'utilisait, comme en 1657, pour interner des prisonniers espagnols[3], ou comme en 1669 pour enfermer dans ses cachots, « au pain et à l'eau

---

[1] Archives de l'hôpital, E. 4. En 1652, à la suite de la terrible inondation qui, l'année précédente, avait emporté le pont de pierre de Grenoble, il fallut, une seconde fois, durant ce siècle, reconstruire presque complètement l'hôpital de Saint-Antoine. (Archives de Grenoble B B. 108. Inventaire, p. 152, c. 2.)

[2] Archives de l'hôpital, E. 5.

[3] Archives de Grenoble, BB. 111. Inv., p. 154, c. 1.

et rasées, certaines vilaines mal-vivantes[1] » ; tantôt il'était tellement rempli de malades que le curé de Saint-Laurent déclarait ne pouvoir les assister tous de son ministère spirituel[2].

En 1666, au moment où il allait disparaître, il recevait encore des libéralités testamentaires, dont il ne put profiter[3]. L'achèvement des bâtiments du grand hôpital de Notre-Dame et sa réorganisation sous la direction des religieux de la Charité avaient rendu presque inutile la modeste maison de Saint-Antoine. Aussi, lorsqu'en 1677, l'abbé Lestellet la demanda pour y installer le nouvel hôpital de la Providence qu'il venait de fonder dans la rue Chenoise, elle lui fut accordée sous cette réserve, — qui ne semble pas avoir été observée, — qu'il y garderait une place pour les mendiants de passage[4].

Ainsi finit, pour renaître immédiatement de ses cendres, plus vivace que jamais, l'antique hôpital Saint-Antoine, dont le passé cinq fois séculaire résumait dans ses successives transformations, l'histoire de l'assistance publique à Grenoble, du XIIe au XVIIe siècle, de Saint-Hugues au cardinal Le Camus.

---

[1] Archives de Grenoble, BB. 111, p. 158, c. 1.

[2] Archives de l'hôpital, E. 6.

[3] Le 27 avril 1666, Ennemond Sibut, receveur des décimes en Dauphiné, léguait 50 livres aux pauvres de l'hôpital Saint-Antoine (Archives de l'hôpital, B. 2.)

[4] Archives de l'hôpital, E. 6. On verra au chapitre consacré à l'hôpital de la Providence ce que devint ensuite la maison de Saint Antoine.

PIÈCES JUSTIFICATIVES

Instrumentum transactionis facte inter consules civitatis et Johannem Tarditi ad causam certi edifficii facti super eyguerio existente juxta Hospitale Sancti Anthonii.

4 décembre 1398.

In nomine Domini nostri Jhesu Christi amen. Universis et singulis presentibus et futuris, ad quorum hoc presens publicum instrumentum pervenerit auditum, pateflat et appareat manifestum quod cum lis, questio et controversia verterentur et essent, majoresque sperarentur verti in futurum inter discretos viros Petrum Marchi, Artaudum Armueti, Petrum de Moutons et Petrum Julliani alias Joli, cives et consules modernos civitatis Gratianopolis, nominibus suis et dicti eorum consulatus ac totius universitatis dicte civitatis, ex una parte; et Georgium Taditi (sic), navigatorem, civem seu incolam jamdicte civitatis, nomine suo proprio, ex altera, super eo videlicet quod dictus Georgius Tarditi edifficando quandam suam domum sitam in carreria Perrerie dicti loci Gratianopolis, juxta dictam carreriam a parte ante, aqua Ysare fluit de retro et domus hospitalis prope cappellam beati Anthonii in eadem carreria coheret ex parte altera quodam ayguerio communi dicte civitatis intermedio, per quod ayguerium protenditur a dicta carreria versus Ysaram inter dictas duas domos supra dictum ayguerium inceperat edifficare et murare super quibusdam archetis antiquis inceptis jamdiu et existentibus inter dictas duas domos, videlicet a muro domus dicti Georgii recte tendentibus et junctis ad murum domus hospitalis predicti; et qui archeti sunt tres in numero, ad quod edifficium, opus et muramentum sic inceptum per dictum Georgium videlicet in quantum flebat supra dictum ayguerium et tangebat etiam murum dicte domus hospitalis, se prefati consules, tam nomine communitatis et universitatis dicte civitatis, *quam etiam hospitalis predicti, cujus ipsi consules administratores et rectores esse dicuntur*, opposuerunt, asserentes et dicentes dictum ayguerium et proprietatem a fundo usque ad summitatem esse dicte universitatis et sic non erat licitum nec fuit prefato Georgio posse ibidem edifficare... Item etiam dicebant quod hujusmodi edifficium inceptum per dictum Georgium et quod continuare intendebat a dictis archetis in altum superius et juxta dictam domum hospitalis erat in prejudicium et gravamen hospitalis predicti et possessionis dicte domus, tum quia propter dictum edifficium... claritas cujusdam parve fenestre existentis in muro domus dicti hospitalis à parte dicti ayguerii et prope unum ex dictis archetis obfuscabatur et aufferebatur, etc... Hinc est quod anno domini millesimo tercentesimo nonagesimo octavo, indictione sexta cum ejusdem [illegible] mutatione sumpta et die quarta mensis decembris, [illegible]aliter constituti... prefati Petrus Marchi, Arthandus Armueti et Petrus de Moutons consules, nominibus suis et dicti Petri Julliani, eorum coconsulis et totius universitatis predicte, necnon et tanquam rectores et administratores hospitalis memorati, considerantes et actendentes.... etc.

(Archives de la ville de Grenoble. AA. 6 fol. 29.800.)

Élection d'un recteur de l'hôpital de Saint-Antoine.

28 octobre 1501.

In nomine Domini amen. Universis fiat notum quod cum rectoria hospitalis Beati Antonii presentis civitatis Gratianopolis ob decessum venerabilis viri domini Petri Baillivi, presbiteri, rectoris quondam ipsius hospitalis, rectore vacaret, dominique co[n]sules dicte civitatis, patroni dicti hospitalis, eorum cons[illegible]os et alios cives dicte civitatis ad illos fines vocari mandaverunt, indeque insimul congregati, ut est solitum, et post electionem per discursum vocum et opinionum, ut est facere consuetum, factam, dicto hospitali de rectore providerunt de venerabili viro domino Anthonio Gastelleti, pres bitero dicte civitatis, ecclesie Beati Andree Gratianopolitane incorporato, ut constare asseritur instrumento per magistrum Johannem Boneti, notarium, dicte civitatis secretarium, sub anno et die in eodem contentis sumpto et recepto; hinc propterea fuit et est quod anno Nativitatis Domini millesimo quingentesimo primo et die vicesima octava mensis octobris, in dicto hospitali, in camera bassa anteriori et in capella ejusdem hospitalis, ibidem ad presentiam honestorum virorum Petri de Grassis, et Jaquemoni Basterii, civium consulumque dicte civitatis, venit personaliter idem dominus Anthonius Gastelleti exhibens verbo ipsius dominis consulibus dictam electionem in sui favorem, ut preest, factam, petens et requirens illam observari, seque in possessionem de dicta rectoria jamdicti hospitalis micti, poni et induci, in eademque se tuheri et manuteneri; quiquidem domini consules informati, ut asseruerunt, de dicta electione, habita etiam per eosdem dominos consules conferencia cum honestis viris infranominatis ad hoc vocatis et primo cum Bernardino Mathonis, Camere Compotorum dalphinalium secretario, nobili Alberto de Cizerino, magistro Petro Merlini, Aymaro de Alphaciis, Urbano Cocti, Martino Chabodi, Sermeto Tarditi, Jacobo Maneni, Andrea de Thoveto, Petro Arentardi, Petro Marionis, Johanne Millieti, Rogerio de Nafflis, Jacobo Neyrodi, ibidem presentibus et dictam electionem tanquam rite et legitime factam approbantibus, eundem dominum Anthonium Gastelleti, in realem corporalem et actualem possessionem dicte rectorie et hospitalis per introitum ipsius hospitalis camerarumque ejusdem et traditionem clavium et copie inventarii bonorum ipsius hospitalis eidem domino Gastelleti traditi, miserunt, posuerunt et induxerunt eundem dominum Anthonium Gastelleti, rectorem, in possessionem seu quasi dicte rectorie, quathinus valent, possunt, et debent manutenendo; ipse vero dominus Anthonius Gastelleti, rector modernus dicti hospitalis, promisit et juravit ad Sancta Dei Evangelia dictam rectoriam bene legaliter et probe servare, bonaque dicti hospitalis possethenus custodire servare, exhigere, recuperare, augmentare, de ipsisque bonum et legale computum reddere et debitum inventarium etiam de aliis que e'dem hospitali potuerunt qualitercunque evenire conficere tociens quotiens per eosdem dominos consules fuerit interpellatus aut per alios qui pro tempore fuerint; nec non et anno quolibet ipsi hospitali pro usu Christi pauperum in eodem hospitali affluentium elargire de bonis suis videlicet ducentum (?) nemoris suis ipsius domini rectoris propriis sumptibus et expensis. De quibus premissis omnibus partes ipse voluerunt, una alteri et econtra, fieri unum sive plura et tot quot habere voluerint publica instrumenta ejus substancie et tenoris dictamine jurisperitorum dictanda et corrigenda.

Acta et recitata fuerunt hec premissa, ubi supra proxime, anno et die predictis, presentibus quibus supra, nec non et honestis viris Nycolao Bovis, et Johanne Chererii, clerico dicte civitatis, testibus ad premissa astantibus et vocatis et me notario. — Romani.

(Archives de la ville de Grenoble, Série GG. *Cartulaire de l'hôpital N.-D.*, fol. 406).

HOPITAL DE SAINT-JACQUES

Les historiens de l'assistance publique ont maintes fois fait observer qu'au moyen âge les hôpitaux dédiés à Saint-Jacques étaient presque toujours placés dans les faubourgs des grandes villes, ou près d'un pont ou d'un gué[1]. La popularité dont jouissait alors le pèlerinage de Saint-Jacques de Compostelle, que la piété des fidèles assimilait aux pèlerinages de Rome et de Jérusalem, explique comment on fut amené à voir dans chaque pèlerin un fidèle serviteur de saint Jacques, et dans saint Jacques, le patron des pèlerins et par suite des voyageurs. — Pèlerin vient de *peregrinus*. — Or, les hôpitaux de Saint-Jacques étaient presque toujours des sortes d'hôtelleries gratuites où les pèlerins, généralement sans ressources, trouvaient un asile et réparaient leurs forces pendant une ou deux nuits avant de reprendre leur pieux voyage. Il était donc naturel qu'ils fussent placés sur les grandes routes et aux portes des villes, où leur nom les désignait de suite aux voyageurs pour lesquels ils étaient créés.

Il y eut aussi à Grenoble, au XVIe siècle, un faubourg de Saint-Jacques dont la rue Saint-Jacques actuelle a conservé le souvenir. Situé en dehors de l'enceinte, avant l'agrandissement de Lesdiguières, il commençait un peu au delà de la porte Traine et se dirigeait vers le village d'Échirolles, dont l'église, dédiée à saint Jacques, était le

---

[1] Voyez notamment les savants mémoires de M. Léon Maître sur l'assistance publique dans la Loire-Inférieure.

but d'un pèlerinage, où les consuls de Grenoble se rendaient solennellement tous les ans, le jour de la fête du saint.

Au commencement du XIVe siècle, ce faubourg n'existait pas et la ville semblait devoir s'étendre plutôt à l'est du côté de l'évêché et du couvent des Cordeliers. C'est là que se trouvait l'ancienne porte Viennoise, appelée alors porte de l'évêché, et par laquelle entraient à Grenoble tous les voyageurs venant de France. Non loin de là, sur l'emplacement du pont suspendu, était jeté un pont qui reliait à la ville le quartier de Saint-Laurent. C'est dans cette région, entre la porte de l'Évêché et le pont, dans une petite rue, qui lui a emprunté son nom de rue du Pont-Saint-Jayme, que fut fondé en 1329 l'hôpital de Saint-Jacques.

Il y avait alors à Grenoble un financier florentin nommé Jacques de Die, surnommé Lappol, auquel le dauphin Guigue VII avait fait l'honneur de l'appeler à siéger dans son Conseil. Sa réputation d'intégrité était telle qu'en 1318, il avait été nommé contrôleur de l'orfèvrerie. Or cet homme d'argent était aussi un homme de cœur, et sa femme, la pieuse Catherine Montagne, était l'agent intelligent et dévoué de ses œuvres de charité. Dans une ville comme Grenoble, qui comptait alors environ 4,000 habitants[1], il n'y avait, pour soulager toutes les misères, que deux hôpitaux disposant chacun d'une vingtaine de lits, alors que d'autres villes de France, d'importance

[1] J.-J.-A. Pilot. — *Population de Grenoble au XIVe siècle et de ce siècle à 1789.* (*Bull. de la Soc. de statistique de l'Isère*, 2e série, VI, 47.)

égale, sinon moindre, en possédaient douze ou quinze. Quant à la nourriture, à l'habillement des pauvres, nous avons vu que les ressources de ces deux établissements ne leur permettaient pas d'y pourvoir.

Émus de cette situation lamentable, Jacques Lappol et sa femme entreprirent d'ouvrir un nouvel asile pour tous les déshérités devant lesquels les portes de Saint-Antoine et de la Madeleine restaient impitoyablement fermées. Dans ce but, ils firent construire une maison dans la rue qui conduisait au couvent des Frères-mineurs, au coin d'une petite ruelle se dirigeant vers l'Isère, situation qui correspond aujourd'hui à l'angle ouest de la rue du Pont-Saint-Jayme et de la rue de Lorraine, du côté du Verderet[1]. Quand la maison fut achevée, ils allèrent trouver l'évêque de Grenoble, Guillaume de Royn, à son château de Venon, et, après lui avoir exposé leur généreux projet, ils firent appeler un notaire et rédigèrent l'acte de fondation de l'hôpital Saint-Jacques, qui porte la date du 11 janvier 1329[2].

Par cet acte, Jacques de Die et sa femme, qui voulut être associée à ce grand acte de charité, donnent aux pauvres la maison récemment construite pour eux et un

---

[1] « Dictum hospitale situatum in dicto loco Gratianopolis et pro tunc coherebat carreria qua itur versus ecclesiam Fratrum Minorum a parte anteriori, ab alio latere quedam alia parva carreria qua itur a carreria Budellarie ad domum de Cassenatico, et aqua Verdarelli fluit ex parte alia. » Enquête de 1336. *Cart. de l'hôpital Saint-Jacques.* Archives de la ville de Grenoble, série G G.

[2] Archives de l'Isère, série G. Évêché de Grenoble, n° 635. Archives de la ville de Grenoble, série G G. *Cartulaire de l'hôpital Saint-Jacques.* V. Pièces justificatives.

verger attenant. Ils se réservent, leur vie durant, l'administration du nouvel hôpital, et attribuent après leur mort la nomination du recteur aux consuls, l'évêque ne devant intervenir que pour conférer à l'élu l'institution canonique. C'est encore aux consuls qu'ils confient le patronage de la maison, la haute surveillance sur la gestion du recteur et le droit de le destituer s'il est négligent ou coupable.

Guillaume de Royn, présent à la rédaction de ces statuts, intervient pour les ratifier et renoncer d'avance, en son nom et au nom de ses successeurs, à toute ingérence dans l'administration de l'hôpital. Jacques de Die ne précise pas si le recteur, qui devra être nommé après son décès, pourra être choisi parmi les clercs ou parmi les laïques ; mais il semble bien qu'il se soit inspiré des récentes décisions du concile de Vienne (1311), lequel défendait de donner les hôpitaux à titre de bénéfice à des clercs et recommandait d'en confier la direction à des laïques, gens de bien, capables et solvables, qui prêteraient serment comme des tuteurs, feraient inventaire des biens et en rendraient compte tous les ans par devant les ordinaires. Sur ce dernier point, l'évêque lui-même dégage les fondateurs de l'obligation qui leur était imposée par le concile de rendre des comptes annuels et, sans que cela soit expressément stipulé, il semble renoncer à ce droit d'examen des comptes, lequel, en fait, ne fut jamais exercé que par les consuls et le conseil consulaire.

Jacques de Die et Catherine Montagne vécurent encore vingt ans après l'ouverture de leur hôpital, qui ne porta, pendant cette première période de son existence, que le nom de ses fondateurs. Les pauvres, qui le connaissaient bien, l'appelaient l'hôpital de Jacques de Die et de Catherine Montagne [1]. Et c'était justice, car tous deux, mais surtout Catherine, étaient l'âme de la maison. Une enquête faite à la fin du XIVe siècle nous les montre présidant eux-mêmes à l'installation des malheureux qui venaient leur demander un asile, allant parfois les chercher dans les rues, où ils erraient, mendiant de porte en porte, et les ramenant au logis hospitalier où ils trouvaient un repas modeste et un gîte pour la nuit. Le lendemain matin c'est encore eux qui, après leur avoir fait faire une prière à la chapelle, les congédiaient avec une aumône [2].

Il y avait, en effet, à côté de l'hôpital, une petite chapelle et peut-être même un cimetière, dont une bulle du Pape Jean XXII, du 8 des calendes de juin 1331, avait autorisé la création. Par cette bulle, rendue à la sollicitation des charitables époux, le Pape leur accordait à eux et à leurs héritiers, et, après eux, aux consuls de Grenoble, le privilège de présenter le chapelain, le droit d'institution canonique étant réservé à l'évêque [3]. Quelques années plus tard (2 des nones de novembre 1343), le pape Clément VII accordait cent jours d'indulgence aux bienfaiteurs de l'hôpital [4].

Jacques de Die survécut dix ans à sa femme. Après sa mort, l'hôpital de Saint-Jacques passa à ses neveux Antoine Compaigni et Bernard Fastelli. Le premier, par son testament daté du 28 juillet 1361, légua l'usufruit de la maison hospitalière à Jean Eschallier, sergent du Conseil

---

[1] Archives de la ville de Grenoble, série GG. *Cart. de l'hôpital Saint-Jacques*. Enquête de 1380.

[2] Ibid.

[3] Ibid. V. Pièces justificatives.

[4] Ibid., f° 18.

delphinal, et à Domenge, sa femme [1], lesquels cédèrent leurs droits, le 25 février 1376, à Dominique de Loupy, chatelain de Grenoble, qui possédait une maison contiguë. Celui-ci fit élever d'un étage le bâtiment de l'hôpital qui ne comprenait qu'un rez-de-chaussée, et y logea Jean Eschallier. Dans le traité qui fut passé à cette occasion, le 28 mai 1381, il fut stipulé que dans le cas où l'hôpital serait envahi par une inondation, Jean Eschallier serait tenu de recevoir temporairement les pauvres dans son appartement.

Pendant que la maison de Jacques de Die passait ainsi de mains en mains, l'hospitalité y était-elle bien exactement exercée ? Il est permis d'en douter, malgré la clause contenue dans le traité de 1381. Aucun recteur n'avait été nommé depuis la mort du fondateur, et d'autre part le modeste verger qui constituait l'unique dotation de l'hôpital, avait été usurpé par les voisins, qui y avaient fait élever des constructions. Les consuls de Grenoble se souvinrent heureusement à temps qu'ils étaient les patrons de l'œuvre qui allait périr : ils intervinrent, intentèrent un procès aux usurpateurs et obtinrent le 11 mai 1387, un arrêt du Conseil delphinal qui restituait à l'hôpital le verger contesté ainsi que la maison où se trouvait la chapelle et les constructions élevées par l'usurpateur [2].

L'hôpital était sauvé; mais il lui manquait, pour vivre et jouer un rôle utile, une dotation qui permît de payer un chapelain et un hospitalier. La fondation de Jacques

---

[1] Archives de la ville de Grenoble, *Cart. de l'hôpital de Saint-Jacques*, f° 26.

[2] Ibid.

de Die, comme la plupart des créations charitables de ce temps, ne comprenait en effet qu'une maison et un mobilier. Un conseiller delphinal, Reymond de Theys, docteur ès lois, seigneur de Thoiranne en Trièves, se chargea de compléter l'œuvre de Jacques de Die. A la sollicitation de l'évêque Aimon Ier de Chissé, dont le nom est attaché à la plus importante des créations charitables de Grenoble, il offrit, le 10 mai 1393, de constituer à l'hôpital de Saint-Jacques une rente de quinze florins d'or, et rédigea, de concert avec l'évêque, les consuls et le chapitre de Notre-Dame, réunis dans la grande salle du Conseil delphinal, le règlement du nouvel hôpital reconstitué[1].

La dotation offerte par Reymond de Theys sera spécialement affectée au service de la chapelle; mais comme la chapelle et l'hôpital sont indissolublement unis, au point de ne former qu'un seul corps, la subvention accordée à la première profitera aussi et nécessairement au second.

Le chapelain sera en effet, en même temps, le recteur de la maison hospitalière. Il sera nommé par Raymond de Theys, sa vie durant, et, après sa mort, par les consuls, le doyen et le chapitre de Notre-Dame. En cas de désaccord entre les électeurs, l'évêque aurait, mais pour une fois seulement, le droit d'élection. Le recteur devra être pris dans le personnel subalterne du chapitre de Notre-Dame, mais non parmi les chanoines. Il ne pourra

---

[1] Archives de l'Isère, série G. Fonds de l'évêché de Grenoble, n° 786. Cf. Cartulaire de l'hôpital Saint-Jacques aux Archives de Grenoble.

être nommé à vie, et sera toujours révocable, lorsque les consuls et le chapitre le jugeront utile.

Les fonctions de ce chapelain-recteur sont à la fois ecclésiastiques et administratives. Comme chapelain, il célébrera les saints offices, administrera les sacrements avec l'autorisation du curé de Saint-Hugues, recevra les offrandes en pain, vin, cire et argent faites à la chapelle, et enfermera la cire et l'argent dans un coffre fermé à triple serrure, dont il gardera une clef et remettra les deux autres au doyen et au sacristain du chapitre de Notre-Dame. Ces offrandes, en effet, devront êtres partagées avec le chapitre. Les dons et legs faits à la chapelle seront perçus par le chapelain qui en gardera la totalité pour le service du culte.

Les fonctions administratives du recteur consistent à dresser inventaire à son entrée en charge et une fois chaque année, de tous les biens et meubles de l'hôpital destinés aux pauvres, de façon à en constater exactement les accroissements ou les pertes. Cet inventaire devra être rédigé en présence de l'un des consuls et d'un chanoine de Notre-Dame, et une copie en sera remise à la municipalité et au chapitre. Le recteur recevra les dons et legs faits spécialement à l'hôpital et veillera à ce que les intentions des donateurs ou testateurs soient religieusement observées et que la totalité des objets ou sommes attribuées aux pauvres soit affectée à leur usage. Il administrera les biens de l'hôpital et choisira lui-même un hospitalier honnête, intelligent et dévoué pour diriger le service intérieur, recevoir les pauvres et pourvoir avec charité à leurs besoins. Enfin, la haute surveillance et le patronage de l'établissement sont confiés au chapitre et aux consuls.

Ce droit de patronage imposait à la municipalité le devoir de suppléer à l'insuffisance des ressources de l'œuvre, soit en faisant réparer les bâtiments, soit en fournissant aux pauvres les objets mobiliers indispensables, tels que lits, draps, couvertures et vêtements, lorsque les revenus mis à la disposition du recteur ne lui permettaient pas de faire ces grosses dépenses. C'est à lui, en effet, de pourvoir, dans la mesure où il le peut, à tous les besoins des pensionnaires; et, en fait, nous voyons en 1516 un recteur, nommé Jean Berger, s'occuper avec un zèle louable de faire réparer et agrandir la maison hospitalière et acheter une douzaine de lits de camp pour remplacer d'anciennes couchettes hors d'usage[1].

D'un rapport présenté à cette occasion au conseil consulaire, il résulte que la dotation constituée à l'hôpital de Saint-Jacques par Jacques de Die et Reymond de Theys s'était bien faiblement accrue. C'est avec le produit de la location de quatre chambres, d'une maison située près du Verderet et d'une vigne qu'était alimenté le budget hospitalier. Les quatre chambres rapportaient 25 florins par an, la maison du Verderet 42 florins, le produit de la vigne n'est pas indiqué[2]. C'est avec ces maigres ressources qu'il fallait donner asile à environ trente-cinq pauvres[3]. Aussi le recteur était-il souvent obligé de faire appel à la municipalité et par elle à la charité publique.

Et pourtant il semble qu'on aurait pu tirer un meilleur parti de ce patrimoine en le consacrant tout entier à

---

[1] Archives de la ville de Grenoble, série BB. n° 4, f° 59, 61, 97, 99.
[2] Ibid., f° 61.
[3] Ibid., BB. 8, f° 81, V°.

ceux pour lesquels il avait été constitué. Or, c'est exactement le contraire qui se passe. A ce moment où le paupérisme menaçant fait la constante préoccupation des consuls, où, pour trouver un asile aux pauvres qui meurent de faim sur des fumiers dans les rues, on va jusqu'à imposer à chaque habitant la garde d'un ou deux mendiants, où la peste est permanente, une partie de l'hôpital de Saint-Jacques, déjà si insuffisant, est louée à des locataires, et dans l'autre partie, on reçoit et l'on nourrit des repenties [1]. Un jour, on discute sérieusement au conseil si on ne délogera pas les pauvres pour y installer, à leur place, l'école publique [2] !

C'est à cette incohérence, à ce défaut de suite dans les projets, à ces engouements successifs pour des créations nouvelles, oubliées le lendemain, qu'il faut attribuer l'insuccès relatif de toutes les œuvres charitables créées au moyen âge.

L'hôpital de Saint-Jacques fut réuni en 1545 à l'hôpital de Notre-Dame, en même temps que les hôpitaux de la Madeleine et de Saint-Antoine. Depuis lors, il fut presque constamment loué comme maison d'habitation à des particuliers. En 1553, il rapportait 100 florins au budget hos-

---

[1] Archives de la ville, BB. 5 f° 67. V°. « Propositum quod mulieres repentive hujus civitatis non habent linteamina et quod sunt linteamina in archis hospitalium pro pauperibus donata, petierunt ob ideo de dictis linteaminibus eis provideri.

Conclusum vocata hospitaleria Sancti Jacobi in quo hospitate fuerunt et sunt hospitate dicte repentive quod domini consules videant archas et linteamina predicta et distribuant ubi eis videbitur. » (Délibération du 8 juin 1518.)

[2] Archives de la ville. BB. 3, f° 99. (Délib. du 6 novembre 1513.)

pitalier; en 1617, il était loué 150 livres à un boucher [1]. Toutefois, vers le milieu du XVIe siècle, on y avait réservé un logement pour les trois sages-femmes de la ville [2]. En 1564, les réformés, dépossédés de l'église de Sainte-Claire, où ils célébraient leur culte depuis qu'ils s'étaient emparés de Grenoble, demandèrent la maison de Saint-Jacques pour la transformer en temple. On ne crut pas devoir accéder à leur requête par respect pour les intentions des fondateurs [3]. De même en 1591, quand, après la prise de Grenoble par Lesdiguières, les consuls installèrent le poids des farines dans la chapelle de l'hôpital, le Conseil des surintendants des pauvres protesta et obtint que cet oratoire fût rendu au culte [4].

Lorsque, en 1633, à l'instigation du Maréchal de Créqui, l'administration hospitalière entreprit de faire construire un nouvel hôpital dans le pré de la Trésorerie, elle décida que la maison de Saint-Jacques serait vendue [5]. Elle était en ce moment louée à la confrérie des pénitents du Saint-Esprit. On leur proposa de l'acheter, mais on ne put s'entendre sur le prix [6]. D'autre part, le recteur de l'hôpital s'opposait à cette aliénation, arguant qu'en vertu de la fondation de Reymond de Theys, il avait droit à un logement dans l'hôpital [7]. Depuis la réforme de 1545, on avait, en effet, continué à nommer des recteurs, mais

---

[1] Archives de l'hôpital, B. 22.
[2] Ibid., E. 1.
[3] Archives de Grenoble, BB. 19.
[4] Archives de l'hôpital, E. 1.
[5] Ibid., B. 22.
[6] Ibid., E. 4, f° 177.
[7] Ibid., E. 6. (Délib. du 22 septembre 1644.)

leur rôle avait été réduit à l'exercice des fonctions spirituelles, et, la maison ne recevant plus de pauvres, au service de la chapelle. Là encore le bénéfice ecclésiastique avait survécu à l'œuvre charitable. Les directeurs des pauvres passèrent outre à cette protestation et vendirent, le 15 avril 1645, le vieil hôpital de Saint-Jacques à Salomon Giraud, hôtelier, pour 3,300 livres. Furent néanmoins réservées la chapelle et une chambre pour le chapelain [1].

En 1672, le syndic de l'ordre de Saint-Lazare, auquel étaient attribués les biens de toutes les léproseries supprimées, prétendit revendiquer la maison du Pont-Saint-Jayme et intenta un procès à l'acquéreur. Celui-ci, soutenu par le bureau de direction de l'hôpital, fit observer que jamais la maison de Saint-Jacques n'avait appartenu à l'ordre de Saint-Lazare, qu'elle n'avait jamais été une léproserie, attendu que, par son titre de fondation, elle était réservée aux seuls mendiants de la ville. En même temps, le recteur de la chapelle, Pierre Didier, prêtre habitué en l'église Notre-Dame, réclamait aussi la jouissance de la maison vendue. Un arrêt du Parlement de Grenoble, rendu le 16 juillet 1672, les débouta de leur demande et confirma la vente passée en 1645 [2].

---

[1] Archives de l'hôpital, B. 22 et E. 6, f° 120, V°. — D'après ce acte de vente, la maison comprenait trois pièces au rez-de-chaussée, trois chambres au-dessus et trois petits galetas ou greniers. Ses confins sont ainsi indiqués: « la rue du Pont-Saint-Jacques du levant, la chapelle Saint-Jayme, chambre au-dessus et ce qui en dépend restant aux dits pauvres, de bise, le ruisseau du Verderet, du vent, le plassage de la maison des héritiers de M. de Bourchenu du couchant.

[2] Archives de l'hôpital, E. 22.

La chapelle de Saint-Jacques subsista jusqu'en 1790. Elle était desservie par un chapelain qu'en souvenir de l'ancien hôpital on appelait encore recteur, et qui était nommé par l'évêque sur la présentation des consuls et du chapitre de Notre-Dame [1].

Les documents nous manquent pour dresser une liste complète des recteurs de l'hôpital Saint-Jacques. Celle qui suit est donc nécessairement très incomplète. J'en ai emprunté les éléments aux archives de la ville et de l'hôpital de Grenoble.

1417 Antoine Fusin.
1497 Nicolas Mestaire.
1513 Pierre Clavans, chapelain du chapitre Notre-Dame.
1516 Jean Bergier, —
1519 Jean Roux (?), —
1527 Antoine Perrot, —
1554 Baptiste Marrel, —
1644 Balme, prêtre habitué du chapitre Notre-Dame.
1672 Pierre Didier —
1713 Claude Assier, ou Astier, —
1730 Claude Caillat,
1757 Pierre Clerc.

---

[1] Elle est ainsi mentionnée dans le pouillé du diocèse de Grenoble, dressé en 1726 par l'évêque Jean de Caulet : la Chapelle de Saint-Jacques, anciennement aumônerie des pèlerins de Saint-Jacques, fondée sur le pont Saint-Jayme, dans la ville de Grenoble ; à la nomination du chapitre conjointement avec les consuls de Grenoble ; à la collation de l'évêque titulaire : Claude Assier, prêtre habitué de la cathédrale.

Revenu. . . .	86 l
Charges. . . .	41 l
Revenu net .	45 l

(Archives de l'Isère, série G. Fonds de l'évêché de Grenoble). Pouillé de 1726, p. 272.

PIÈCES JUSTIFICATIVES

Copia instrumenti fundationis hospitalis sancti Jacobi hujus civitatis.

11 janvier 1329.

In nomine Domini nostri Jhesu-Christi amen. Anno Nativitatis ejusdem Domini millesimo tercentesimo vicesimo nono, indictione duodecima, die undecima mensis Januarii, in presentia mei notarii et testium infrascriptorum, noverint universi et singuli presentes pariter et futuri hoc presens instrumentum publicum inspecturi seu etiam audituri quod constitutus Jacobus de Dya dictus Lappol et Catherina ejus uxor, cives civitatis Gratianopolis, in presentia reverendi in Xristo patris et domini domini G., divina miseratione episcopi Gratianopolitani, nec non in mei notarii et testium infrascriptorum (presentia), cogitantes de saluto et commodo animarum suarum et predecessorum ac successorum, ambo insimul et quilibet in solidum, unus de consensu et auctoritate alterius, et specialiter dicta Catherina de consensu et auctoritate dicti Jacobi, viri sui, non decepti, non coacti, non vi, non dolo, non metu, frauda, violencia vel machinatione aliqua inducti, vel circumventi, sed scientes, prudentes et spontanei et de juribus eorum et cujuslibet eorum ad plenum certificati, certiorati, ut dicebant, pro se et eorum heredibus atque successoribus universis in futurum obtulerunt gratis et sine fraude concesserunt et dederunt Deo Omnipotenti et dicto domino episcopo et mihi notario subscripto recipienti, nomine et vice pauperum Xristi hostiatim mendicantium, quoddam suum hospitium cum suis viridario, jure pertinentiis, appendentiis, ingressibus et egressibus universis, situm in civitate Gratianopolis supradicta, cui coheret, ex una parte, carreria publica per quam itur de dicta civitate ad Fratres Minores dicti loci et quedam alia parva carreria et quidam ortus Giraudi Peilliardi coheret ex altera, sub modis, formis et conditionibus infrascriptis, retentis per conjuges antedictos, ad habendum, tenendum, gubernandum, regendum et disponendum omnimode pro sue libito voluntatis ad usum antedictum, retento in dicta oblatione, traditione et donatione et ante et post per conjuges antedictos quod prefati conjuges, dum vixerint et in humanis fuerint, et etiam uno eorumdem sublato de medio, ille qui supervixerit gubernet, regat et disponat pro sue libito voluntatis hospitale seu sinodochium, quod conservetur, Domino concedente, in hospitio supra dicto, et omnia ornamenta et utensilia hospitalis supradicti, ita quod per dictum episcopum vel per aliquem successorum suorum in episcopatu suo supradicto minime compelli possint ad presentandum ibidem vel rectorem ad regendum dictum hospitale vel pauperes degentes in eodem, nisi placuerit (?) conjugibus antedictis vel illi qui supervixerit, alio eorumdem de medio sublato. Retento etiam et reservato per conjuges antedictos quod post mortem eorumdem consules civitatis Gratianopolis supradicte, qui pro tempore fuerint in civitate supradicta, semper et in perpetuum regimen et administrationem plenam et liberam habeant hospitalis supradicti et omnium rerum, bonorum, jurium et pertinentiarum ejusdem, ita quod pro bonis, rebus, juribus et pertinentiis hospitalis supradicti agere et experiri possint et defendere contra quoscunque. Retento etiam et reservato per conjuges antedictos quod dicti consules civitatis supradicte possint constituere et destituere in hospitali supradicto rectorem, quem rectorem dicto domino episcopo presenti et futuro presentare teneantur; quoquidem rectore presentato, idem dominus episcopus ipsum rectorem incontinenti confirmare teneatur; constituentes se prefati conjuges, nominibus suis et quibus supra, predictum hospitium et hospitale tenere et possidere vel quasi vice et nomine Christi pauperum predictorum et pro ipsis, donec dicti pauperes dictum hospitium tanquam in hospitale ingressi fuerint et possessionem ipsius hospitii per se et per quemlibet pauperum adepti fuerint corporalem, intrando, habitando, vel ibidem jacendo; que possessio intelligatur apprehensa vice et nomine omnium Christi pauperum per unum pauperem, quicunque sit, habitantem in eadem, quando possessionem seu quasi apprehendi dicti conjuges dederunt et concesserunt licentiam et auctoritatem quibuscunque Christi pauperibus ibidem accedere et ibidem venire et stare, valeant pro sue libito voluntatis. Renunciantes, etc....

Que omnia et singula supra dicta, prout in hoc publico instrumento suprascripto sunt narrata, promiserunt conjuges supra dicti nominibus suis et quibus supra solempni stipulatione et sub omnium et singulorum bonorum suorum mobilium et immobilium presentium et futurorum obligatione et hypotheca, tactisque ab eisdem et quolibet eorumdem Sacrosanctis Dei Evangeliis corporaliter, juraverunt mihi notario infrascripto tanquam publice persone stipulanti in vice nomine Christi pauperum predictorum et pro ipsis manutenere et defendere, rata, grata, valida atque firma habere perpetuo et tenere et contra per alium non facere nec venire juris vel facti aliqua ratione, nec facere seu venire volenti aliquatenus consentire.

Ceterum quia pia opera decet ampliare [1] et hospitalitatem tenere potissime nedum ad clericos verum ad laycos pertinet secundum [2] per auctoritatem decreti, idcirco prefatus dominus episcopus, auditis et intellectis omnibus et singulis supra dictis et scriptis, ad instantiam et requisitionem dictorum conjugum petentium in predictis preberi consensum et ea confirmari et ratifficari per eundem dominum episcopum, dictus, inquam, dominus episcopus ex certa scientia et inductus Vero Spiritu, volens ampliare que pregeruntur a fidelibus, omnia universa et singula in hoc presenti instrumento contenta laudat, ratifficat, confirmat, emologat penitus et approbat, consensum suum....... et suam auctoritatem et decretum probale interponens pariter et instrumento presenti, in robur et testimonium predictorum, promittens suum

---

[1] Var. amparare.
[2] Var. secundare.

sigillum interponere huic presenti publico instrumento quandocunque (per) prefatos conjuges seu eorum alterum extiterit requisitus. Cedens, inquam, et concedens prenominatus dominus episcopus ex nunc omnem (*sic*) jus, actionem et requisitionem, que et quam habere posset circa institutionem, administrationem et regimen hospitalis supradicti prefatis conjugibus et mihi notario infrascripto recipienti vice et nomine omnium et singulorum quorum interest, intererit aut interesse poterit quomodolibet in futurum; liberans ex nunc prefatus dominus episcopus, prenominatos conjuges et alios etiam qui pro tempore fuerint administratores dicti hospitalis seu dicte Domus Dei a prestatione et redditione cujuslibet computi seu rationis pro rebus et bonis dicti hospitalis administratis et administrandis et immunes in totum dictum synodochium seu hospitale et administratores, qui pro tempore fuerint in eodem, a predictis superius nominatis et a quolibet alio onere et prestatione per quam vel per quod incidere posset dictum hospitale et administratio ejusdem in aliquod dampnum, periculum vel gravamen legis diocesane vel ejusdem domini episcopi et ecclesie predicte. Dans et concedens liberaliter prenominatus dominus episcopus prefatis conjugibus nec non et mihi notario infrascripto recipienti, vice, nomine et ad opus hospitalis supradicti et omnium et singulorum quorum interest aut interesse poterit quomodolibet in futurum, omnia universa et singula privilegia que de jure vel de consuetudine habent alia hospitalia per suam diocesim et alibi constituta. Promittens etiam bona fide prenominatus dominus episcopus omnia, universa et singula, suprascripta perpetuo rata, grata, valida atque firma habere et tenere et contra non facere nec venire facere seu venire volenti aliquathenus consentire juris vel facti aliqua ratione. Et fuit actum conventum et in pactum expressum deductum inter prenominatum dominum episcopum, ex una parte, et prefatos conjuges, ex altera, quod de premissis omnibus et singulis fiant duo vel plura publica instrumenta....

Acta fuerunt predicta apud Venonem videlicet in aula domus episcopalis dicti loci. Presentibus religioso viro domino Francisco de Royno, priore prioratus de Champagniaco, domino Bartholomeo Magnini, cappellano et curato de Scallis et Guillelmo filio Amedei de Sancto Vitali, domicello et pluribus aliis testibus ad premissa vocatis specialiter et rogatis.

(Archives de la ville de Grenoble, série GG. — Archives de l'Isère. Fonds de l'Évêché de Grenoble).

Bulle du Pape Jean XXII accordant le droit d'établir une chapelle et un cimetière dans l'hôpital Saint-Jacques.

1331.

Johannes episcopus, servus servorum Dei, dilecto filio Jacobo Lapi et dilecte in Christo filie Catherine, ejus uxori, civibus Gratianopolis, salutem et apostolicam benedictionem. Devotorum vota que salutis operibus obsecundant libenter apostolico favore prosequimur et eis assensum gratiosum et benivolum impartimur. Exhibita siquidem nobis pro parte vestra petitionis series continebat quod vos, zelo pie devotionis accensi ac cupientes terrena in celestia et transitoria in eterna felici commercio commutare, quoddam hospitale pro Christi pauperibus recipiendis in eo charitative tractandis in civitate Gratianopoli, de voluntate et assensu diocesani loci, construi et edifficari fecistis, ad quod tam infirmi quam alii pauperes confluerunt et declinant; quodque vos desiderantes hospitale prefatum tam cultu divino quam aliis piis operibus ampliari, unam capellam cum cimiterio juxta hospitale predictum de bonis propriis facere construi et edifficari proponitis ac sufficienter dotare. Quare pro parte vestra nobis extitit humiliter supplicatum ut vobis construendi et edifficandi dicta capellam cum hujusmodi cimiterio de benignitate apostolica licentiam concedere dignaremur. Nos igitur pium vestrum in hac parte propositum plurimum in Domino commendantes, volentesque vobis, ut illud adimplere possitis, favorem apostolicum impartiri, vestris devotis supplicationibus favorabiliter annuentes, construendi et edificandi predictam capellam, dote sufficienti ad arbitrium diocesani prèdicti primitus assignata, ita quod jus presentandi perpetuum capellanum ad capellam prefatam ad vos et vestros heredes, dictis que deficientibus heredibus, ad dilectos filios consules civitatis Gratianopolis; institutio vero capellani predicti ac loci institutio ad diocesanum, qui fuerit pro tempore, debeat perpetuis temporibus pertinere; ad quod dicta capella habeat cimiterium pro pauperibus sepeliendis ibidem quos in dicto hospitali mori continget. Et quod insuper cappellanus predictus possit confessiones pauperum hospitalis ipsius (audire), si tamen ad hoc ydoneus fuerit, eisque sacramenta ecclesiastica ministrare, parrochialis ecclesie et cujuslibet alterius juribus in omnibus semper salvis, plenam et liberam vobis auctoritate presentium concedimus facultatem.

Nulli ergo omnino hominum liceat hanc paginam nostre concessionis infringere vel ei ausu temerario contraire. Si quis autem hoc actemptare presumpserit, indignationem Omnipotentis Dei et Beatorum Petri et Pauli apostolorum ejus se noverit incursurum.

Datum Avinione VIII idus(?) Junii pontificatus nostri anno sexdecimo. — H. Orceti.

(Archives de la ville de Grenoble. Série GG. Cartulaire de l'hôpital Saint-Jacques, fol. XIX.)

Ultima fundatio (hospitalis Sancti Jacobi) facta per dom. Reymundum de Theysio, legum doctorem et dominum Thorane.

10 février 1393.

Ordinationes, statuta et appunctuamenta facta in presentia domini episcopi Gratianopolitani et dominorum decani et capituli ac plurium canonicorum dicte ecclesie et curati pro tunc sancti Hugonis dicte ecclesie, nec non consulum dicte civitatis, per nobilem et potentem virum dominum Reymundum de Theysio, legum doctorem, dominum Thorane in Trivils, super facto hospitalis et capelle prope Pontem Fratrum Minorum dicte civitatis, de ipsorum dominorum et aliorum supra nominatorum voluntate et communi consensu.

Et primo quod in domo relicta per dominum Jacobum de Dya, militem et Catherinam ejus uxorem Deo et pauperibus Christi, sita in carreria dicte civitatis, per quam itur ad Fratres Minores, juxta aliam carreriam qua itur versus magnum pontem, ex alia parte, et juxta ortum quod fuit Giraudi Peilliardi et juxta aquam Merdarelli, ex alia, ad honorem Dei et beati Jacobi apostoli dotanda per prefatum dominum Reymundum de Theysio; quamquidem capellam idem dominus Reymundus dottavit de et usque ad valorem quatuordecim florenorum auri annualium, super quibus bonis per dictum dominum Jacobum de Dya et ejus uxorem relictis et per quascunque personas in futurum relinquendis deputabitur unus capellanus vite laudabilis et conversationis honeste ad votum et ordinationem ipsius domini Reymundi, quandiù vitam duxerit in humanis, et post ejus decessum per consules et procuratorem dicte civitatis et dominos decanum et capitulum dicte ecclesie; qui capellanus post decessum dicti domini Reymundi erit de choro et collegio dicte ecclesie, non tamen canonicus[1].... regenda et administranda una cum dicto hospitali et eorum pertinentiis, quandiu bene se habuerit et eorum placuerit voluntatibus, ita quod non intelligatur perpetuus, sed possit amoveri et alius apponi; ita tamen quod, casu quo consules, decanus et capitulum pro provisione dicti non possent convenire infra unum mensem, quod ordinationi domini episcopi predicti pro illa vice solum stetur et quotiescunque similis casus occurrerit.

Item quod medietas oblationum in pecunia, cera, pane et vino consistentium in dicta capella fiendarum de cetero pertineat dicto capitulo et dicto curato Sancti Hugonis, alia vero medietas ad dictum capellanum dicti hospitalis; legata

---

[1] Il manque évidemment quelques mots ici.

vero que fient in dicto hospitali, in quibuscumque rebus consistentia, ad ipsum hospitale in solidum pertineant, secundum ordinationem legantium; cetera vero legata et donationes que fient dicte capelle, in aliis rebus et bonis consistentia, ad dictam capellam pertineant.

Item quod dictum hospitale et dicta capella simul uniantur et adjungantur perpetuo, ita quod censeantur unum corpus et dictus capellanus teneatur et debeat habere curam regiminis dicti hospitalis et ibidem possit ponere et ordinare hospitalarium idoneum pro recipiendis et gubernandis charitative pauperibus Christi et peregrinis ibidem affluentibus et hoc de voluntate et consensu dictorum dominorum decani et capituli ac consulum dicte civitatis.

Item quod dictus capellanus possit et debeat audire confessiones pauperum dicti hospitalis et eis ministrare ecclesiastica sacramenta, licentia tamen dicti curati seu ejus vicarii primitùs obtenta, ita tamen quod corpus Christi in dicta parochiali ecclesia Sancti Hugonis recipiatur.

Item quod dictus capellanus, in introitu sui regiminis, singulisque annis, semel, de omnibus bonis et rebus dictorum hospitalis et capelle inventarium facere teneatur, vocatis et presentibus uno ex dictis consulibus et uno ex dicto capitulo per ipsum eligendis, ad finem quod sciatur de quibus dicta inventaria augmentabuntur, et copia dictorum inventariorum dictis consulibus et capitulo tradatur.

Item quod dictus capellanus teneatur computare anno quolibet cum capitulo, sacrista et curato predictis de omnibus oblationibus et legatis prius declaratis, et medietatem ad eos pertinentem eisdem restituere.

Item quod dictus capellanus habere debeat archam communem in dicta capella sumptibus communibus fiendam, in qua jurare teneatur reponere fideliter omnes oblationes ibidem obvenientes, in qua erunt tres claves, quarum unam habebit dictus curatus, aliam dictus sacrista et aliam dictus capellanus. Oblationes vero panis et vini pro juramento dictus capellanus distribuat predictis decano, capitulo et curato, prout ad eum quemlibet pertinebit.

Item quod in dicta capella supra tectum ejus ponatur una campana pro pulsando quando in ea celebrabuntur divina, de qua dictus dominus Reymundus proinde teneatur.

Et predicta fuerunt arrestata, assumpta, fieri grossata manu Johannis Henrici, notarii publici, sub anno Domini millesimo treçentesimo nonagesimo tertio, die decima mensis februarii.

Collationné par nous écuyer, conseiller, secrétaire du Roi, maison couronne de France et de ses finances, greffier en chef en la Cour de Parlement de Dauphiné.

Signé : Amat.

(Archives de l'Isère, série G. Fonds de l'Évêché de Grenoble.)

L'HOPITAL DE SAINT-SÉBASTIEN ET SAINT-ROCH

PLUS COMMUNÉMENT APPELÉ

L'HOPITAL DE L'ILE OU DES INFEZ

LA PESTE A GRENOBLE

MESURES PRÉVENTIVES. — ORGANISATION DES SERVICES DE SANTÉ.

I

Le 31 janvier 1485, dans une salle basse d'une maison de la rue Bournolene, aujourd'hui rue Jean-Jacques-Rousseau, le notaire delphinal Claude Bœuf recueillait les dernières volontés de noble Grace d'Archelles, écuyer de l'écurie du Roi.

Le vieux soldat, qui s'éteignait alors, avait été l'un des fidèles serviteurs du roi Louis XI, et ce prince, quelques années auparavant, lui avait témoigné sa reconnaissance à sa façon en le mariant à une veuve, encore jeune — elle devait avoir à peine quarante ans, — qui avait joué un rôle dans sa vie et qui lui rappelait les années heureuses de sa jeunesse passée en Dauphiné, alors que dauphin, depuis peu émancipé par son père, il jouait au souverain dans la province qui lui avait été donnée en apanage.

Cette femme se nommait Guyette Durand. Elle appartenait à une bonne famille de Grenoble, dont plusieurs membres firent partie du chapitre de Notre-Dame. Son père était vraisemblement ce Jean Ourand, notaire, qui remplissait en 1437 les fonctions de premier consul de Grenoble [1]. Elle fut donc non la fille naturelle, — la chronologie s'y oppose, — mais vraisemblablement la maîtresse du jeune prince, qui la maria lui-même une première fois, en 1455, à son secrétaire Charles de Seillons, en lui donnant une dot de 1,000 écus, représentée par une maison de Valence qu'il venait d'acheter au bâtard de Poitiers. Lorsqu'elle devint veuve en 1477, le Roi, qui ne l'avait pas oubliée, lui fit épouser l'un de ses écuyers, Grace d'Archelles, et, en compensation de la maison de Valence, qu'on lui avait enlevée en 1476, lui fit don d'une rente sur la chatellenie de Montbonnot [2].

A la mort de son maître, le vieil écuyer s'était retiré avec sa femme à Grenoble et c'est dans la maison de celle-ci, qu'entre son confesseur et son médecin, Jean Danguerrand, il dictait à cette heure ce testament qui devait conserver à jamais sa mémoire.

En effet, si nous ne savons rien de sa vie, cet acte suprême nous révèle en lui une âme douce et pitoyable aux misérables. A son arrivée à Grenoble, où il avait trouvé la peste, il n'avait pu voir, sans en être ému, les victimes de l'épidémie chassées de la ville, errant lamen-

---

[1] Pilot. *Hist. municip. de Grenoble*, I, p. 145.

[2] Archives de l'Isère, B. 2948, fol. 251. Je dois la communication de cet acte à l'obligeance de M. Pilot de Thorey, qui publie actuellement, dans le *Bulletin de la Société de statistique de l'Isère*, un Recueil des actes du dauphin Louis II (depuis Louis XI) relatifs au Dauphiné.

tablement dans la campagne, abandonnées de tous, sans soins, sans nourriture et sans abri. Et l'idée lui était venue de consacrer après sa mort une part de sa petite fortune à la construction d'une maison où ces exilés trouveraient un asile. C'est dans ce but qu'il avait convoqué le notaire Claude Bœuf et les amis réunis autour de son lit pour entendre ses dernières dispositions.

Après avoir, selon le pieux usage de ce temps, légué son âme à Dieu, il fonde pour recevoir son corps une chapelle dans l'église de Notre-Dame, sous le vocable de Notre-Dame-de-Pitié, et affecte cent écus d'or à cette construction. Puis, il règle le cérémonial de ses funérailles, dans lesquelles, au milieu du cortège de prêtres, de religieux et d'amis qui l'accompagnera à sa dernière demeure, il veut voir figurer treize pauvres, vêtus de robes blanches et portant un cierge à la main. A l'issue de la cérémonie, ils reviendront dans sa maison, où un repas leur sera servi. Pour assurer des prières à son âme, il donne aux diverses communautés de la ville ; mais il n'oublie pas la confrérie charitable du Saint-Esprit de Saint-Laurent et lui laisse dix florins pour contribuer à la construction de sa maison.

Il veut que l'on remette à treize pauvres filles qui ne pourraient se marier faute de dot — et il inscrit d'avance parmi les élues Marie, sa servante, — à chacune vingt-cinq florins pour l'aider à entrer en ménage et il ne leur demande en échange que de dire chaque jour sept *Ave Maria* pour le repos de son âme.

A sa femme Guyette [1], il lègue l'usufruit d'une somme

---

[1] Grace d'Archelles laissait deux enfants naturels, Antoine et Jean : il lègue au premier 400 florins et 800 au second.

de cinq mille florins, qui sera placée, avec toutes les garanties requises, par ses exécuteurs testamentaires, entre les mains de marchands probes et habiles qui la feront fructifier et en remettront intégralement les revenus et produits à sa veuve. Après la mort de celle-ci, il sera prélevé sur ce capital une somme de trois mille florins, qui sera attribuée par égales parts aux églises de Notre-Dame et de Saint-André, aux Frères-Prêcheurs et aux Frères-Mineurs. Les deux mille florins restants seront employés par ses exécuteurs testamentaires à l'achat ou à la construction d'une maison pour les pauvres malades expulsés de la ville en temps de peste et en achats de rentes et de terres pour l'entretien de cette maison et la nourriture des pauvres qui y recevront l'hospitalité.

Comme cette clause reportait au décès de Guyette Ourand la fondation qui lui était à cœur, le testateur, désireux d'en hâter l'exécution, attribue à cette œuvre « de ampliori caritate » un nouveau legs de mille florins payable aussitôt après sa mort, en spécifiant qu'à l'hôpital devra être annexée une chapelle, où le service divin sera célébré trois fois par semaine en temps d'épidémie et une fois seulement en temps ordinaire.

Pour diriger la maison hospitalière et desservir la chapelle, les exécuteurs testamentaires de Grace d'Archelles choisiront un recteur qui, à raison de ses doubles fonctions d'administrateur et de chapelain, sera nécessairement un prêtre.

Ce recteur percevra les revenus des capitaux placés et recevra les offrandes des fidèles, de tout quoi il rendra fidèlement compte chaque année, vers la fête de Noël, aux exécuteurs testamentaires. Ceux-ci lui en laisseront la moitié pour ses honoraires et pour le service de la chapelle et verseront le reste entre les mains d'un négociant notable et de solvabilité éprouvée, lequel conservera et fera fructifier ces revenus accumulés, de façon à en former un fonds de réserve destiné à fournir, en temps de peste, aux malades indigents les aliments et les médicaments dont ils auront besoin.

Patrons de l'hôpital, les exécuteurs testamentaires auront le droit de destituer[1] et de remplacer le recteur, s'il manque à ses devoirs. Ils formeront ainsi un conseil de surveillance et d'administration, dont les membres, nommés à l'origine par le testateur, choisiront eux-mêmes, dans la suite, les successeurs de leurs collègues démissionnaires ou décédés.

Les premiers personnages élus par le vieil écuyer pour cette mission furent : Hugues Odenod, dit Reybat, de l'ordre des Frères-Mineurs ; Raphaël Rosset, prieur des Jacobins ; Louis Roux, chapelain de l'église Notre-Dame ; Jean Rabot, conseiller au Parlement, et le notaire Claude Bœuf, secrétaire delphinal, rédacteur du testament.

Deux jours après, dans un codicille, contenant quelques nouvelles libéralités, il substituait son parent Hugues Ourand, chanoine de Notre-Dame, à Louis Roux, chapelain de la même église, auquel son grand âge et ses infirmités n'auraient pas permis de remplir utilement ces fonctions [1].

Après avoir ainsi tout réglé pour l'exécution de sa cha-

---

[1] Archives de la ville de Grenoble, AA. 6, fol. 283. GG. *Cartulaire de l'hôpital*, fol. 560. — Archives historiques de l'hôpital de Grenoble, série G, n° 53.

ritable volonté, le vieil écuyer s'endormit plein de confiance, le 16 février 1485. Sa femme lui survécut plus de vingt ans. Elle mourut le 4 octobre 1506 et fut ensevelie auprès de lui, dans l'église cathédrale, à laquelle elle léguait une couronne d'or destinée à orner la statue de la Vierge [1].

Le vœu de Grace d'Archelles ne tarda pas à se réaliser. Un hôpital fut construit en dehors des remparts, dans cette presqu'île que forme une courbe de l'Isère, à l'est de la ville, et qu'on nommait déjà à cette époque l'Ile ou l'Ile-Verte. A raison de cette situation, il prit le nom d'hôpital de l'Ile, sous lequel il est le plus ordinairement désigné ; mais il porta d'abord le nom d'hôpital de Saint-Sébastien et Saint-Roch, et plus tard, dans les premières années du XVIe siècle, celui d' « hôpital des Infez ».

Le 15 juillet 1497, l'évêque Laurent Ier Allemand bénissait le cimetière placé autour de l'hôpital et où, durant la peste de 1493, quelques personnes avaient été ensevelies. Cette consécration n'avait pas été sans inquiéter le chapitre de Notre-Dame, qui s'y était toujours opposé, sous le prétexte que ce nouveau cimetière porterait préjudice à celui qui était placé devant l'église de Notre-Dame. Il demandait en conséquence que la ville consentît à lui payer une redevance annuelle pour la location du pré, où avait été bâti l'hôpital, et qu'elle s'engageât surtout à ne pas faire construire de chapelle dans l'enceinte du cimetière. A ces réclamations, les consuls répondaient qu'ils n'étaient pas les patrons de l'hôpital et que c'était aux exécuteurs testamentaires de Grace d'Archelles qu'elles devaient

[1] Archives de l'Isère, série G. *Obituaire du Chapitre de Notre-Dame.*

être présentées. Le 14 juillet, les consuls se rendirent auprès de l'Évêque et le prièrent de vouloir bien présider lui-même à la bénédiction du cimetière des pestiférés. Celui-ci accepta volontiers, mais à condition que le chapitre lèverait son opposition. On alla donc de nouveau supplier les chanoines de Notre-Dame et on obtint d'eux qu'ils consentiraient à la consécration demandée, si la ville et les exécuteurs testamentaires de Grace d'Archelles voulaient reconnaître le chapitre pour recteur de l'hôpital. Un accord [1] intervint et le lendemain l'Évêque se rendait en grande pompe dans l'Ile, où il était reçu par les quatre consuls, assistés par une foule énorme de religieux, de prêtres, de nobles et de bourgeois. Laurent Allemand bénit le cimetière et accorda quarante jours d'indulgence à ceux qui, dans une pensée de charité chrétienne, viendraient le visiter.

Ce champ des morts ne tarda guère à devenir insuffisant pour recevoir les victimes que fit la peste pendant les années qui suivirent et de nombreuses tombes furent creusées en terre profane autour de l'enceinte consacrée. Aussi en 1527, on dut reporter beaucoup plus loin les quatre pierres qui lui servaient de limites et le nouveau cimetière agrandi fut béni par l'évêque Laurent II le 20 septembre de cette année [2].

Pour beaucoup de personnes, ce cimetière n'était qu'un lieu de dépôt temporaire, où, durant l'épidémie, on ensevelissait les victimes de la peste ; mais à peine le fléau

---

[1] Archives de la ville, BB. 2, fol. 34. Par cet accord, dont nous n'avons pas les termes, l'hôpital de l'Ile s'engageait à payer au Chapitre de N.-D. une pension de 8 setiers 3 quartaux de froment Cf. CC. 1175.

[2] Ibid., BB. 8, fol. 412 et 433. CC. 620.

avait-il cessé que les parents des défunts sollicitaient du Conseil consulaire l'autorisation de les exhumer pour les faire transporter dans le tombeau de la famille. On le leur accordait trop facilement; car, en dépit des précautions prises, il est bien évident que ces exhumations présentaient de grands dangers et qu'elles ne furent pas étrangères à ces reprises inopinées de l'épidémie que nous aurons occasion de constater fréquemment, alors qu'on la croyait absolument disparue.

Conformément aux intentions du fondateur, une chapelle, dédiée à saint Sébastien et à saint Roch, avait été annexée à l'hôpital. Cette chapelle était, elle aussi, une cause d'infection, attendu que le recteur y célébrait des messes pour le repos de l'âme des personnes mortes de la peste, que les parents et amis des victimes y venaient en foule, alors que l'hôpital venait à peine d'être évacué, ou même qu'il abritait encore quelques malades suspects. Le Conseil consulaire croyait suffisant pour sauvegarder la santé publique de faire préalablement désinfecter la chapelle par des fumigations et d'ordonner que durant l'office les portes des chambres de l'hôpital seraient rigoureusement fermées[1].

Le Conseil d'administration créé par Grace d'Archelles ne parait pas avoir fonctionné bien longtemps ni d'une façon régulière. Les seules preuves de son existence, que nous fournissent les actes de ce temps, sont des rappels qui lui étaient adressés par le conseil consulaire pour faire réparer les bâtiments hospitaliers[2] et rendre compte

[1] Archives de Grenoble, BB. 8, fol. 283. Délibération du 16 février 1526. Le Conseil consulaire avait d'abord refusé sagement cette autorisation comme le prouve la délibération du 5 janvier 1526.

[2] Le 15 décembre 1528, les Consuls le font appeler ainsi que le

des revenus de l'hôpital [1]. Il n'apparait pas dans la cérémonie de consécration du cimetière en 1407; et en 1527, c'est la ville qui fait les frais de la bénédiction du nouveau cimetière et qui offre à cette occasion un dîner à l'évêque Laurent II Alleman. Il existait cependant encore à cette époque, puisque le 18 avril 1525, ses membres, réduits au nombre de trois, Jean Griffon, Simon Mitalier et Jean d'Aragon, nommaient, conformément aux règles fixées par le testament de Grace d'Archelles, Antoine Pilat, chanoine de l'église Notre-Dame, et Louis Portier, auditeur des comptes, en remplacement de Philippe d'Astier, chanoine de Saint-André, et de Hugues Coct, auditeur des comptes, récemment décédés. Et cinq ans plus tard, Jean Bouvier, procureur fiscal de la Cour majeure du Graisivaudan, et Urbain Coct étaient élus de la même façon pour remplacer Simon Mitalier et Jean d'Aragon [2]. Enfin, le 20 décembre 1536, Urbain Coct se présentait à son tour au Conseil consulaire et lui notifiait que sur les cinq commissaires exigés par Grace d'Ar-

recteur pour les sommer de faire réparer la toiture de l'hôpital qui était à demi démolie et pourrie (BB. 9, fol. 116). Déjà, le 20 juillet 1525, on avait notifié au recteur qu'il eût à faire réparer les portes et clôtures de l'hôpital, faute de quoi on procéderait contre lui par les voies de droit (BB. 8, fol. 226, v°).

[1] 14 juin 1521. « Conclusum moneri, requiri sive exhortari dominos exequtores testamenti Grace d'Archelles, qui sunt dominus canonicus de Asteriis, dom. auditor Cocti, nobiles Johannes Griffonis, Claudius Marrelli, et Johannes Aragonis quod complere faciant ordinata et legata dicti d'Archelles ac compota reddere faciant per quos et quibus tangit et pauperibus hospitalis Insule tradere faciant juxta voluntatem dicti testatoris, eosdem exequtores ex nunc in personam dicti domini Griffonis co-exequtoris de premissis requirendo. » (BB. 7, fol. 63).

[2] 3 décembre 1530. Arch. hist. de l'hôpital de Grenoble, G. 53.

chelles pour l'exécution de son testament, trois étaient morts, et que son collègue Jean Griffon et lui avaient choisi pour les remplacer Antoine Guiffrey, chanoine de Notre-Dame, noble Jean Fléard, auditeur de la Chambre des Comptes et Me Martin Mallet [1].

Malgré l'adjonction de ces nouveaux membres, le Conseil de direction de l'hôpital de l'Ile ne semble pas avoir fait plus de besogne. Toute son activité s'épuisait à assurer le recrutement de ses membres. Depuis lors, il ne donne plus signe de vie. Le maigre mobilier et la lingerie de l'hôpital des infez sont fournis par les consuls sur le produit des offrandes faites par les habitants de la ville. Et encore ce mobilier était mal gardé et mal entretenu. En 1528, des voleurs en dérobent une partie; l'un d'eux convaincu d'avoir volé quelques objets de literie est pendu [2]. Cette même année, on constate que les matelas, couvertures et draps qui ont servi aux pestiférés, n'ayant été ni lavés, ni désinfectés, tombent en pourriture. Après avoir fait au recteur et aux exécuteurs du testament de Grace d'Archelles d'inutiles représentations, les consuls se décident à prescrire eux-mêmes les mesures nécessaires; ils font rédiger un inventaire des objets mobiliers conservés dans l'hôpital et dont la garde est confiée au recteur.

Cet inventaire dressé en 1534, à l'issue d'une peste terrible, montre combien était misérable et insuffisante cette maison qui, dans la pensée de son fondateur, devait servir de refuge à tous les pestiférés expulsés de la ville. Comme meubles, quatre misérables lits de bois, dont deux

---

[1] Archives de Grenoble, BB. 11, p. 29.
[2] Ibid., BB. 10, fol. 14, v°.

presque hors de service, deux landiers dans la cheminée et deux pelles vraisemblablement destinées à l'usage du fossoyeur ; dans la lingerie, trente-trois draps et soixante-cinq couvertures, quelques coussins, quelques paillasses, et c'est tout[1].

Avec d'aussi pitoyables ressources, on devine quelle sommaire hospitalité il pouvait offrir. Lorsque les quatre lits étaient garnis, chacun par deux et parfois trois malades, les nouveaux arrivants couchaient à terre sur de la paille, enveloppés dans un lambeau de couverture, avec un coussin pour reposer leur tête.

Cette situation lamentable était bien connue des habitants de la ville; aussi les malades, qu'on envoyait à l'hôpital de l'Ile et qui avaient encore quelques ressources, apportaient-ils avec eux leur lit et les vêtements et ustensiles dont ils allaient avoir besoin.

Et pourtant à cette même époque le recteur plaçait à 5 % une somme de 180 florins offerte à la chapelle de l'hôpital[2].

En temps de peste, c'étaient encore les consuls qui fournissaient aux malades vivres, vêtements et médicaments[3]. C'étaient eux qui nommaient et salariaient l'hospitalier et le chirurgien, attachés au service des pestiférés[4].

Il résulte de ce triste tableau que très vraisemblablement les généreuses intentions du testateur ne furent pas

---

[1] Arch. de Grenoble, BB. 10, fol. 206. Cf. Bibliothèque de Grenoble, Mss. R. 6044-6055, n° 1470 du Catalogue imprimé.

[2] Arch. de Grenoble, série GG. *Cartulaire de l'hôpital*, fol. 202.

[3] Ibid., série CC. n° 620. Inventaire, t. II, p. 101, c. 1.

[4] Ibid., CC. 618 et BB. 10, fol. 184.

exécutées, soit que les fonds qui leur étaient affectés n'aient pas été remis aux exécuteurs testamentaires, soit que les marchands, entre les mains desquels partie de ces fonds devait être confiée, aient été ruinés par la peste qui sévit sur la ville de Grenoble avec une terrible intensité pendant cette première moitié du XVIe siècle, soit enfin que les recteurs et les administrateurs de l'hôpital aient par leur incurie laissé perdre le patrimoine dont ils avaient la garde. On trouverait une justification de cette dernière hypothèse dans une délibération du 4 avril 1533 autorisant Antoine Firmand, recteur de l'hôpital de l'Ile, à poursuivre tous ceux qui détenaient indûment des biens appartenant à cet hôpital[1].

Quoi qu'il en soit, il semble bien que les exécuteurs testamentaires de Grace d'Archelles ne tardèrent guère à abandonner à la ville un droit de patronage, trop onéreux à exercer. Et quant aux recteurs de l'hôpital, ils ne paraissent pas non plus avoir été à la hauteur de leur tâche. Une seule fois, en 1533, l'un d'eux se dévoua au service des pestiférés ; mais, en général, aucun ne prit à cœur son rôle d'administrateur des biens des pauvres. La maison, nous l'avons dit, était mal gardée, les portes tombaient en ruines, la toiture s'écroulait sans que le recteur s'émût, s'il n'était impérieusement sommé par le Conseil consulaire. Et bientôt ce dernier renonça à renouveler, toujours avec le même insuccès, ses avertissements et ses réclamations et se décida à faire faire lui-même, à ses frais, les travaux de réparations et d'entretien nécessaires.

A dater de 1555, à la suite des réformes opérées dans

[1] Arch. de Grenoble, BB. 10, fol. 185.

l'administration des hôpitaux de la ville, la rectorerie de l'hôpital de l'Ile fut unie à celle de l'hôpital Notre-Dame, dont le recteur, dépouillé de toute attribution administrative, n'était plus qu'un chapelain uniquement chargé du service de la chapelle. Ce dernier hérita donc des revenus de la chapelle de l'Ile, lesquels absorbaient la moitié du produit de la dotation de Grace d'Archelles. Le reste alla se confondre dans le patrimoine des hôpitaux réunis[1] et fut administré par le Conseil de direction des pauvres.

Nous aurons occasion de voir plus loin, en parlant des mesures prises par la ville contre les épidémies, quel rôle y joua l'hôpital de l'Ile. On pourrait dire qu'inutile en temps ordinaire, il devenait insuffisant lorsque la peste jetait hors de la ville des centaines de malades et de suspects. Assurément dans ces terribles années, la petite maison de Grace d'Archelles ne pouvait donner asile qu'à un bien petit nombre de pestiférés; mais il serait injuste de méconnaître les services qu'elle rendait, lorsque la maladie était plus bénigne et même au début et à la fin des grandes épidémies. C'est là que les premiers malades étaient installés, c'est là que logeait le chirurgien envoyé pour les soigner, le prêtre chargé de consoler les âmes, l'hospitalier laïque préposé à la distribution des vivres et des médicaments; c'est autour de ses murs qu'étaient élevées les cabanes en bois destinées aux malades qu'il ne pouvait abriter. Jusqu'à la dernière apparition du fléau, en 1643, nous verrons l'hôpital de l'Ile servir de centre au lazaret établi à l'entour, et son utilité était tellement reconnue que, dès qu'une apparition du mal était signalée

---

[1] Archives de Grenoble, CC. 1182.

dans les environs, le premier soin des consuls était de réparer et de blanchir ses murs, de consolider sa toiture et ses portes et de le mettre ainsi promptement en état de recevoir ses nouveaux hôtes. Et souvent il suffit lorsque le fléau enrayé dès son apparition ne faisait que peu de progrès.

Quand tout danger avait disparu, le Conseil de direction des pauvres le considérait comme une annexe de l'hôpital Notre-Dame et y plaçait les malheureux que ne pouvaient recevoir les hôpitaux de la Madeleine, de Saint-Jacques et de Saint-Antoine. Les mendiants qui y étaient internés redoutaient fort cette grande maison froide et nue, où ils manquaient le plus souvent de paille pour se coucher et de pain pour se nourrir[1].

D'autre part, quand la ville s'étendit peu à peu du côté de l'Ile, les habitants de ce quartier se plaignirent de ce dangereux voisinage et offrirent de transférer l'hôpital des infez dans un autre emplacement qu'ils achèteraient à leurs frais, au lieu dit le Gleyron. Une cotisation volontaire d'un écu par sétérée de terre devait être fournie dans ce but par tous les propriétaires de l'Ile. Le Conseil consulaire ne crut pas devoir accepter cette proposition, aucun emplacement ne lui paraissant plus convenable pour un établissement de ce genre, que l'Ile-Verte, où l'Isère et les remparts fermant de tous côtés les pestiférés, rendaient facile la surveillance et empêchaient ainsi tout retour des expulsés dans la ville. Toutefois, il offrit aux pétitionnaires, s'ils consentaient à y contribuer pour une part, d'acheter quelques parcelles de terrains autour

---

[1] Arch. de Grenoble, série GG. Délibérations du Conseil de santé.

de l'hôpital, de les clore de murs et d'isoler ainsi la maison suspecte des habitations voisines. Cette proposition ne semble pas avoir été acceptée [1].

En 1605, les religieux Récollets, mécontents de leur couvent de Saint-Martin, où ils étaient installés depuis peu, demandèrent à la ville la concession des bâtiments de l'hôpital de l'Ile. Le Conseil consulaire les leur accorda à condition qu'en temps de peste ils se consacreraient au service de spestiférés. C'était une belle et bonne idée, qui, en rajeunissant le vieil hôpital, aurait peut-être permis de réaliser le rêve généreux de son fondateur. Et d'abord tout sembla devoir aller à souhait. Des lettres patentes d'Henri IV, données en février 1608, déclarèrent le roi fondateur du nouveau couvent, lequel, en souvenir de sa première destination, prenait le nom de Notre-Dame de l'Ile. En outre des importants privilèges qui lui étaient communs avec tous les monastères du même ordre, que le roi avait pris sous sa particulière protection, Henri IV accordait aux Récollets de Grenoble pour la construction de leur couvent le produit pendant trois années d'un impôt sur le sel vendu dans toute la province du Dauphiné [2].

Aussi se mit-on promptement à l'œuvre, sous la direction de Jean de Beins, géographe et ingénieur du Roi, spécialement chargé de cette mission par S. M. Dans le courant du mois d'avril 1608, la première pierre du nouveau couvent était posée par Artus Prunier, premier président du Parlement, au nom du Roi, en présence de

---

[1] Arch. de Grenoble, BB. 8. Délib. du 10 Janvier 1525.

[2] Arch. de l'Isère, B. 2919, fol. 1053. — Arch. de Grenoble, BB. 69 et 75. — Chorier. *Vie d'Artus Prunier* (Ed. Vellot), p. 234.

Jean de La Croix, évêque de Grenoble, et d'Antoine Ducros, évêque de Saint-Paul-Trois-Châteaux.

Les travaux étaient à peine commencés qu'un revirement inattendu se fit dans les intentions du Conseil consulaire. Soit qu'il ait été pris d'un scrupule excessif à détourner ainsi ces bâtiments de leur pieuse destination, soit qu'il ait craint que la présence de ce couvent dans l'Ile ne fût une gêne et un foyer d'infection en temps d'épidémie, le Conseil revint sur sa première détermination et signifia aux Récollets l'ordre de suspendre leur installation, s'offrant d'ailleurs à les indemniser, après expertise, des dépenses qu'ils auraient faites[1].

Les religieux se soumirent d'assez bonne grâce. Ils quittèrent l'hôpital en 1610 pour aller fonder, en dehors de la porte de Bonne, un couvent qu'ils placèrent sous le vocable de l'Immaculée-Conception[2].

L'année suivante, on décidait de mettre en location la maison et l'hôpital de l'Ile, à l'exception de la chapelle, et, le 4 mai 1612, ils étaient loués à un bourgeois de Grenoble, nommé Pierre Pacalet, à condition qu'il entretiendrait les bâtiments en bon état et les abandonnerait à la ville en cas d'épidémie. D'après un inventaire, qui fut dressé le 14 mai 1612, l'hôpital de l'Ile était, à cette époque, un grand bâtiment élevé d'un seul étage et comprenant, au rez-de-chaussée, une vaste pièce maigrement éclairée par deux fenêtres dites oubliettes, garnies de barres de fer, et trois autres chambres ayant chacune un cabinet attenant; au premier étage, une grande salle et

---

[1] Arch. de Grenoble, BB. 75. Délibération du 6 mai 1608. BB. 77. Délib. du 10 novembre 1610.

[2] Arch. de l'Isère, série H. Titres des Récollets de Grenoble.

douze cellules de religieux ouvrant sur une galerie ou couloir éclairé par une seule fenêtre. Autour de la maison, un jardin, muni d'un puits et fermé par une grande porte à deux vantaux, couverte d'une toiture en mauvais état [1].

Pendant la peste de 1628-1632, l'hôpital, rendu par son locataire au Conseil de la santé, servit de centre au lazaret installé dans l'Ile pour l'isolement des pestiférés. Après l'avoir fait réparer, on y logea d'abord les premières personnes atteintes par l'épidémie [2], puis, quand leur nombre augmenta, on réserva les bâtiments hospitaliers pour les officiers de la santé et les religieux, Récollets, Capucins et Jésuites, qui se succédèrent avec une louable émulation dans les fonctions d'aumôniers des pestiférés, et l'on construisit dans les terrains environnants des cabanes en bois destinées aux malades et aux suspects. Il en fut de même pendant l'épidémie de 1643, la dernière qui ait atteint la ville de Grenoble [3].

En 1640, M. de Villefranche, médecin, ayant signalé quelques cas de fièvre maligne à l'hôpital Saint-Antoine, où l'on recevait des soldats blessés, le Conseil d'administration du grand hôpital décida qu'à l'avenir les soldats blessés qui se présenteraient aux portes de la ville seraient renvoyés à la porte Très-Cloître, où ils seraient visités. Ceux qui seraient reconnus atteints d'une maladie contagieuse seraient internés dans l'hôpital de l'Ile, où M. de Villefranche s'installerait pour les soigner; les autres continueraient à recevoir l'hospitalité à l'hôpital Saint-Antoine [4].

---

[1] Arch. de Grenoble, série GG. Titres de l'hôpital de l'Ile.
[2] Ibid., CC. 1139.
[3] Ibid., CC. 1147.
[4] Arch. de l'hôpital, E. 5.

Pendant les années qui suivirent, l'hôpital de l'Ile redevint un domaine rural du grand hôpital Notre-Dame. On y avait logé, vers cette époque, l'exécuteur des hautes œuvres, que les bourgeois de la ville refusaient d'admettre dans leurs maisons; mais le malheureux dut fuir encore de cet asile devant les réclamations du recteur de la chapelle de Saint-Roch, qui prétendait avoir des droits sur les bâtiments de l'ancien hôpital. On fit déguerpir l'exécuteur, mais on ne tint pas autrement compte des prétentions du recteur[1].

C'est que, s'il était prompt à revendiquer ses droits, ce recteur, comme ses prédécesseurs, négligeait fréquemment ses devoirs d'usufruitier, et laissait même à la ville le soin d'entretenir la chapelle. En 1654, il devint nécessaire d'y faire d'importants travaux de consolidation et d'embellissement. Le sol fut élevé de plus d'un pied pour le mettre à l'abri des infiltrations de l'Isère, et un autel en pierres de taille fut substitué à l'ancien autel qui tombait en ruines[2].

En 1670, l'évêque Étienne Le Camus, dans un rapport au Roi sur le projet d'internement général des pauvres, dont on parlait beaucoup alors, proposait de réaliser cette mesure dans les locaux inoccupés de l'hôpital de l'Ile. Nous aurons occasion d'exposer plus loin, dans un chapitre spécialement consacré à l'hôpital général, comment cette réforme fut retardée et ne put être appliquée qu'en 1712[3].

Deux ans plus tard, l'hôpital de l'Ile, de nouveau réparé,

---

[1] Arch. de Grenoble, BB. 106.

[2] Ibid., CC. 785 et 825.

[3] Arch. de l'Isère, série G. Fonds de l'Évêché de Grenoble.

était rendu pour quelque temps à une destination charitable. L'administration hospitalière y plaçait un certain nombre de pauvres, atteints des écrouelles, que n'avait pu garder l'hôpital de la Providence [1].

Pour la dernière fois il fut utilisé, en 1710, par l'évêque Allemand de Montmartin, qui demanda et obtint le droit d'y installer une maison de retraite, fondée par le cardinal Le Camus, pour les prêtres âgés et infirmes, sous le titre de Séminaire de Saint-François-de-Sales. Ces vétérans du sacerdoce n'y séjournèrent pas longtemps. En 1717, le Séminaire de Saint-François-de-Sales était transféré sur la place Grenette, dans le monastère des religieuses du Verbe-Incarné.

Désormais l'hôpital de l'Ile restera sans affectation. Ses murs, abandonnés, tomberont peu à peu, en même temps que s'effacera le souvenir de sa destination primitive. Seule, la chapelle, dédiée à saint Roch, sauvée par la dévotion des Grenoblois, subsistera jusqu'au milieu de ce siècle, et M. Pilot père [2] raconte quelque part qu'on voyait encore de son temps, au-dessus de la porte du vieil oratoire, un écusson de pierre blanche aux armes de la ville. Les pénitents de Saint-Laurent avaient coutume d'y faire tous les ans un pèlerinage le jour de la fête de Saint-Roch, en commémoration du vœu de 1620. Les pénitents furent supprimés vers 1850, et la chapelle fut démolie quelque temps après pour l'agrandissement du cimetière auquel elle a donné son nom.

Et ainsi ce nom de cimetière de Saint-Roch est aujour-

---

[1] Arch. hist. de l'hôpital de Grenoble, E. 6.

[2] J.-J.-A. Pilot. *Usages et coutumes existant ou ayant existé en Dauphiné*, pp. 83-84.

d'hui le seul reste de ces temps douloureux, la seule trace laissée dans le champ des morts par les effroyables drames de la peste, et bien peu parmi ceux qui s'y rendent, accompagnant la dépouille d'un parent ou d'un ami, savent encore qu'il y a quatre cents ans, un vieux soldat, nommé Grâce d'Archelles, fonda, dans cet endroit, un hôpital pour soulager, autant que cela était possible, les malheureux atteints par le mal le plus terrible qui ait jamais affligé l'humanité.

II

Cette étude sur l'hôpital de l'Ile ne serait pas intelligible si nous n'y ajoutions un rapide historique des épidémies pestilentielles qui ont sévi sur la ville de Grenoble, et l'exposé des mesures que prenait en ces terribles circonstances l'administration consulaire pour prévenir ou pour combattre le fléau.

Dans une notice intitulée : « *Réflexions sur quelques épidémies du Dauphiné* », lue à la Société de Statistique de l'Isère dans sa séance du 20 février 1846 [1], M. Michaud, docteur-médecin, laisse entendre qu'on désignait jadis sous le nom de *peste* toutes les maladies épidémiques qui faisaient rapidement de nombreuses victimes et qu'on ne se rendait pas compte « ni de la nature réelle, ni des symptômes, ni de la marche de l'affection régnante ». « Aujourd'hui, ajoute-t-il, on ne donne le nom de peste qu'à une seule maladie (*pestis, febris pestilens, fièvre*

[1] *Bulletin de la Société de statistique de l'Isère*, 1re série, t. IV, pp. 64-71.

adeno-nerveuse de Pinel), caractérisée surtout par des bubons et des anthrax, essentiellement épidémique et contagieuse dont la marche très rapide est toujours ou presque toujours funeste ». Cette maladie a pour berceau l'Orient, mais surtout et peut-être exclusivement l'Égypte, où elle est endémique. Elle a envahi à diverses reprises la France et l'Europe. M. Michaud en conclut que la peste n'a pu être apportée en Dauphiné que par le canal de la Provence et surtout du port de Marseille et dès lors que toutes les pestes signalées en Dauphiné à des dates qui ne coïncident pas avec celles des pestes de Provence données par l'historien Papon, ne méritent pas ce nom, attendu que la peste ne naît point spontanément. M. Michaud argumentait ainsi sur un mémoire lu par M. Pilot père, quelques semaines auparavant, devant la même Société, où il avait dressé la chronologie des pestes signalées à Grenoble et en Dauphiné par les actes du temps[1].

M. Pilot ne protesta pas contre cette accusation d'ignorance portée contre nos anciens médecins. En quoi, il eut tort, car à l'aide des documents qu'il avait en mains, il pouvait facilement démontrer : 1° que bien loin de donner le nom de peste à toutes les maladies épidémiques, nos pères ne désignaient ordinairement la peste que sous le nom de « la contagion », soit qu'ils aient hésité à se prononcer sur la nature du mal régnant, soit plutôt qu'ils aient craint d'épouvanter la population en annonçant officiellement l'existence du fléau tant redouté ; 2° que les

---

[1] J.-J.-A. Pilot. *Indication de quelques lieux du département de l'Isère qui ont eu à souffrir de la peste et des épidémies à une époque ancienne. Bulletin de la Société de statistique de l'Isère*, 1re série, t. IV, p. 60.

médecins du XVIe siècle connaissaient bien la peste et que s'ils ignoraient ses causes, étant sur ce point de l'avis du fabuliste « que le Ciel en sa fureur l'inventa pour punir les crimes de la terre », s'ils étaient impuissants le plus souvent à la guérir, ils savaient fort bien, et par une trop fréquente expérience, qui manque aux praticiens modernes, à quelles manifestations on la reconnaît. Dès que les commissaires chargés de la surveillance de la santé signalaient un décès suspect, des chirurgiens étaient désignés pour pratiquer l'autopsie du cadavre et vérifier si l'on était en présence d'un cas de peste. Dans sa *Méthode excellente et fort familière pour guérir la peste et se préserver d'icelle* [1], Guillaume de Lerisse, qui avait été capitaine de la santé dans la ville de Grenoble pendant l'épidémie de 1597, décrit exactement la marche de la maladie : « Si l'on se reconnait malade de fiebvre pestilente ou de quelque autre signe pestilent, comme douleurs de têtes ou de reins, lassitude de membres, défaut de respiration, battements de cœur, vomissements, éblouissement ou tremblement de membres, qui sont tous signes pestilents..., on doit, sans attendre qu'il soit sorti aucune tumeur ou pustule, etc... » Après ces premières manifestations de l'imminence de la peste, notre auteur note, pour la période suivante, l'apparition de tumeurs, bubons ou anthrax et d'érosions appelées « tac », qui surviennent communément le troisième ou quatrième jour.

Les documents manuscrits, délibérations du Conseil consulaire et du Conseil de santé, auxquels nous emprun-

---

[1] Grenoble. Verdier, 1608, in-12.

tous les éléments de cette étude, confirment que telle était l'opinion des chirurgiens du temps et que notamment les bubons, charbons et le « tac » étaient considérés comme des indices certains de la peste.

Or, si l'on ouvre un manuel de thérapeutique moderne, on lit ce qui suit à l'article *Peste :* « Des malaises, de l'inappétence, de la courbature et des douleurs plus ou moins vives dans les aines et les aisselles annoncent l'imminence de la peste. La céphalalgie, la fièvre, une extrême prostration, du délire ou du coma, des vomissements ou des régurgitations aqueuses, etc... annoncent l'invasion de la peste que démontre l'apparition des plaques érysipélateuses, de pétéchies, de bubons, d'anthrax et de pustules gangreneuses [1] ».

Nos anciens médecins grenoblois — et parmi eux nous verrons plus loin que l'on peut citer quelques hommes éminents — n'étaient donc pas si novices en ces matières que le croyait M. le Dr Michaud, et quand ils diagnostiquaient dans une maladie épidémique la peste, il est très vraisemblable que dans la plupart des cas ils ne se trompaient pas [2].

D'autre part, il est inexact de dire avec le même M. Michaud que les seules pestes reconnues en Dauphiné

---

[1] Bouchut et Desprès. *Dictionnaire de thérapeutique médicale et chirurgicale*, Paris, 1867, in-4°, p. 1122.

[2] Au mois de juin 1545, pendant les fortes chaleurs, alors que la peste sévissait à Chambéry, on signala dans la ville de Grenoble quelques cas de fièvres graves. Nos médecins ne prirent pas le change, mais, tout en rassurant la population sur la nature de la maladie régnante, ils ne dissimulèrent pas qu'elle pourrait, si on ne l'enrayait pas par des mesures sanitaires, favoriser l'apparition de la peste, dont on annonçait chaque jour les ravages dans les villes voisines (Arch. de la ville, BB. 13. Délib. du 10 juin 1545).

sont celles dont les dates coïncident avec celles que l'historien Papon a constatées en Provence. D'abord cet historien n'a certainement pas relevé toutes les apparitions de la peste en Provence, non plus que Chorier n'a noté toutes celles qui atteignirent le Dauphiné. M. Pilot, lui-même, qui avait fait de cette question l'objet d'une étude spéciale, n'a pas donné de ces épidémies une nomenclature complète. Ces lacunes — tous ceux qui se sont occupés d'histoire le savent — ne sont pas toujours imputables à l'historien, lequel ne peut relater que les faits que lui révèlent les documents qu'il a sous les yeux. Or, si ces documents sont incomplets, l'œuvre de l'historien en porte la marque, sans que sa sincérité ni sa conscience puissent être mis en doute.

Enfin la peste semble avoir été fréquemment apportée à Grenoble par des marchands qui revenaient des foires de Lyon. En conséquence, l'épidémie y naissait, le plus souvent, assez longtemps après son apparition dans cette dernière ville, qui elle-même l'avait reçue de la Provence. Il serait donc dangereux de faire grand fond sur cette concordance de dates pour reconnaître celles des épidémies constatées en Dauphiné qui méritent le nom de peste.

En faut-il conclure que l'on ne se soit jamais trompé et que, notamment au cours d'une épidémie de peste, on n'ait pas été amené à considérer comme atteints de ce mal des gens dont l'état sanitaire était simplement suspect? que les bruits qui couraient presque chaque année annonçant l'apparition de la peste dans l'une ou l'autre des communes voisines étaient toujours exacts? Il serait absurde de le prétendre. Ce que nous voulons retenir comme très vraisemblable, sinon comme absolument démontré, c'est que les épidémies, dont nous allons donner la longue et lamentable liste, étaient toutes de nature pestilentielle.

Nous avons dit que nos anciens médecins avaient de la peste et de ses manifestions et phénomènes caractéristiques une connaissance basée sur une fréquente expérience. Et en effet, pour ne parler que de Grenoble et de la période sur laquelle les documents abondent, de la fin du xve siècle au milieu du xviie, l'épidémie reparut presque régulièrement tous les dix ans et parfois à des intervalles plus rapprochés.

Avant l'époque où commence notre récit, il convient de rappeler la peste noire, qui, de 1348 à 1350, ravagea toute l'Europe et lui enleva vingt-cinq millions d'habitants. Cette effroyable épidémie gagna le Dauphiné en 1349. On sait qu'ici comme partout ailleurs, elle servit de prétexte à une impitoyable persécution contre les Juifs qu'on accusa de l'avoir provoquée en empoisonnant les puits et les fontaines [1]. Une nouvelle épidémie sévit dans le Viennois pendant l'été de 1382 ; elle ne paraît pas avoir pénétré dans le Graisivaudan.

En 1410, la peste se déclara à Grenoble, mais elle n'y fit que peu de victimes; car les comptes consulaires, miroir fidèle des moindres incidents de la vie municipale, n'en font pas même mention. M. Pilot, qui nous fournit cette date, se borne à dire que l'évêque Aimon de Chissé se réfugia dans son château de Saint-Hilaire pour échapper à la mortalité [2].

---

[1] A. Prudhomme. *Les Juifs en Dauphiné aux XIVe et XVe siècles*, Grenoble, 1883, in-8°, p. 27.

[2] J.-J.-A. Pilot. *Indication*, etc., p. 60.

La peste reparut en 1420, puis en 1427, puis en 1454[1], chassant de la ville le Conseil delphinal, qui transporta ses audiences à Romans, où s'étaient déjà réunis un grand nombre de réfugiés grenoblois[2]. Une nouvelle et terrible apparition du fléau eut lieu en 1467[3].

De 1482 à 1485[4], la peste fit de grands ravages en Dauphiné et surtout à Grenoble. Le Parlement se retira à Moirans, où il tint ses audiences dans le réfectoire des Cordeliers. L'officialité et le juge des appellations s'installèrent d'abord à Voreppe, puis à Domène. La moitié des habitants de Grenoble émigra; ceux-là seuls restèrent que leur pauvreté empêchait de quitter leur unique asile. C'est parmi ces malheureux, entassés dans des habitations trop étroites et mal aérées, que la peste fit ses plus nombreuses victimes. Or, dès que l'un d'eux semblait atteint, il était impitoyablement chassé de la ville et errait misérablement dans la campagne, objet d'horreur, devant qui se fermaient toutes les portes, couchait dans les fossés ou à l'abri des haies, et mourait de faim quand il ne mou-

---

[1] Des lettres du dauphin Louis (depuis Louis XI) autorisent les notaires à recevoir les testaments des pestiférés, alors même que ces notaires n'auraient pas été confirmés dans leurs charges par le Dauphin, qui avait considérablement réduit le nombre des notaires du Dauphiné (Pilot de Thorey. *Catal. des actes du dauphin Louis II*, n° 881).

[2] Prudhomme. *Hist. de Grenoble*, p. 247. — Arch. de l'Isère, B. 2928, fol. 505.

[3] Ibid., p. 272.

[4] Un acte de 1483 constate que la peste était si fréquente à Grenoble que, depuis longtemps déjà, on avait donné au Trésorier général du Dauphiné la châtellenie de Montbonnot, près de Grenoble, pour qu'il pût s'y retirer en temps d'épidémie « pour illec faire leur retrait et habitation en temps de pestilence » (Arch. de l'Isère, B. 3270, fol. 419).

rait pas de la peste. C'est, on s'en souvient, la vue de ces misérables, jonchant les routes voisines de leurs cadavres abandonnés, qui émut le cœur généreux de Grace d'Archelles et provoqua la création de l'hôpital de l'Ile [1].

Une épidémie plus bénigne se déclara en 1493. Grâce aux mesures prises, elle ne fit que peu de victimes [2]. Le fléau reprit en 1499 avec plus de vigueur : un chirurgien fut délégué par les consuls pour visiter les malades et faire conduire à l'hôpital de l'Ile ceux qui seraient reconnus atteints par la peste [3]. Là, ils étaient confiés à la garde d'un hospitalier, chargé de leur remettre les vivres et les médicaments nécessaires, et de veiller à ce qu'ils ne rentrent pas dans la ville.

Nouvelle apparition du fléau à la fin de l'année 1503. Les comptes consulaires constatent que les cours de l'école publique furent suspendus, et que du 25 octobre au 9 février 1504, la ville entretint un chirurgien pour soigner les pestiférés et un fossoyeur, à six florins par mois, pour enterrer les morts [4]. Les mêmes comptes prouvent qu'en 1505 le chirurgien des pestiférés était toujours en fonctions, et qu'en 1507, le fossoyeur avait gagné ses gages pendant six mois [5].

De 1516 à 1520, tous les étés sont troublés par des bruits alarmants. La peste règne en Valentinois, à Romans, à Chambéry, à Genève [6]. En 1519, elle est à Lyon ;

---

[1] Chorier. *Hist. du Dauphiné*, II, 480. — Pilot. *Indication*, etc... — Prudhomme. *Hist. de Grenoble*, p. 283.

[2] Arch. de Grenoble, série CC. n°

[3] Ibid., CC. 584.

[4] Ibid., CC. 585.

[5] Ibid., CC. 588.

[6] Ibid., BB. 4, fol. 76, 231 v°. BB. 5, fol. 49. BB. 6, fol. 57 v°.

elle s'approche, gagnant chaque semaine du terrain[1]. En 1520, à la suite de l'arrivée de quelques voyageurs de Lyon, entrés dans la ville malgré les ordonnances, la peste se déclare à Grenoble, et l'hôpital de l'Ile reçoit un petit nombre de malades. Après s'être calmée pendant l'hiver, l'épidémie reprend en mars 1521 et dure jusqu'en octobre, époque où le chirurgien de l'hôpital de l'Ile obtient l'autorisation de rentrer dans la ville après avoir fait quarantaine. En mai, la maladie faisait rage et l'on était obligé de doubler les gages du fossoyeur et de lui donner un aide[2].

Comme l'année précédente, l'hiver sembla vouloir emporter la contagion et l'on reprenait à espérer, lorsqu'en juillet 1522 elle se manifesta de nouveau, plus terrible que jamais, et persista avec une meurtrière intensité jusqu'à la fête de la Toussaint.

M. Pilot ne constate dans sa nomenclature que des symptômes de peste en cette lugubre année 1522. Or, voici le significatif nécrologe que nous fournissent les comptes consulaires sous le titre de « Le nombre des maisons infectes de la peste ceste année 1522 et dura ladicte peste du 10 juillet à la feste de La Toussaint[3]. »

Dans la rue Chenoise et l'hôpital de la Madeleine : dix maisons atteintes, treize décès ;

Rue Très-Cloître : huit maisons, dix décès ;

Rue Brocherie : neuf maisons, treize décès ;

Rue Pérolerie : six maisons, neuf décès ;

---

[1] Arch. de Grenoble, CC. 608, 611, 612. BB. 6, fol. 102, 133, 144, 172, 176, 179, 192.

[2] Ibid., BB. 7, fol. 19, 20 et suiv. CC. 612.

[3] Ibid., CC. 613. BB. 7, fol. 183.

Rue Neuve : une maison, deux décès ;

Rue Porte-Traîne et le Breuil : une maison, un décès ;

Rue Pertuisière : une maison, un décès ;

Place de Mal-Conseil : deux maisons, deux décès ;

Rue du Pont : huit maisons, quinze décès ;

Rue Bullerie : neuf maisons, seize décès ;

Hôpital Saint-Jacques : cinq décès, dont l'hospitalière, sa fille et son gendre ;

Rue Saint-Laurent : neuf maisons, treize décès ;

Rue Perrière : vingt-deux maisons, quarante-un décès.

Au total : quatre-vingt-cinq maisons furent visitées par le fléau et cent quarante et une victimes y succombèrent, parmi lesquelles le Parlement eut à regretter la perte du jurisconsulte François Marc, qui mourut de la peste, dans sa maison de la rue Pérolerie. Dans cette liste ne figurent ni les habitants des faubourgs, ni les malheureux dix fois plus nombreux qui furent expulsés de la ville et périrent soit dans l'hôpital de l'Ile, soit dans les champs environnants.

Le Chevalier Bayart, qui était à cette époque lieutenant-général du Dauphiné, se trouvait à Grenoble pendant l'épidémie de 1522, et ses historiens[1] lui font généralement un titre de gloire de s'être dévoué au service des pestiférés. Il faut hélas ! détruire cette légende. La vérité que nous impose l'impitoyable précision des documents, la vérité est que, comme tous les fonctionnaires, comme tous les ecclésiastiques, comme la plupart des bour-

[1] Parmi lesquels il faut placer l'auteur de ces études, qui, dans une *Histoire de Bayart*, éditée en 1879 par la maison Mame, de Tours, fait (p. 321) un grand éloge du dévouement de Bayart pendant la peste de 1522.

geois, le Chevalier sans peur avait fui devant l'épidémie et s'était réfugié à Tullins, et que même on fut obligé de lui rappeler qu'il avait promis un secours d'argent pour les pauvres malades de l'hôpital des Infez[1].

En mai 1523, on signale un cas de peste à Saint-Martin-le-Vinoux, aux portes de la ville[2]. Le Parlement et le Conseil consulaire multiplient les précautions sanitaires et l'été se passe dans les transes, mais sans nouvelle apparition du fléau. Au début de l'automne, les alarmes deviennent plus vives : le 4 octobre, quelques malades suspects sont internés dans l'hôpital de l'Ile[3]. Le 6 novembre, à la rentrée, l'école reste fermée. Enfin, le 23 décembre, la peste se déclare dans l'hôpital Saint-Jacques, ouvert, comme on le sait, aux malades passagers. De là, elle ne tarde guère à se répandre dans la ville, où elle sévit, sans grande violence, jusqu'au printemps de 1524. Le 25 mars, l'hôpital de l'Ile était évacué par ses derniers malades[4], et le 18 juillet, autorisation était donnée aux suspects expulsés de rentrer dans la ville, à condition de justifier qu'ils avaient fait leur quarantaine[5].

La fin de l'année 1524 fut employée à faire désinfecter les habitations des victimes. Le 3 février 1525, un service solennel était célébré pour le repos de l'âme des habitants de la ville morts de la peste. Cette funèbre cérémonie était, dans la pensée de ceux qui y assistaient, l'épilogue

---

[1] Arch. de Grenoble, CC. 614.
[2] Ibid., BB. 8.
[3] Ibid., CC. 616.
[4] Ibid., CC. 617.
[5] Ibid., BB. 8.

du terrible drame dont ils avaient été les spectateurs. Hélas! il n'en était rien. Deux mois s'étaient à peine écoulés qu'avec les premiers rayons du soleil de printemps la peste affirmait de nouveau sa présence par une victime emportée en quelques jours[1]. En mai, elle se déclare dans les prisons de Porte-Traine. En août, elle est tellement meurtrière que l'on est obligé de donner des gages énormes, 12 florins par mois, à un fossoyeur pour le décider à accepter cette dangereuse mission[2]. Pendant le mois de septembre l'épidémie va décroissant, mais l'hôpital de l'Ile n'est définitivement évacué que la veille de Noël[3].

Au printemps de 1526, on signale des cas de peste à La Buissière, Goncelin, Allevard. Le 21 mars, elle est à Gières. Un mois plus tard, elle pénètre dans Grenoble, où elle fait quelques victimes en juin et juillet[4]. Le 17 août, tout danger semble avoir disparu, puisque le recteur de l'hôpital de l'Ile, Antoine Firmand, est autorisé à reprendre dans la chapelle de cet hôpital la célébration des messes de fondations interrompues pendant la peste[5].

En résumé, de 1522 à 1526 la peste avait, chaque année, fait une nouvelle apparition dans la ville. Il n'y a donc pas lieu de s'étonner qu'en 1527 l'évêque de Grenoble ait dû reculer les limites depuis longtemps dépassées du cimetière de l'hôpital de l'Ile. Après ces cinq années d'épreuves, les Grenoblois jouirent d'une période de calme

---

[1] Arch. de Grenoble. Délib. du 11 avril 1525.
[2] Ibid., CC. 618.
[3] Ibid., BB. 8.
[4] Ibid., CC. 620.
[5] Ibid., BB. 8.

à peu près égale, pendant laquelle ils ne virent pas reparaître leur terrible ennemi. Ce n'est pas qu'il eut définitivement quitté la province, car, en février 1528, on signalait trois ou quatre décès dus à la peste dans la ville de Romans[1].

En avril 1530, les alarmes reprennent. Des voyageurs annoncent qu'on meurt de la peste dans le Valentinois et dans les montagnes. Le fléau s'approche ; en août, il est à Moirans, à quelques lieues de la ville ; mais, grâce peut-être aux mesures de police et d'hygiène prises par le Conseil consulaire, il ne franchit pas ses murs[2]. L'année suivante, il ravage Lyon et Vienne[3] et aussi Paris[4]. En 1532, il est à Valence[5], et Grenoble est toujours sauf. Peut-être aurait-il réussi à se défendre encore longtemps, peut-être même aurait-il pu s'épargner absolument l'une des plus redoutables épidémies qu'il ait subies, s'il n'avait été traîtreusement livré au fléau par une coupable négligence des consuls de Vienne.

En mars 1533, arrivait à Grenoble un voyageur de Vienne, muni d'un billet de santé délivré par les consuls de cette ville. Admis sans difficulté, — le billet affirmait que son état sanitaire était excellent, — l'homme alla se loger dans la rue Perrière, chez un rôtisseur. Le lendemain, il était mort. A cette nouvelle, qui lui fut immédiatement

---

[1] Arch. de Grenoble, BB. 9.
[2] Ibid.
[3] Ibid., BB. 10.
[4] Voyez dans la *Collection des documents rares ou inédits relatifs à l'histoire de Paris,* publiée, en 1873, par le Dr Chereau, les « Ordonnances faictes et publiées à son de trompe par les carrefours de ceste ville de Paris, pour éviter le danger de peste, 1531 ».
[5] Arch. de Grenoble, BB. 10.

transmise par les commissaires de quartier, le Conseil consulaire fit visiter le cadavre par un chirurgien, lequel n'eut pas de peine à reconnaître que le Viennois était mort de la peste. On prit aussitôt toutes les mesures usitées en pareil cas : on fit fermer la maison et on défendit toute communicati[illegible]e ses habitants. Mais il était déjà trop tard : l'épidé[illegible] répandit très vite dans la rue Perrière et de là gag[illegible] toute la ville [1].

A cette nouvelle, une panique effroyable s'empara des habitants et pendant plusieurs jours ce fut à la porte Saint-Laurent et à la porte Perrière, dont on venait de commencer la reconstruction, un incessant défilé de cavaliers et de carrosses emportant vers des maisons de campagne voisines ou lointaines les magistrats, prêtres et bourgeois affolés. Le Parlement, la Chambre des Comptes, les juges des judicatures subalternes, les avocats, procureurs et hommes de loi partirent les premiers. Le vibailli du Graisivaudan resta jusqu'au 21 août ; mais voyant que l'épidémie allait toujours croissant, il se décida, malgré les protestations du Conseil consulaire, que l'on laissait seul aux prises avec le fléau, à transporter son tribunal à Vizille. Déjà, dans les campagnes voisines, le bruit s'était répandu que la ville de Grenoble était atteinte par la peste et ceux des fugitifs qui s'attardaient dans les chemins étaient assaillis à coups de bâtons et de pierres par les paysans.

Cependant la peste continuait ses ravages. Les consuls avaient rouvert l'hôpital de l'Ile fermé depuis quelques années et y avaient installé un prêtre nommé François

---

[1] Arch. de Grenoble, BB. 10, fol. 285 v°.

Trollion, le chirurgien François de Molines et un fossoyeur. Les malades désignés par le médecin de la ville comme atteints de la peste leur étaient envoyés, tandis que ceux dont l'état était seulement suspect étaient relégués dans les îles du Drac. Tant d'un côté que de l'autre il y eut constamment, depuis Pâques jusqu'à la Toussaint, environ six cents malades [1].

Les quatre consuls étaient restés à leur poste et se prodiguaient jour et nuit pour lutter contre le fléau. Tous furent successivement atteints et l'un d'eux, l'avocat Antoine Avril, malgré les soins empressés qui lui furent prodigués par Me Guillaume Dupuis, docteur en médecine, appelé spécialement à cet effet, mourut le 27 août, victime de son devoir. Le surlendemain, ses collègues accompagnés par tout ce qui restait de personnages notables dans la ville, assistaient à ses funérailles célébrées dans l'église Saint-André. A quelque temps de là, le quatrième consul, atteint d'un charbon à la hanche, dut se retirer à la campagne. Au commencement de septembre, le troisième consul était frappé à son tour et obligé de quitter son poste, laissant à Gaspard Fléard, premier consul, le lourd fardeau de la direction des mesures sanitaires et des approvisionnements. Celui-ci se dévoua à sa tâche avec un zèle admirable, mais bientôt les forces lui manquèrent; des malaises étranges qu'il put croire un instant les signes avant-coureurs de la peste, le tourmentèrent, et, rendu impuissant par la maladie, il dut quitter pour quelque temps ce poste héroïque et aller se reposer à la campagne. Il laissait heureusement à Grenoble un

---

[1] Arch. de Grenoble, BB. 10, fol. 625, 626, 1131.

service de santé bien organisé et habilement dirigé par le médecin Pierre Aréoud [1].

Avec l'hiver, l'épidémie entre en décroissance et, à la fin de décembre, l'hôpital de l'Ile n'avait plus que douze personnes en traitement. Le 10 février, le dernier malade en sortait, et il n'y restait que le chirurgien [2], le chapelain et le fossoyeur, qui avaient heureusement échappé à l'épidémie, et les « parfumeurs », chargés de désinfecter les bâtiments hospitaliers et les maisons du voisinage réquisitionnées pour y loger les pestiférés qui n'avaient pas trouvé de place dans l'hôpital.

Dans leur joie de se voir enfin délivrés, les consuls avaient oublié les malheureux suspects expulsés de la ville et cantonnés au delà du Draquet pour y faire quarantaine. Il y en avait encore un assez grand nombre au mois d'avril 1534, et ces pauvres gens, épargnés par la peste, couraient risque de mourir de faim. Honteux de leur oubli, mais à bout de ressources, les consuls durent requérir, pour les leur distribuer, les aumônes de la confrérie du Saint-Esprit [3].

Douze années heureuses suivirent cette année de deuil et de larmes. Il était à craindre qu'elles ne la fissent oublier, et avec elles les précautions sanitaires auxquelles la ville devait sa sécurité. Heureusement, lorsque la surveillance commençait à se relâcher, une alerte subite remettait les Grenoblois en éveil et le Conseil de ville en mouvement. Ainsi, en avril 1534 [4], une lettre du Lieute-

[1] Pièces justificatives n° VII. Arch. de Grenoble, BB. 10.

[2] François de Molines était encore dans l'hôpital en juin 1534 (CC. 625).

[3] Arch. de Grenoble, BB. 10, fol. 288 v°.

[4] Ibid.

nant général annonçait que la peste sévissait à Vienne. Se souvenant que c'était de cette dernière ville que l'épidémie avait été apportée à Grenoble l'année précédente, le Conseil consulaire décida qu'aucun voyageur, venant de Vienne, ne serait admis aux portes de Grenoble, alors même qu'il serait muni d'un bulletin de santé. En 1541, apprenant qu'une épidémie s'était déclarée à Hurtières et à Froges, on envoyait un messager au médecin de Goncelin pour le prier de se rendre sur les lieux et de s'informer de la nature de cette maladie[1]. L'année suivante, la peste était signalée à Chambéry, où elle persista pendant les années 1544 et 1545[2].

Au mois de juin de cette année 1545, on constate à Grenoble des cas de fièvres graves, et bientôt l'on parle de peste. Les médecins rassurent la population : l'épidémie régnante n'est pas la peste, mais elle pourrait la provoquer, et c'est pourquoi il y a lieu de prendre les mesures d'hygiène usitées en pareil cas et de désarmer le courroux du Ciel par des prières et des processions. Et pourtant, malgré les bruits inquiétants qui circulent, le 14 août, on autorise les marchands grenoblois à aller s'approvisionner aux foires de Lyon, en recommandant spécialement aux apothicaires de profiter de cette circonstance pour renouveler leurs provisions de drogues nécessaires pour parer aux redoutables éventualités[3].

Ces éventualités ne devaient pas tarder à se réaliser. A ce moment même la peste était à Vif, à quelques lieues de Grenoble. Elle n'y pénétra pas cette année; mais l'année

---

[1] Arch. de Grenoble, CC. 633.
[2] Ibid., BB. 13.
[3] Ibid.

suivante, malgré la barrière[1] dont on fit entourer la ville pour la préserver des approches du fléau, dont on constatait la présence dans toutes les communes environnantes, à Saint-Martin-d'Hères et à Vizille, à Montbonnot et à Saint-Martin-de-Miséré, à Chirens, Voiron, Moirans et le Fontanil, au mois d'octobre, des décès suspects se produisirent dans diverses rues de la ville, qui appelèrent l'attention des autorités locales. Me Pierre Aréoud, docteur en médecine, et Grégoire Lyonnel, chirurgien, furent chargés de pratiquer l'autopsie des cadavres. Après le dépôt de leur rapport, Pierre Ribière, dit le Provençal, reprit ses fonctions d'ensevelisseur des pestiférés[2].

Grenoble était donc encore une fois atteint; mais, grâce aux mesures prises sous l'habile direction de Pierre Aréoud, l'épidémie de 1546 fut relativement bénigne et de courte durée. C'est vraisemblablement aussi à la vigilance du même Aréoud que les Grenoblois durent d'échapper à l'épidémie qui se déclara, en 1551, dans la ville de Chambéry et y fit de très nombreuses victimes, particulièrement dans les rangs de la population pauvre qui habitait les faubourgs[3].

Il nous faut maintenant franchir une période de près de vingt ans. Grenoble venait de traverser les années les plus terribles de son histoire. Successivement prise et pillée par les bandes huguenotes du baron des Adrets et les troupes catholiques de Sassenage et de Maugiron, la ville se relevait à peine de ses ruines et se préparait à recevoir le Gouverneur du Dauphiné, Charles de Bourbon, prince

---

[1] Arch. de Grenoble, CC. 636.
[2] Ibid., BB. 13.-CC. 636.
[3] Pièces justificatives n° X. Ibid., BB. 14.

de la Roche-sur-Yon, et peut-être, — on l'avait fait espérer, — le roi Charles IX, lorsque, au mois de juin 1564, la peste se déclara dans la ville, comme pour y achever l'œuvre de la guerre civile. Le Gouverneur n'en fit pas moins son entrée le 15 juillet; mais le Roi, informé de l'état sanitaire de la ville, ne crut pas devoir donner aux Grenoblois cet héroïque témoignage de sa bienveillance, et renvoya sa visite à des temps plus heureux[1].

Après le départ du Gouverneur, qui ne s'attarda guère à recevoir les doléances des consuls, la peste étendit ses ravages sur toutes les parties de la ville; mais, comme toujours, sévit avec plus d'intensité dans les quartiers habités par les pauvres. La rue Bullerie, entièrement contaminée, fut fermée par des barrières, par dessus lesquelles on jetait aux malheureux séquestrés les vivres dont ils avaient besoin. Dès le début de l'épidémie, le Parlement s'était réfugié à Tullins, et, à sa suite, était parti tout ce que Grenoble comptait de prêtres, de magistrats, d'avocats et de bourgeois aisés. A dater du 11 août, toute vie municipale est suspendue, et les registres des délibérations consulaires ne constatent que par leur silence la morne désolation qui règne dans la ville désertée par les trois quarts de ses habitants[2].

L'hiver ne mit pas fin au fléau. Au mois de décembre il fut impossible, à raison de l'absence de la plupart des électeurs, de procéder aux élections consulaires.

Au mois d'avril 1565, la peste était en décroissance; mais, jusqu'à la fin de septembre, il y eut des malades à

[1] Arch. de Grenoble, BB. 19. CC. 661.
[2] Ibid., BB. 19.

l'hôpital de l'Ile et des suspects faisant quarantaine dans des cabanes de bois installées au delà du Drac.

En mars 1568, quelques cas douteux mirent en émoi le quartier de Saint-Laurent. Les maisons atteintes furent fermées et, pendant plusieurs semaines, les habitants consignés furent nourris aux frais de la ville. Cette alerte n'eut heureusement aucune suite; mais elle avait été d'autant plus vive que, cette même année, la peste était signalée à Crolles, à Jarrie, à Pinet-d'Uriage[1]. En 1571, elle est à Vienne[2]; en 1572, elle atteint Genève et y fait de nombreuses victimes[3]. En 1575, comme elle régnait en Piémont et en Italie, les consuls firent expulser une bande de bohémiens qui campaient dans la ville, dans la crainte que ces nomades n'apportassent, dans leurs haillons, les germes de l'épidémie[4]. L'année suivante, c'est contre Lyon que l'on prend des précautions[5].

Et ainsi, chaque printemps est marqué par l'apparition du fléau dans l'une ou l'autre des provinces ou des villes voisines. Celui de l'année 1578 fut plus particulièrement troublé par des bruits inquiétants, mentionnant les progrès du mal dans la région de Saint-Marcellin, et notamment à Chevrières. Le Conseil de santé fut réorganisé, l'école fermée et les audiences du Parlement suspendues. Heureusement on en fut quitte pour la peur[6].

En 1580, la peste se manifeste dans la vallée du Graisivaudan, alors occupée par les troupes du duc de Mayenne.

---

[1] Arch. de Grenoble, BB. 22.
[2] Pilot. *Indication...*
[3] Arch. de Grenoble, BB. 24, 26. GG. Documents relatifs à la peste.
[4] Ibid., BB. 28.
[5] Ibid., BB. 29. GG. Délibérations du Conseil de santé.
[6] Ibid., BB. 30. GG. Délib. du Conseil de santé.

En novembre, elle atteint Crolles, Bernin, Villard-Bonnot et se propage d'autant plus facilement que les paysans refusent d'observer les règlements sanitaires, et notamment ceux qui prescrivent d'isoler les pestiférés et les malades suspects [1]. Aussi l'année suivante, l'épidémie dure encore et on signale des cas mortels à La Terrasse et dans les villages voisins. A Grenoble on est très ému, et, en juillet 1581, on demande au chapitre de Notre-Dame de faire des processions pour que la ville soit préservée de la peste [2]. De son côté, le Conseil de santé faisait bonne garde et, par des correspondances et des messagers, se tenait au courant de l'état sanitaire des villes voisines. Informé, en octobre 1582, que la peste « pullule » à Saint-Antoine, il écrit aux consuls de cette bourgade de se montrer très circonspects dans la délivrance de billets de santé [3]. De leur côté, les échevins de la ville de Lyon, annonçant, en mai 1583, que quelques cas suspects avaient été observés à La Guillotière, recommandaient de surveiller les voyageurs venant de cette localité et de n'ajouter foi qu'aux billets de santé signés par Tronchy, leur secrétaire [4].

Le 20 août 1585, on apprenait la mort de quelques malades du Chevalon qui avaient été mis en cabanes ; en même temps un messager signalait la présence de la peste à Saint-Geoire et dans les localités voisines [5]. La situation s'aggravait : aussi, le 9 novembre, le Conseil

[1] Arch. de Grenoble. Délib. du Cons. de santé.
[2] Ibid., BB. 32 et 33. CC. 691. GG. Délib. du Cons. de santé.
[3] Ibid., GG. Cons. de santé. Délib. du 27 octobre 1582.
[4] Ibid.
[5] Ibid. Délib. du Cons. de santé.

consulaire demandait au Parlement de suspendre ses audiences pour éviter toute surprise « tant sur le fait de la guerre que de la contagion [1] ». Grenoble ne fut cependant pas encore atteint ni par l'un ni par l'autre de ces deux fléaux, et l'hiver se passa sans encombre.

Le génie tutélaire, qui, pendan tvingt ans, avait protégé la ville contre les attaques d'un ennemi qui semblait, par ses apparitions successives sur tous les points du voisinage, vouloir faire le siège de ses remparts, n'allait pas tarder à l'abandonner, la laissant aux prises avec l'épidémie « la plus furieuse qu'homme vivant ait vue », dit un contemporain [2].

L'été de 1586 avait été très froid et très pluvieux; aussi l'état sanitaire de la ville était-il déplorable, lorsque, au commencement de juillet, la peste s'y déclara et prit de suite un caractère de gravité qu'elle n'avait pas d'ordinaire à ses débuts. Aussi l'exode habituel ne se fit-il pas attendre. Le Parlement se retira à Montbonnot, puis à Goncelin, puis à Saint-Étienne-de-Crossey, fuyant toujours devant les progrès de l'épidémie; prêtres et riches bourgeois reprirent le chemin de leurs maisons de campagne et, comme toujours, les pauvres restèrent seuls, exposés au fléau qui devait les frapper presque tous.

Jusqu'au 1er septembre, la maladie alla croissant. La panique était telle que les rares habitants, que l'on rencontrait dans les rues désertes et silencieuses, n'osaient s'approcher les uns des autres, et que les consuls eux-mêmes ne se réunissaient plus. Et pourtant des mesures graves s'imposaient à leur attention, tant pour combattre

---

[1] Arch. de Grenoble, BB. 37.
[2] Guillaume de Lérisse. *Op. cit.*

la peste que pour conjurer la famine. Les marchés abandonnés par les paysans, qui les approvisionnaient d'ordinaire, ne fournissaient plus à la population, même diminuée des deux tiers, les denrées nécessaires à son alimentation. D'autre part, il fallait nourrir les pauvres expulsés ou séquestrés dans leurs maisons. Tant à l'hôpital que dans l'Ile, il y en avait, au commencement d'octobre, environ 1,500. Or, pendant plusieurs jours, on ne put leur distribuer à chacun qu'une once de pain par personne et par jour. Ces malheureux, se voyant condamnés à mourir de faim, vinrent en foule assiéger les portes de la ville et c'est à grand'peine qu'on réussit à leur en défendre l'entrée. Il était urgent d'aviser. Le Parlement, alors réfugié à Saint-Étienne-de-Crossey, intervint. Il imposa à toutes les communes du bailliage l'obligation de nourrir la capitale, en lui fournissant une demi-charge de froment par feu. Grâce à ces réquisitions, on put donner du pain et du vin à tous ces affamés [1].

A dater du 8 septembre, la maladie commence à décroître, mais lentement. En février 1587, il y avait encore douze pestiférés dans l'hôpital de l'Ile. Elle persiste ainsi très affaiblie, mais toujours vivante, durant tout l'été de 1587. Après une accalmie pendant la mauvaise saison, elle reprend en juillet 1588 et dure pendant tout l'hiver de cette année. On trouve encore en février 1589 des enrôlements de « galopins » pour enterrer les morts [2]. L'épidémie avait donc duré du 15 juillet 1586 au printemps de 1589, soit près de quatre ans : elle avait fait périr les deux tiers de la population [3].

---

[1] Arch. de Grenoble, CC. 1135, 717. BB. 38 et 39.
[2] Ibid., CC. 706.
[3] Ibid., BB. 38. Inv., p. 83.

Elle reprit en 1590 à Chambéry et mit un instant les Grenoblois en éveil. D'intelligentes mesures de préservation, prises par le capitaine de la santé Pons de Gentil, réussirent à défendre la ville des approches du fléau. L'année suivante, tout danger semblait avoir disparu, et la sécurité, où l'on croyait être, avait fait abandonner les précautions sanitaires, qui devenaient gênantes dès qu'elles ne semblaient plus justifiées par l'imminence du danger. Vers la fin du mois d'août, un peu avant la clôture du Parlement, la femme d'un marchand nommé Tacon tomba malade et succomba en quelques jours. Le chirurgien, qui la soignait, crut voir sur son corps quelques traces de « tac » et les signala. On n'y prit pas garde. Mais lorsqu'on vit mourir successivement le chirurgien et p... après la fille de la victime, il fallut bien se rendre à l'évidence et reconnaître qu'on était encore une fois en présence de la peste. Du reste, le terrible mal se faisait assez reconnaître par la rapidité avec laquelle il se propageait de maison en maison et de rue en rue, si bien qu'un mois s'était à peine écoulé que tous les quartiers, des faubourgs à la place du Mal-Conseil, étaient plus ou moins contaminés [1].

Comme toujours, le Parlement donna le signal du départ et transporta ses audiences d'abord à La Côte-Saint-André, puis à Romans. A sa suite émigrèrent tous ceux qui estimaient, avec les médecins du temps, que le meilleur préservatif de la peste était la fuite.

Guillaume de Lérisse, qui nous a laissé un traité des

---

[1] Arch. de Grenoble, GG. Délib. du Conseil de santé. CC. 1063, BB. 57.

mesures à prendre dans les villes atteintes par la peste [1], fut capitaine de la santé du 27 août au 20 octobre. Nous exposerons plus loin les procédés qu'il employa pour enrayer la contagion. Lui-même affirme l'excellence de sa méthode, attendu, dit-il, que pendant cette peste, qui dura cinquante jours, il mourut moins de malades qu'il n'en mourait en huit jours pendant les précédentes épidémies.

Ce que Guillaume de Lérisse ne dit pas et qui ressort des documents du temps, c'est qu'au moment où il abandonna ses fonctions pour se retirer à Chabeuil, son pays, et s'y remettre de ses fatigues, si la peste était devenue moins meurtrière, au point que M. de Villeneuve, docteur en médecine, constatait le 2 novembre que, depuis quinze jours, il n'était mort aucun malade, il était prématuré de la croire disparue, et qu'en fait, pendant tout l'hiver et jusqu'au milieu de février 1598, il y eut des pestiférés à l'hôpital de l'Ile et des malades suspects faisant quarantaine, aux Arcousses, au-delà du Draquet.

A peine ces malheureux étaient-ils rentrés dans la ville, que la peste s'y manifestait de nouveau d'une façon aussi subite que l'année précédente, mais avec moins de gravité, et persistait du mois d'avril au mois de novembre 1598 [2].

---

[1] *Méthode excellente et fort familière pour guarir la peste et se preserver d'icelle, avec un opuscule contenant l'ordre qu'on doit tenir pour désinfecter les villes quand elles sont infectées et pour éviter que la peste ne fasse progrès en icelle, composé par Guillaume de Lérisse, dauphinois, cy-devant capitaine de la santé en la cité de Grenoble, ville capitale dudit pays.* Grenoble, 1608, in-12.

[2] Arch. de Grenoble, BB. 57. CC. 1137. GG. Délib. du Conseil de santé.

Au printemps de l'année suivante, on put croire à un troisième retour de l'épidémie de 1597. Un cas de peste se produisit à l'Abbaye, près Grenoble. Comme les gens du voisinage avaient dissimulé l'existence de la maladie qui venait de faire une première victime, des poursuites furent dirigées contre eux et des mesures très sévères prescrites pour empêcher la propagation du mal [1].

Ces mesures furent couronnées de succès et pendant plus d'un quart de siècle Grenoble ne vit pas reparaître son ennemi le plus redouté. De temps à autre, on apprenait bien que l'épidémie s'était déclarée dans les pays voisins, en Savoie, en Suisse, en Provence. On faisait alors publier de nouveau les ordonnances sanitaires et l'on plaçait aux portes de la ville un écriteau indiquant le nom des villes et des bourgades contaminées. Ordre était donné aux gardiens des portes de ne laisser entrer aucun voyageur venant de ces localités [2].

En août 1621, on reçut des gens « tenant le magistrat pour la santé » en Piémont et en Savoie, une circulaire annonçant la présence de la peste en Provence, dans quelques localités voisines de la mer, où elle avait été apportée par des vaisseaux et marchandises venant d'Alexandrie, en Égypte. Ils ajoutaient que le duc de Savoie avait prescrit aux habitants de Nice de fermer tous les passages communiquant avec la Provence et le Languedoc et de ne laisser entrer personne venant de ces régions ou du Dauphiné [3].

La peste qui, de 1628 à 1632, désola tout le Midi de la

---

[1] Arch. de Grenoble. Délib. du Conseil de santé.
[2] Ibid., BB. 75, 78, 80, 83, 84.
[3] Ibid., GG. Documents concernant la peste.

France, n'épargna pas le Dauphiné. Nicolas Chorier, dans ses mémoires, raconte qu'elle fut apportée à Vienne par des voyageurs venant de Lyon, que son père en fut atteint et que son jeune frère en mourut. Le futur historien du Dauphiné, qui avait alors environ seize ans, avait été emmené à la campagne par sa mère. La pauvre femme, apprenant que son fils était gravement malade, accourut à Vienne pour le voir ; mais elle ne put pénétrer dans la maison, où les règlements de police avaient séquestré le père et le fils. Elle s'arrêta donc dans la rue tenant par la main le jeune Nicolas. A leur appel, une fenêtre s'ouvrit et les deux malades parurent, le père soulevant dans ses bras l'enfant moribond, qui leur sourit une dernière fois [1].

A Grenoble, la peste fut vraisemblablement apportée par les troupes indisciplinées que le marquis d'Uxelles conduisait en Italie à la défense du duc de Mantoue et qui passèrent en vue de la ville le 11 août 1628. Ces bandes de pillards, qui venaient de traiter la Bourgogne en pays conquis, avaient traversé le Lyonnais, où la peste faisait rage. Le Conseil consulaire de Grenoble, en éveil depuis quelques semaines, eut la sagesse de ne pas les autoriser à entrer dans la ville et leur fit traverser l'Isère au-dessous de la porte de France, sur un pont de bateaux. Mais on ne put les empêcher de se répandre dans les faubourgs et c'est là, dans ces maisons noires, étroites et mal aérées que l'épidémie trouvait d'ordinaire son champ de culture le mieux préparé. Et, en effet, quelques semaines plus tard, le médecin d'Audibert et le chirurgien Mayence étaient appelés dans la banlieue pour visiter le corps d'un meunier qui venait de mourir de mort subite.

[1] *Bull. de la Soc. de Statistique de l'Isère*, 1re série, t. IV, p. 148.

Quel fut le résultat de cette autopsie? Nous l'ignorons; mais, vers la fin de septembre, les symptômes alarmants se multipliant, on réorganisa le Conseil sanitaire et le premier consul fut chargé de remplir provisoirement les fonctions de capitaine de la santé. En même temps, on se préoccupait de faire des approvisionnements de blé et de vin en vue d'éviter la famine, compagne ordinaire de la peste, les marchés de Grenoble étant mis à l'index dès que l'apparition de l'épidémie était signalée dans les environs. Le 2 octobre, un chirurgien était envoyé à l'hôpital de l'Ile, abandonné par son locataire pour faire place aux pestiférés.

Cette première période de l'épidémie dura jusqu'au 30 janvier[1]. A ce moment, on annonça que le roi Louis XIII allait arriver à Grenoble à la tête de l'armée qu'il conduisait en Italie. Malgré les lettres pressantes du premier président, qui l'avertissaient des dangers qui l'y attendaient, le Roi refusa de modifier son itinéraire. Il entra dans la ville le 14 février 1629 et y fut reçu avec une simplicité qu'expliquaient suffisamment la désolation qui y régnait encore et la crainte où l'on était que ces passages de troupes, qui rendaient impossible l'exacte observance des règlements sanitaires, n'amenassent une reprise de l'épidémie.

Louis XIII resta huit jours à Grenoble et y tint un grand conseil de guerre où furent réglées les opérations de la campagne. Il en partit le 22 février[2].

Les craintes des Grenoblois n'étaient que trop fondées. L'épidémie n'avait pas disparu, et, trois jours avant l'arri-

---

[1] Arch. de Grenoble, CC. 771, 772. BB. 96.
[2] A. Prudhomme. *Hist. de Grenoble*, p. 458.

vée du Roi, elle faisait une victime dans la rue Très-Cloître. Dès la fin de mars, il fut impossible de dissimuler que la ville était de nouveau atteinte et cette fois plus gravement que l'année précédente. Devant les progrès du mal et ses effets foudroyants, la population affolée se rua vers les portes et bientôt la ville fut presque déserte. Des quatre consuls, l'un s'enfuit, l'autre fut chassé comme suspect, un troisième, chargé de la distribution des vivres aux malades expulsés, était, à raison de ses rapports avec ces derniers, tenu à l'écart des assemblées consulaires. Seul, le premier consul François de Menon resta à son poste, cumulant, avec un courage héroïque et un zèle qui ne se démentait ni le jour ni la nuit, les fonctions de ses trois collègues, celles des capitaines des quartiers, de receveur, d'intendant des vivres. A ce dur labeur, ses forces s'épuisèrent, l'épidémie s'empara de ce corps surmené et il fut à son tour obligé de quitter la ville.

Du 18 juin au 6 septembre 1629, l'épidémie alla toujours croissant. Le 31 juillet, tous les chirurgiens envoyés dans l'Ile étaient morts successivement. Il n'en restait plus qu'un seul, nommé Micha, pour soigner cent cinquante malades [1]. C'est pendant les trois dernières semaines de ce mois de septembre qu'elle atteignit son maximum de virulence meurtrière. Elle entra ensuite dans une période de décroissance, qui se poursuivit jusqu'à la fin de janvier 1630; mais, jusqu'au 25 mars, il y eut encore des malades à l'hôpital de l'Ile [2].

C'est au cours de cette année douloureuse que les

---

[1] Arch. de Grenoble, GG. Délib. du Conseil de santé.
[2] Ibid., BB. 96. CC. 1140 et 1172. GG. Délib. du Cons. de santé.

consuls firent un vœu pour obtenir d'être délivrés du mal effroyable qui les décimait. Le 17 avril, au début de l'épidémie, le Conseil consulaire se réunit et, à la sollicitation de l'évêque, prit la délibération suivante dont nous croyons intéressant de donner le texte en entier :

« A esté conclud aux assemblées de la maison de ville et du Conseil de la santé que dimanche prochain, appellé de *Quasimodo*, l'on fera une procession générallle, en laquelle on portera le Très-Saint Sacrement de l'autel, où adsisteront les consuls de la ville pourtant ung flambeau de cire jaulne en leur main oultre ceux que leurs officiers porteront, et iront la teste nue avecq le plus d'humillité qu'il se pourra, pour implorer la miséricorde de Dieu; et avant ladicte procession, Monsieur Balme, le curé, montera en chère, dira le subject du vœu et quel il doibt estre, exhortera le peuple d'adsister à ceste action avecq le plus d'humillité et de dévotion qu'il pourra. La procession achevée, on reviendra à l'esglize ouyr la saincte messe, à la fin de laquelle lesdits consulz feront la saincte communion, apprès laquelle immédiatement ils prononceront haultement le vœu à la forme ci après :

« Seigneur Dieu tout puissant et éternel, nous François de Menon, Laurent Roux et Pierre Rossin, consuls de la cité de Grenoble, bien qu'indignes de vostre divine présance justement irritée contre nos péchés, nous confiant toutefois en vostre bonté et miséricorde infinie et poussés du désir d'amandement et ferme propos de vous mieux servir à l'advenir, faisons vœu, au nom de tous les habitants d'icelle cité, en présence de la Très-Sainte Vierge Marie et de toute la Cour céleste, à vostre divine Majesté d'une messe quotidienne qui se dira à perpétuité à l'honneur d'icelle Vierge au grand autel de l'eglise catédrale, à telle heure certaine et par tel prebstre que nous choisirons, en laquelle messe sera faicte commémoration de Saint Sébastien, de Saint Roc, de Saint Laurans et de Saint Hugues, affin de les nous rendre propices intercesseurs envers vostre Divine Majesté, pour estre préservés de contagion. Nous vouons encore à la mesme église catédralle une lampe d'argent du prix de 200 écus, laquelle pandra toujours devant le susdit autel, où repose le Saint Sacrement et de célébrer annuellement les festes de Saint Sébastien et de Saint Roc, avec abstinance perpétuelle de chair, la veille de Saint Sébastien, dans la ville; lesquelles festes et abstinence Messieurs les Curez seront tenus annoncer en leur prosne; finalement nous vouons et promettons de faire consacrer l'église qu'on construyra au nouveau hospital soubz le tiltre de Nostre-Dame de la Miséricorde et d'y dresser un autel à l'honneur de Saint Sébastien et de Saint Roc, affin que par leur intercession il plaise à vostre Divine Majesté détourner ses fléaux de la présente cité. Nous supplions donc vostre bonté et clémence infinie par le prétieux sang de Jésus, par les mérites de sa bien sacrée mère, des autres saints susnommés et de tous les saints, qu'il vous plaise de recevoir ce vœu en odeur de sainteté et, tout ainsi que vous avez daigné nous inspirer la grace de le désirer et offrir, aussi vous daigniez la nous donner efficace pour l'accomplir. *Amen.* »

Une somme de mille écus devait être consacrée à cette pieuse fondation, dont deux cents seraient employés à l'achat de la lampe [1] et les huit cents autres serviraient à constituer une pension perpétuelle attribuée au prêtre désigné pour célébrer les messes quotidiennes.

Le samedi 21 avril, le crieur public parcourait les rues et carrefours et faisait connaître à son de trompe la proclamation suivante : « Il est enjoint à tous habitans de se mettre au meilleur estat de pénitence qu'il leur sera possible pour adcister à la procession, prières et veus que la ville doibt faire et rendre demain, dimanche de *Quasimodo*,

---

[1] En réalité, cette lampe, fabriquée par M. Baron, orfèvre, coûta 600 livres. Elle pesait 22 marcs d'argent (Arch. de Grenoble, CC. 1141).

aux fins qu'il plaise à Dieu retirer de desus nous son fléau de peste, duquel nous sommes menacés, et de parer les rues pour plus honorer le Saint Sacrement de l'autel, qui sera porté à ladicte procession, à peine d'estre privés des privilèges de la ville ; et défendons à tous malades et soupçonnés de maladie de sortir de leurs maisons, ains leur est enjoinct de faire leurs prières et dévotions dans icelles, soubz les peines de la vie et aultres portées par les arrests de la Cour et règlements du Conseil de santé [1]. »

Ces prières ne devaient pas être exaucées. La peste de 1629 fut, nous l'avons dit, l'une des plus meurtrières qui ait atteint la ville de Grenoble et, comme toutes les grandes épidémies, dont nous avons raconté l'histoire, elle persista, avec des accalmies pleines d'espérances bientôt déçues, pendant plusieurs années.

En mai 1630, il n'y avait plus, dans l'Ile, qu'un chirurgien, un galopin et quelques personnes qui achevaient leur quarantaine. La peste semblait avoir absolument disparu et déjà l'on oubliait, avec le souvenir du danger couru, la persistante nécessité des précautions sanitaires, lorsque, vers le milieu de juillet, deux voyageurs entrèrent dans la ville, venant de Gap. Tous deux étaient malades. On les fait visiter et on constate que l'un a un bubon de peste à l'aine et que l'autre est également atteint par l'épidémie. On les expulse aussitôt. Presque en même temps arrivent des bandes de soldats malades, venant des armées de Savoie et d'Italie, lesquels sont admis sans difficulté dans les hôpitaux. Le 28 juillet, un cas de peste est constaté dans la rue Saint-Laurent. Trois

---

[1] Arch. de l'Isère, série E. Titres de la ville de Grenoble. Cf. Pilot. *Indication...*, pp. 61-62.

jours après, de nouveaux cas sont signalés. C'est bien un retour de la peste. Et, en effet, le mal s'étend avec rapidité, frappant, comme toujours, d'abord les pauvres, mal nourris, mal logés dans des tanières étroites, obscures et infectes.

Après la clôture du Parlement, tous les officiers judiciaires, les trésoriers, les ecclésiastiques, quittent la ville et vont aux champs chercher un air plus pur. La ville se dépeuple et bientôt il devient difficile aux consuls de trouver des notables pour assurer la garde des portes. Le 21 août, un ambassadeur du roi d'Angleterre, de passage à Grenoble, meurt de la peste chez le maître d'école Pichon, où il était logé. On fait désinfecter ses papiers et on les remet au maréchal de Créqui.

En septembre, la peste atteint son maximum d'intensité. Elle commence à diminuer à la fin de ce mois pour disparaître complètement en novembre. A ce moment même, l'imprudence d'un enfant faillit la ramener. Le 15 novembre, le Conseil de ville était informé qu'un jeune garçon, demeurant rue Pascale, était atteint du mal contagieux. On le transporte d'urgence à l'hôpital de l'Ile et l'on enferme sa mère dans sa maison. Interrogé par le chirurgien, l'enfant raconta qu'il était allé faire paître ses bêtes dans l'Ile, auprès des tombes des pestiférés. Ainsi s'expliquent ces retours imprévus de l'épidémie, alors qu'on la croyait à tout jamais disparue. Autant la population était affolée par les premières approches du fléau, autant, le danger passé, elle devenait imprudente jusqu'à l'oubli des plus élémentaires précautions[1].

---

[1] Arch. de Grenoble, GG. Délib. du Conseil de santé.

Pour la quatrième fois la peste reparait en août 1631 [1]. Il y avait à la fin de ce mois quarante-sept malades dans l'Ile. Comme l'année précédente, elle persiste avec des alternatives diverses jusqu'au mois de novembre. Une cinquième et dernière reprise eut lieu au printemps de 1632. Le 10 avril, un nommé Crèron, demeurant place du Mal-Conseil, était atteint de la peste. Il fallut encore une fois réorganiser le Conseil de santé qui, depuis le mois de novembre, ne se réunissait plus qu'une fois par mois. D'abord très faible pendant la première quinzaine de juin, l'épidémie s'accroît, du 15 au 30, et poursuit sa marche ascensionnelle jusqu'au 3 juillet, décroît ensuite jusqu'au 15 juillet pour recommencer une nouvelle période progressive jusqu'au 14 août. Elle entre alors en décroissance et s'éteint à la fin de septembre pour ne plus revenir. Elle avait duré cinq longues et mortelles années [2].

Aucun document contemporain ne permet de fixer le nombre des victimes qu'elle laissa dans le cimetière de l'Ile et sur les bords du Drac, mais ce nombre fut relativement considérable, si l'on en juge par le chiffre des distributions de vivres qui furent faites quotidiennement aux pestiférés par les soins de la municipalité. Et ce funèbre nécrologe aurait été certainement doublé, si la plus grande partie des habitants n'avaient, à la première alerte, pris le parti de fuir.

On croit communément que l'épidémie de 1628-1632 fut la dernière dont la ville de Grenoble ait eu à souffrir [3].

---

[1] Arch. de Grenoble, BB. 98.

[2] Ibid., CC. 1146.

[3] C'est l'opinion de M. Pilot dans le mémoire précité. *Indication*..., p. 62.

Il n'en est rien. La peste fit une nouvelle apparition vers la fin de la première quinzaine de juillet 1643[1]. Dès le mois d'avril, elle était signalée à Lyon et à Heyrieux. Au commencement de juillet, elle était à Vienne. Le 14 juillet, devant l'imminence du péril, le Conseil consulaire prescrivit des mesures de police et d'hygiène. Soit que ces mesures aient été efficaces, soit que l'épidémie fût de nature plus bénigne que les précédentes, sa marche fut plus lente et ses effets moins meurtriers.

Dès les premiers jours d'août, l'hôpital de l'Ile était de nouveau occupé et des cabanes construites à l'entour pour recevoir les malades et les suspects. En ville, quelques décès se produisaient, notamment dans la rue Saint-Jacques. Le 7 septembre, plusieurs malades meurent à l'hôpital de l'Ile ; le président Le Blanc, atteint par l'épidémie, succombe en quelques jours dans sa maison.

Cependant l'état général ne s'aggravait pas, et du 17 au 19 septembre, vingt-quatre personnes expulsées comme suspectes rentraient guéries, après avoir achevé leur quarantaine. Le 23, on signalait un nouveau décès dans la rue Saint-Jacques et un autre à l'hôpital ; le 25, trois décès à l'hôpital. Le 12 octobre, la situation sanitaire était telle : à l'hôpital, quinze malades qui guérirent tous et rentrèrent en ville en décembre ; dans les cabanes « de soupçon », dix-neuf personnes ; dans les cabanes de santé, onze personnes dont une seule mourut de la peste. Le 17 octobre, il y avait quarante-six personnes à nourrir soit aux frais de la ville, soit à leurs frais. Ce nombre va, dès lors, en diminuant,

[1] Arch. de Grenoble, BB. 108. CC. 1147.

marquant ainsi la décroissance finale de l'épidémie. Le 2 novembre, il ne reste plus que trente et une personnes ; le 22 novembre, vingt et une ; le 26, l'hôpital est évacué et l'on fait démolir les cabanes de soupçon. Seuls, quelques malades guéris achèvent leur quarantaine dans les cabanes de santé. Ils en sortent au mois de décembre. L'épidémie a cessé [1].

Depuis lors, elle ne reparut pas à Grenoble. Mais son souvenir n'y était pas effacé et toutes les fois que les bruits publics annonçaient sa présence dans les provinces voisines, ce nom redouté provoquait une vive émotion. En 1650 notamment, l'alerte fut vive [2]. L'épidémie était signalée à Saint-Marcellin, Vinay, La Roche-de-Glun. C'est sous l'empire de la terreur causée par ce dangereux voisinage que les consuls ordonnèrent de graver sur une plaque de cuivre, apposée à l'un des piliers de la cathédrale, le vœu fait par la ville, en 1629, pour la cessation de la peste [3].

En 1652, la même préoccupation fit défendre aux marchands de Grenoble de se rendre à la foire de Beaucaire. A la fin de cette année, La Montagne, hôtelier de Moirans, annonçait que des cas de peste avaient été signalés à Vourey [4]. En 1659, l'entrée de la ville était interdite aux habitants des villages de La Motte-Chalençon, Cornillac, Cornillane et Remusat, où l'on prétendait que l'épidémie s'était déclarée [5]. En 1666, le bruit se répandait que la

[1] Arch. de Grenoble, CC. 1147, GG. Documents relatifs à la peste.
[2] Ibid., BB. 108.
[3] Ibid. Délib. du 8 août 1650.
[4] Ibid.
[5] Ibid., BB. 110.

peste était à Paris, dans le faubourg Saint-Germain. L'année suivante, on la disait en Italie, en Allemagne et en Suisse[1].

En 1690, des soldats malades de l'armée de Catinat apportèrent dans la ville des fièvres malignes pernicieuses, qui durèrent pendant les mois de décembre et de janvier 1691. Catinat, informé de ce fait, manda à l'intendant Bouchu de prendre des mesures pour que les malades de l'armée ne fussent plus internés à Grenoble[2].

La terrible peste de 1720, qui désola la ville de Marseille pendant deux ans, n'atteignit pas le Dauphiné. A Grenoble, elle provoqua des mesures de préservation et de police, destinées à empêcher tout contact avec les voyageurs, les marchandises et correspondances provenant de la région contaminée[3]. Le 18 octobre, le Conseil de santé publia un règlement qui fut approuvé le 25 par le lieutenant-général Comte de Médavy et l'intendant d'Orsay[4], en même temps que le docteur Beylié, médecin ordinaire du Roi, faisait imprimer une dissertation sur la nature de la peste.

Le 5 octobre 1722, le cordon sanitaire était levé; tout danger avait disparu.

En résumé, depuis la création de l'hôpital de l'Ile jus-

---

[1] Arch. de Grenoble, BB. 111.
[2] Ibid., BB. 116.
[3] Ibid., BB. 120.
[4] *Règlement de la ville de Grenoble fait par le Conseil de santé établi de l'autorité de M. le Comte de Médavy, commandant dans les provinces de Dauphiné et Provence, et de M d'Orsay, intendant de justice, police et finances dans ladite province de Dauphiné, suivant le pouvoir à eux donné par l'arrêt du Conseil d'État du Roy du 14 septembre 1720.* Grenoble, 1720, in-4°.

qu'au milieu du XVIIe siècle, date de la dernière épidémie, soit pendant une période de cent soixante ans, la ville de Grenoble fut quatorze fois atteinte par la peste et six fois en 1520-1525, 1533, 1564, 1586, 1597 et 1628-1632, le fléau y fit d'effroyables ravages.

III

On serait tenté de croire que si la peste fit de si fréquentes et si meurtrières apparitions dans la ville de Grenoble, la faute en fut aux autorités locales, qui manquèrent d'intelligence et de prévoyance pour comprendre et prescrire les mesures nécessaires pour arrêter le fléau, et d'énergie et de sang-froid pour en assurer l'exécution. Rien ne serait plus injuste. Et, au contraire, tout ce qu'il était humainement possible de faire, nos vieux consuls l'ont fait. Tout ce que prescrivait la science médicale de leur temps, ils l'ont connu et ordonné. Et il faut leur rendre cet hommage que tous furent à la hauteur de la tâche que leur imposaient les circonstances. Alors que magistrats, prêtres, nobles et notables fuyaient devant l'épidémie, ils restèrent à leur poste, organisant la défense, veillant au soulagement des malades, pourvoyant à l'alimentation des pauvres, et, seuls représentants de la justice, assurèrent dans la ville déserte la sécurité publique contre les bandes de voleurs, qui profitaient du désarroi et de la panique, pour piller les maisons abandonnées et détrousser les passants.

Mais si les chefs de la cité firent héroïquement leur devoir, les habitants ne comprirent pas toujours le leur.

Dans les mesures de police et d'hygiène, qui leur étaient imposées, ils ne virent trop souvent que des exigences tyranniques, qui gênaient leurs habitudes ou offensaient leur orgueil de privilégiés. Roturiers et nobles se montrèrent également inintelligents de leurs véritables intérêts et assumèrent une égale part de responsabilité dans les malheurs que leur aveuglement déchaîna sur la ville.

En effet, il n'est pas téméraire de dire que, mieux comprises et plus fidèlement exécutées, les ordonnances du Conseil de santé lui auraient épargné la plupart des épidémies dont nous avons raconté la triste histoire.

Les mesures prescrites par ces ordonnances peuvent être classées sous trois chefs, suivant qu'elles étaient applicables avant, pendant ou après l'épidémie.

La première des mesures préventives, à laquelle le Conseil consulaire ne manqua jamais, était de se tenir très exactement au courant de la marche de la maladie dans les pays voisins. Dans ce but, dès que la peste était signalée dans une commune du Dauphiné ou de l'une des provinces limitrophes, des messagers y étaient envoyés, avec mission de s'enquérir de la nature de la maladie régnante, de son degré de malignité, des ravages qu'elle faisait et aussi de l'organisation du service de santé dans la ville atteinte. Ces messagers n'étaient pas des gens de service, également prompts à accueillir les bruits publics, toujours exagérés, et à accepter, sans pouvoir les contrôler, les assertions, souvent trop optimistes, des autorités locales, intéressées à dissimuler la gravité du mal ; c'étaient des personnages notables, des avocats, des procureurs, membres du Conseil consulaire, gens de sens rassis, d'esprit observateur, habitués à la direction des enquêtes, sachant voir, et — ceci était important pour éviter les paniques — sachant aussi taire les résultats de leurs investigations à tous autres qu'à ceux qui avaient le devoir d'en être informés. Lorsque cela était nécessaire et possible, cette mission était confiée à un médecin et, dans ce cas, ce dernier devait, après s'être enquis des mesures prises par les autorités locales, indiquer celles qui lui semblaient propres à arrêter le développement du mal et à empêcher sa propagation dans les pays voisins[1].

La même mesure était prise lorsqu'un décès suspect était signalé dans les environs. Le 17 juin 1521, un membre du Conseil, Claude des Alphèzes, tombait subitement malade à Tencin et succombait quelques jours après. Comme des bruits de peste circulaient en ce moment, on envoya à Tencin une commission de chirurgiens, à la tête de laquelle se trouvait un docteur en médecine nommé Me Menand. Quand celui-ci revint, après avoir prêté serment entre les mains du premier consul, il rapporta qu'il avait vu le malade avant et après sa mort, qu'il avait attentivement examiné son sang, son urine, ses membres, l'état de son corps et que de cet examen il résultait qu'il n'était pas mort de la peste, non plus que d'aucune autre maladie contagieuse[2].

Lorsque la peste était signalée sur plusieurs points de la même province, le délégué devait s'informer de toutes les localités atteintes et faire la même enquête dans chacune d'elles[3].

---

[1] Arch. de Grenoble, BB. 6. BB. 67.
[2] Ibid., BB. 7, fol. 64.
[3] Ibid., BB. 103. Délib. du 30 juin 1637. BB. 104. Délib. du 26 juin 1638

A son retour à Grenoble, il faisait son rapport au Conseil consulaire et plus tard au Conseil de santé, lorsque cette institution fut établie. Si les bruits de peste étaient reconnus fondés, la ville suspecte était mise à l'index et toute communication interdite avec ses habitants. Quelques heures après, le crieur public proclamait dans les rues et carrefours une ordonnance faisant défense à tous nobles, bourgeois et manants de se rendre dans cette ville, sous peine de ne pouvoir rentrer chez eux à leur retour et d'être bannis de Grenoble pendant quarante jours. Lorsque la ville mise en interdit était en relations constantes d'affaires avec Grenoble, comme Lyon, Genève, Beaucaire, dont les foires étaient le lieu d'approvisionnement de nos marchands, ou lorsque, comme Chambéry, elle était un but de pèlerinage, il était difficile de retenir les Grenoblois et l'on avait à réprimer de nombreuses infractions aux ordonnances. Dans ce cas, les gardiens des portes avaient ordre d'en interdire l'entrée aux réfractaires, et si trompant la surveillance ils réussissaient à réintégrer leurs logis, ils en étaient aussitôt arrachés et expulsés de la ville, pour quarante jours. Parfois même, à la peine de l'expulsion était ajoutée une amende de vingt-cinq livres [1].

En 1519, quelques Grenoblois se rendirent à Chambéry et à Genève, au mépris des ordonnances qui avaient dénoncé l'état sanitaire de ces deux villes. A leur retour, ils sollicitèrent du Conseil consulaire l'autorisation de rentrer dans la ville. Celui-ci la leur refusa et leur imposa un exil de quarante jours, à dater du jour de leur départ

[1] Arch. de Grenoble, BB. 7. GG. Délib. du Conseil de santé (1578).

de Chambéry. Bien plus, apprenant que l'un d'eux avait réussi à pénétrer dans la ville et à réintégrer son logis, ordre fut donné de l'expulser immédiatement ainsi que que sa femme et ses enfants et de fermer sa maison [1].

La sévérité de ces peines et l'inexorable rigueur avec laquelle elles étaient appliquées ne laissaient pas que d'effrayer ceux qui étaient tentés d'enfreindre les ordres du Conseil. Aussi, avant de les affronter, ils s'efforçaient d'attendrir les consuls en invoquant les besoins impérieux du commerce local. Le plus souvent ceux-ci se montraient inflexibles, mais parfois, comme en 1540, le danger semblant moins imminent, ils autorisaient les marchands de Grenoble, désireux de se rendre aux foires de Lyon ou de Beaucaire, à déléguer deux membres de chaque corporation, auxquels était confié le soin de faire les achats de tous leurs confrères [2].

En 1583, en les autorisant à aller aux foires de Lyon, où la peste venait de cesser, le Conseil de santé obligeait les marchands grenoblois à se munir, avant leur départ, d'un billet de santé, et à rapporter de Lyon un certificat indiquant le lieu où ils auraient logé, les marchands qu'ils auraient fréquentés et l'état sanitaire de la ville de Lyon. Il leur était défendu de séjourner à La Guillotière [3].

Si l'accès des villes soupçonnées de peste était interdit aux Grenoblois, à bien plus forte raison leur était-il défendu de recevoir des habitants ou voyageurs venant de ces villes, alors même qu'ils étaient munis de billets de santé. Ceux qui, échappant à la surveillance des por-

---

[1] Arch. de la ville, BB. 6, fol. 57.
[2] Ibid., BB. 13.
[3] Ibid. Délib. du Conseil de santé du 8 août 1583.

tiers, réussissaient à pénétrer dans la ville, en étaient immédiatement chassés, dès que leur présence était signalée. Étaient de même arrêtés aux portes de Grenoble les voyageurs qui avaient traversé des régions atteintes par la peste [1]. Une exception était parfois faite pour les charretiers ou muletiers transportant des marchandises, lesquels ne demandaient qu'à traverser la ville pour poursuivre leur route vers la Provence ou vers Lyon. Quand on ne leur faisait pas franchir l'Isère en aval de Grenoble sur des bateaux préparés à cet effet [2], on les autorisait à entrer dans la ville ; mais ils étaient étroitement surveillés et si, séduits par l'appel d'un ami ou d'un tavernier, ils faisaient mine de s'arrêter, les gardes de la santé les conduisaient militairement à la porte qu'ils devaient franchir et avec eux les personnes qui les avaient hébergés et qui étaient condamnées à quarante jours de bannissement [3].

Dans l'exécution de cette rigoureuse consigne, il n'était tenu compte ni de la condition ni du rang des délinquants. En 1520, on expulsa de la sorte un chanoine de Notre-Dame qui avait insisté pour garder un jour auprès de lui des voyageurs venant de Lyon [4]. Mais c'était surtout sur les hôteliers et taverniers que la surveillance s'exerçait, plus vigilante et plus sévère, à mesure que le danger s'approchait. Une ordonnance de police leur prescrivait de prendre les noms de tous les voyageurs

---

[1] Arch. de Grenoble, BB. 5, fol. 49. BB. 29. GG. Délib. du Conseil de santé, *passim*.
[2] Ibid., GG. Délib. du Conseil de santé du 16 avril 1587.
[3] Ibid., BB. 6. BB. 7.
[4] Ibid., BB. 6. Délib. du 13 juin 1520.

logés dans leurs auberges et de les communiquer chaque soir aux consuls, en indiquant ceux d'entre eux qui semblaient sans ressources, pour qu'on pût les renvoyer à leur pays d'origine [1]. En temps de peste, on leur défendait de recevoir aucun voyageur sans une autorisation écrite des consuls, laquelle était remise à tout étranger à son entrée dans la ville et désignait nominativement l'auberge où il avait déclaré vouloir descendre [2].

Ces mesures, pourtant si sages, ne furent jamais pleinement exécutées. Elles heurtaient trop violemment les habitudes et les intérêts des hôteliers pour que ceux-ci ne cherchassent pas par tous les subterfuges que peut imaginer, quand il s'agit de lutter contre la police, la souple intelligence d'un marchand, le moyen de les éluder, sans cependant encourir la sévérité des peines édictées, lesquelles étaient, d'après un règlement de 1581, une amende de dix écus pour la première infraction et le bannissement pour la seconde [3].

Le même interdit était mis sur les denrées et marchandises de toutes sortes venant des localités suspectes. Les vins, par exemple, n'étaient admis que munis d'une patente indiquant leur provenance et constatant l'état sanitaire de leur pays d'origine et des régions qu'ils avaient traversées [4].

Cet interdit durait tant que la ville suspecte n'était pas entièrement libérée de l'épidémie. Et, sur ce point, les

---

[1] Arch. de Grenoble. Délib. du Conseil de santé du 12 juillet 1581.
[2] Ibid., BB. 7.
[3] Ibid., BB. 6. Délib. du Conseil de santé du 12 juillet 1581. Cf. Pièces justificatives XI.
[4] Ibid., BB, 6.

consuls de Grenoble ne s'en rapportaient pas aux circulaires et déclarations de leurs collègues, qui, dans le but de faire cesser le plus tôt possible l'isolement dont souffrait leur commerce, se montraient souvent trop optimistes. Comme au début de l'épidémie, ils envoyaient sur les lieux un commissaire-enquêteur et ce n'est que sur son rapport qu'ils autorisaient la reprise des communications entre les deux villes.

Parfois aussi, l'interdit n'était mis sur une ville ou bourgade que pour une période limitée d'avance à quarante jours. Il en était ainsi lorsqu'on était en présence, non d'une épidémie déclarée, mais seulement de symptômes alarmants résultant de quelques décès suspects. Dans ce cas, la quarantaine prescrite laissait à la maladie le temps de disparaître ou de se caractériser. Au besoin, s'il s'agissait d'une commune des environs, on y envoyait un médecin, sur le rapport duquel l'interdit était levé ou définitivement confirmé [1].

Pour assurer l'exécution de cette mesure, qui avait pour but de mettre les Grenoblois à l'abri de tout contact impur, il fallait réorganiser et compléter le service de la garde des portes. Au XVIe siècle, avant l'agrandissement de l'enceinte de Grenoble par Lesdiguières, on entrait dans la ville par quatre portes principales : sur la rive droite de l'Isère, par la porte Perrière et la porte Saint-Laurent ; sur la rive gauche, par la porte de Très-Cloître, qui avait remplacé la porte de l'Évêché, et par la porte Traine. Il y avait, en outre plusieurs poternes que la né-

---

[1] Arch. de Grenoble, GG. Délib. du Cons. de santé de 1580 et du 25 avril 1597.

cessité avait fait ouvrir et dont les plus importantes étaient celle de l'Eyguier, qui devint plus tard la porte Créqui, celle de Chalemont, dont on voit encore des restes, et celle de Pertuisière, sur l'emplacement de la rue de ce nom.

Le premier soin des consuls, dès que l'annonce du fléau les obligeait à mettre la ville en état de défense, était de procéder à une visite des remparts, et d'y faire murer toutes les brèches ou ouvertures pouvant donner passage à un homme. Il y avait notamment dans le quartier de Saint-Laurent et de la Perrière des maisons dont les fenêtres donnaient sur les vignes du coteau de Chalemont. Ces fenêtres, que les fraudeurs de l'octroi connaissaient bien, pour en faire un fréquent usage, étaient immédiatement murées et des barrières étaient placées sur les points faibles par où on aurait pu tenter une escalade [1]. On murait également toutes les portes ouvertes derrière les maisons de la rue Bullerie ou au-dessous des maisons du pont par lesquelles, l'eau étant basse, on pouvait entrer dans la ville et en sortir à pied sec en suivant la berge de l'Isère [2].

Toutes les poternes étaient fermées et leurs clefs remises à la maison consulaire [3]. Parfois même, pour faciliter la surveillance, on tenait constamment fermées quelques-unes des portes, particulièrement celles de la rive gauche, c'est-à-dire la porte Très-Cloître et la porte Traine et l'on n'ouvrait à la circulation des voyageurs que les portes de Saint-Laurent et de la Perrière [4].

---

[1] Arch. de Grenoble, BB. 7. BB. 9. Délib. du 29 juillet 1530.
[2] Ibid., GG. Règlement du 16 janvier 1572.
[3] Ibid., BB. 6. BB. 7.
[4] Ibid.

En 1546, jugeant insuffisante la protection de leurs remparts qui tombaient en ruines, les Consuls les firent entourer d'une solide barrière de bois[1]. Aux abords des portes, une barrière de même nature était placée pour maintenir les arrivants assez loin des portiers et éviter ainsi à ces derniers un contact dangereux[2]. Dans le même but, on installa parfois un second portier dans la chapelle de Notre-Dame-de-Confort, située en dehors de la porte Perrière, ou dans une cabane construite à cet effet auprès de cette chapelle[3]. Cet agent interrogeait les arrivants par une fenêtre et recevait au bout d'un bâton les billets de santé dont ils étaient porteurs. Il faisait part ensuite de ses observations au portier de la Perrière, dans un langage conventionnel, incompréhensible pour ceux qui n'en avaient pas la clef[4]. Précaution prudente, qui sauvait cet honnête homme des injures et des coups, que n'auraient pas manqué de lui prodiguer les voyageurs dont il aurait dénoncé les allures suspectes. En 1544, on construisit de même une cabane en dehors de la porte Saint-Laurent pour surveiller l'arrivée des pestiférés venant de la Savoie[5].

---

[1] Arch. de Grenoble, CC. 636.

[2] Ibid., BB. 7. En 1534, comme on avait interdit l'entrée aux gens de Saint-Marcellin, ceux d'entre eux qui avaient affaire à Grenoble venaient jusqu'au faubourg de cette ville, qui n'était pas enfermé dans l'enceinte, et y trouvaient toujours un homme assez complaisant pour aller à Grenoble, où il entrait facilement, et y faire leurs commissions. Pour empêcher cette pratique dangereuse, on fit placer auprès du port de la Roche un portail qui fermait aux voyageurs l'entrée des faubourgs (Arch. de la ville, BB. 10).

[3] Ibid., Délib. du Cons. de santé du 18 août 1577 et du 27 juillet 1585.

[4] Ibid., BB. 7.

[5] Ibid., CC. 636.

Lorsqu'une partie de la ville était seule atteinte par le fléau, des barrières étaient établies dans l'enceinte même, isolant soit une rue, soit un quartier tout entier. En 1598, la peste sévissait sur la rive droite de l'Isère, dans les quartiers de la Perrière et de Saint-Laurent, et la rive gauche était encore épargnée; le Conseil de santé fit fermer la porte du pont et interdit toute communication entre les deux parties de la ville [1]. En 1720-1721, pendant la peste de Marseille, les consuls firent barrer l'Isère au moyen de deux chaînes de fer tendues en face de la porte de Saint-Laurent et de la porte Créqui [2].

En ces redoutables conjonctures, le rôle des gardiens des portes devenait une mission de salut public et aussi une fonction particulièrement dangereuse. C'est ce qui explique qu'on augmentait leurs gages. Mais ces honnêtes agents ne présentaient pas assez de garanties d'intelligence et d'autorité pour qu'on leur laissât porter seuls cette lourde responsabilité. Aussi, leur adjoignait-on des bourgeois désignés à cet effet et qui, à tour de rôle, convoqués par le crieur public, venaient leur prêter assistance. Un règlement du 19 février 1521 [3] décida que les portes seraient gardées par les nobles, les avocats et les bourgeois et, en général, par tous les chefs de famille, du plus grand au plus humble, concurremment avec les portiers ordinaires. Étaient seuls dispensés, les conseillers du

---

[1] Les consuls et les officiers de la santé étaient seuls autorisés à circuler, pour les besoins de leur service, sur l'une et l'autre rive de l'Isère. — Délib. du Conseil de santé du 2 avril 1598.

[2] Ibid., CC. 943. Ces chaînes furent plus tard vendues au Roi pour le transport des galériens.

[3] Ibid., BB. 7.

Parlement et les auditeurs des Comptes, et encore cette unique exception fut-elle supprimée dans le règlement de 1720.

Le nombre des notables placés à chaque porte variait de un à deux. Ils étaient remplacés chaque jour. Le matin, au lever du jour, ils se rendaient à leurs postes, de façon à être présents à l'ouverture des portes, et y restaient jusqu'à leur fermeture, fixée à cinq heures du soir et annoncée par une sonnerie de cloches, appelée le seing [1]. Il leur était interdit de s'absenter, ne fut-ce qu'un instant, pour aller prendre leurs repas, qui devaient leur être apportés. Pendant la nuit, les portes restaient rigoureusement fermées et les clefs en étaient remises, soit aux consuls, soit à un notable chargé d'aller les ouvrir lui-même le lendemain matin [2]. Tout refus d'obéissance à l'appel du crieur, toute absence pendant la journée de garde étaient punis d'une amende d'un écu [3].

Pour surveiller ce service, on nomma, en 1521, un inspecteur ou surintendant des portes chargé de les visiter plusieurs fois par jour, afin de s'assurer que portiers et bourgeois faisaient bonne garde [4]. Cette fonction fut ensuite remplie par le capitaine de la santé. En 1631, le Conseil de santé ayant constaté que les bourgeois n'apportaient à la garde des portes ni assez d'assiduité, ni assez de vigilance, donna ordre aux consuls, officiers de la santé et membres du Conseil des Quarante, quand ils

---

[1] Arch. de Grenoble, BB. 9. — GG. Délib. du Conseil de santé, année 1577, *passim*.

[2] Ibid., BB. 10.

[3] Règlement du 17 août 1585. Pièces justificatives n° XI.

[4] Ibid., BB. 7.

rencontreraient dans les rues des voyageurs d'allure suspecte, de leur demander par quelle porte ils étaient entrés, de façon à pouvoir rendre les gardiens des portes responsables de leur négligence, s'il était démontré qu'ils n'auraient pas dû laisser passer ces voyageurs. En même temps, ce second contrôle à l'intérieur permettait de reconnaître et d'expulser ceux qui avaient induement trompé la confiance des portiers[1].

La consigne donnée chaque matin aux bourgeois qui prenaient la garde des portes était de défendre l'entrée de la ville à tous ceux qui venaient des pays déclarés suspects. Un écriteau cloué sur un poteau planté en dehors[2] de la porte indiquait les noms de ces localités. D'après un règlement du 16 janvier 1572, les gardiens des portes devaient interroger les arrivants, leur demander d'où ils venaient et ce qu'ils allaient faire à Grenoble, s'ils y avaient des connaissances et où ils désiraient loger. Toutes ces déclarations, le voyageur devait les faire la main étendue sur les Saintes-Écritures, dont on lui tendait un feuillet attaché au bout d'un bâton[3]. Le règlement de 1584 prescrit de placer à chaque porte un notable qui sache écrire pour qu'il puisse relever les noms de tous ceux qui entreront, avec l'indication du logis où ils iront. A cet effet, il y avait dans le corps de garde de chaque porte un rôle de tous les hôteliers de Grenoble et de la banlieue. Le notable inscrivait le nom de chaque voyageur en regard de celui de l'hôtel qu'il avait choisi. En même temps, il lui remettait un billet portant également

---

[1] Arch. de Grenoble. Délib. du Conseil de santé du 15 juillet 1631.
[2] Ibid. Délib. du Conseil de santé du 2 février 1603.
[3] Ibid., GG. Documents relatifs à la peste.

les deux noms du voyageur et de l'hôtelier. On sait que ce dernier devait chaque soir porter les billets de logement, qu'il avait reçus, à l'Hôtel de Ville, où ils étaient contrôlés avec les rôles des portes[1].

En 1572, comme il s'agissait de se défendre à la fois contre la peste et contre les huguenots, on pria le capitaine des Suisses de fournir quatre hommes à chaque porte, pour prêter main-forte aux bourgeois. D'autre part, pour surveiller les abords de la ville du côté des nouveaux bastions des Cordeliers, on organisa pendant plusieurs jours et plusieurs nuits un service de sentinelles sur la tour de l'Ile[2].

En 1628, les notables chargés à tour de rôle de la garde de la porte de France, avaient ordre d'arrêter tous les courriers et de parfumer les lettres avant de les faire remettre à leurs destinataires[3].

La mission des gardiens des portes n'était pas sans leur faire courir quelques dangers. Et d'abord, en dépit des précautions prises pour les isoler, ils n'en étaient pas moins les sentinelles avancées, placées les premières au devant de l'épidémie. Et puis, s'ils étaient épargnés par la peste, ils couraient vingt fois par jour le risque d'être injuriés ou même battus par ceux auxquels ils avaient refusé l'entrée de la ville. Les gentilshommes ne se faisaient pas faute de les bâtonner du plat de leur épée, et quand ils étaient en colère de leur en faire sentir la pointe[4].

---

[1] Arch. de Grenoble. Délib. du Cons. de santé du 2 décembre 1584.

[2] Ibid., GG. Titres relatifs à la peste.

[3] Ibid., CC. 1139.

[4] Le 5 mai 1532, plainte était portée devant le juge de la Cour commune contre le sire de Sassenage, qui, malgré les ordonnances

D'autres fois, il leur arrivait, pour avoir été trop fidèles exécuteurs de leur consigne, de bien désagréables aventures. Ils arrêtaient pendant une nuit des personnages notables, chargés d'une mission urgente, et entravaient ainsi l'exécution des ordres du roi. Un soir du mois de septembre 1660, M. Allemand, second consul, se trouvait de garde à la porte de France, lorsque trois cavaliers se présentèrent, qui n'étaient pas munis de billets de santé; M. Allemand leur refusa l'entrée. Ils insistèrent, invoquant le service du roi. On courut prévenir M. le Président de Lescot, mais cela prit du temps, si bien que la porte était fermée lorsqu'arriva l'autorisation demandée. On ne crut pas nécessaire de l'ouvrir et les voyageurs durent passer la nuit dans une auberge des faubourgs. Le lendemain, à peine entrés dans la ville, ils se firent connaître et l'on apprit qu'ils appartenaient à la suite de M. d'Artagnan qui conduisait Fouquet à Pignerol. Ils requirent l'emprisonnement du malheureux consul qui désavoué par ses collègues, expia par vingt-quatre jours de prison son excès de zèle[1]. Lorsqu'il en sortit, il eut l'imprudence de demander une indemnité au Conseil de ville : celui-ci la lui refusa en lui infligeant une nouvelle mercuriale.

La crainte des injures, des coups d'épées et des aven-

---

de police, avait forcé les portes de la ville pour faire entrer quelques personnes (Arch. de Grenoble, BB. 10). En 1524, un conseiller au Parlement injurie l'un des consuls qui voulait empêcher le châtelain de la Mure d'entrer à Grenoble. Le Conseil convoque le peuple et fait une manifestation devant le Parlement, en déclarant que l'injure faite au consul est adressée à la ville (Ibid., BB. 8, fol. 128).

[1] Arch. de Grenoble, BB. 111.

tures du genre de celle que nous venons de raconter refroidissait parfois le zèle des gardes des portes, et il en résultait une certaine irrégularité dans leur service. Tel voyageur, arrêté un jour par un gardien scrupuleux, était accepté sans difficulté le lendemain par un bourgeois moins vigilant. Mais c'étaient là des cas exceptionnels et qu'on ne peut guère constater qu'après la peste de 1643, alors qu'une longue sécurité avait un peu calmé la terreur que causait un siècle auparavant l'approche du fléau à des hommes qui en avaient plusieurs fois déjà ressenti les effets meurtriers. Au XVIe siècle, la garde des portes, en temps de peste, était considérée comme une fonction de salut public, et tous nobles, prêtres et bourgeois devaient en respecter la consigne. C'est ainsi que le 10 avril 1521, l'historien Aymar Rivail, récemment nommé official de Grenoble, était arrêté à la porte de la ville, où il venait prendre possession de son poste, et obligé à faire quarantaine, parce qu'il arrivait de Vienne, où la peste sévissait à cette époque[1].

La surveillance des gardiens des portes ne s'exerçait pas seulement sur les étrangers ; elle atteignait aussi les bourgeois de Grenoble. Un règlement du 17 août 1585 porte « que nul des habitants de cette ville de Grenoble n'aye à sortir hors ladicte ville pour demeurer passé le jour de son départ, sans prendre son passeport et de rapporter certificat des lieux, où il se trouvera avoir esté pour séjourner, à peine de ne reentrer dans ladicte ville ny a une lieue d'icelle, de ne fréquenter personne et de se tenir fermé quarante jours, sinon que autrement soit ordonné,

[1] Arch. de Grenoble, BB. 7.

à peine de cinquante escus d'amende, qui seront employez pour la garde des portes, réparations de la ville et autres arbitraires[1] ».

Toutes les prescriptions relatives à la garde des portes que nous venons d'indiquer, nous les retrouvons complétées et précisées dans les articles ci-après du règlement du 14 octobre 1720 :

Article IX. — Rien ne pouvant garantir plus essentiellement cette ville de la contagion, dont elle semble être menacée, qu'une garde exacte et sévère, il est ordonné à tous notables bourgeois et autres habitants, sans exception des officiers du bailliage, de la judicature, de l'élection, de la chancellerie près le Parlement, excepté les jours de sceau, des avocats, procureurs ou autres, qui pourraient se prétendre exempts sous quelque espèce de privilège que ce puisse être, auxquels nous déclarons n'avoir aucun égard, attendu le cas dont s'agit, de se rendre à la porte qui leur sera indiquée par un billet signé d'un de MM. les Consuls, pour y faire la garde dans les formes qui seront prescrites dans le présent règlement, à peine, sur leur simple refus, de cinquante livres d'amende et de prison pendant le temps qu'il sera jugé à propos par le Conseil.

Formule du billet de garde

Pour la Garde de santé. Porte de...

MM.

Sont priés de se rendre en personne demain compté le... à l'ouverture de la porte de... pour la garde de santé, laquelle

---

[1] Pièce justificative n° XI. — En novembre 1628, comme beaucoup de gens suspects avaient été arrêtés à la porte de France et campaient dans les alentours, il fut interdit aux bourgeois de Grenoble d'aller s'y promener et ordre donné aux gardiens des portes de ne pas laisser rentrer dans la ville, avant d'avoir fait quarantaine, ceux qui enfreindraient cette défense (Arch. de Grenoble, GG. Délib. du Conseil de santé, 4 novembre 1628).

porte ils ne quitteront que lorsqu'elle sera fermée, à peine de cinquante livres d'amende, suivant et conformément à l'ordonnance de M. le Comte de Médavy du... Fait à Grenoble dans l'Hôtel de Ville le...

Le billet sera imprimé et marqué des armes de la ville.

Article X. — Il sera fait un dénombrement de tous les habitants de la ville, duquel ne seront exceptés que ceux qui seront atteints de maladies ou infirmités, ou au-dessous de l'âge de seize ans; pour être pris dans ledit dénombrement et jour par jour ceux qui devront monter la garde. Il en sera tenu un registre fidèle par MM. les Consuls, afin que chacun la fasse à son tour régulièrement et sans exception; et en cas de plainte on aura recours audit registre pour y être pourvu par le Conseil.

Article XI. -- Celui qui sera nommé le premier dans le billet d'avis pour la garde aura droit d'y commander, et en cas de désobéissance par ceux qui lui seront subordonnés, ils seront punis de prison.

Article XII. — La garde sera toujours composée de deux bourgeois, avec le nombre de soldats qu'il plaira à Messieurs les Commandants d'y ajouter pour la sûreté et pour donner main forte en cas de besoin.

Article XIII — L'exactitude et l'attention étant absolument nécessaires dans cette garde, ceux qui la feront ne s'en distrairont point par des repas d'appareil *(sic)* et de plaisir, par le jeu ni quelque autre affaire que ce puisse être; ils n'abandonneront point la porte qui leur sera confiée, depuis qu'elle s'ouvrira jusqu'à ce qu'elle soit fermée et ils ne pourront substituer personne à leur place pas même pour quelque heure du jour à peine de cinquante livres d'amende et de prison.

Article XIV. — Comme on a député à M. le Gouverneur de cette ville pour lui faire des représentations sur l'heure à laquelle les portes de la ville devaient être ouvertes et fermées, pour pouvoir exécuter les précautions prises dans le présent règlement, il a ordonné qu'elles seraient toujours ouvertes à un quart d'heure de jour et fermées demi-heure avant la nuit et que les clefs en seraient remises tous les soirs à M. le Major de la ville, afin que les courriers, qui arriveraient pendant la nuit, ne pussent entrer sans avoir été examinés par une personne de confiance.

Article XV. — Pour faciliter la garde des portes de la ville aux habitants, qui ne peut que leur devenir onéreuse par la durée du temps que l'on peut être obligé de la faire, la porte de Créqui sera fermée; il n'y aura que celle appelée la porte de France, celle appelée la porte de Trois-Cloîtres et celle de Saint-Laurent qui seront ouvertes. Défenses seront faites à toutes sortes de personnes, de quelle qualité et condition qu'elles soient, de passer par aucun autre endroit que par lesdites portes à peine de trente livres d'amende et de prison; et en cas qu'il y ait quelques endroits dans l'enceinte de la ville qui soient rompus, démolis ou assez bas pour donner des facilités à y entrer, ou pour en sortir, ils seront incessamment réparés.

Article XVI. — Si la condamnation de la porte de Créqui nuisait au tirage des bateaux qui remontent la rivière, il sera nécessaire d'en établir un (bateau) qui sera attaché avec une chaîne au petit port vis-à-vis le grand magasin, lequel bateau servira à aller prendre les équipages et cordes qui servent audit tirage et les entrera dans la ville par la rivière, sur la permission qui en sera donnée par Messieurs les Consuls après la visite qui en aura été faite dans la manière prescrite par le présent règlement.

Article XVII. — Les barrières et tourniquets, qui sont mis hors les portes de la ville, seront entretenus en bon état pour empêcher que dans la foule de ceux qui entrent les jours de marché il ne se mêle des étrangers qui peuvent venir des lieux suspects ou infectés. Il sera, outre cela, établi des loges et consignes aux portes qui n'en ont pas, pour que ceux qui font la garde puissent être à couvert des injures du temps. Il y aura des cheminées pour y faire du feu en hiver et il sera pourvu à la fourniture du bois par MM. les Consuls.

Article XVIII. — Il sera placé dans les consignes de la Garde un tableau dans lequel sera imprimé tout ce qui concerne l'instruction de ceux qui seront de jour pour la faire, auquel il est ordonné qu'ils se conformeront et de l'exécuter comme une chose consignée, de laquelle ils seront responsables sous les peines que le Conseil jugera à propos, selon l'exigence des cas

Article XIX. — Le Capitaine de santé fera exactement la ronde de toutes les gardes deux fois par jour, le matin et le soir et rendra compte au Conseil de tout ce qui s'y passera, pour punir sévèrement ceux qui contreviendront à ce qui est ordonné par le présent règlement[1].

L'article suivant fait défense de recevoir des étrangers, marchands, voituriers ou voyageurs, s'ils ne sont munis de billets de santé ou passeports en forme, visés dans toutes les villes ou bourgades où ils auront passé. On devra apporter une attention spéciale à comparer la date de ces billets avec celle du départ des voyageurs.

Ces billets de santé qu'on appelait communément des « billiettes » ou « bullettes », étaient en usage à Grenoble depuis le commencement du XVIe siècle. Ils avaient pour but de certifier que le voyageur qui en était porteur ne venait pas d'une ville atteinte par la peste et qu'il n'avait traversé aucune localité suspecte.

Ils étaient ainsi conçus : « Nous, Consuls échevins de la ville de..., certifions à tous qu'il appartiendra que N..., âgé de..., taille de..., poil..., part en parfaite santé de cette ville, en laquelle, par la grâce de Dieu, il n'y a aucun danger de maladie contagieuse, disant s'en aller à.... En foi de ce nous avons signé ces présentes, contresignées par le secrétaire de la ville et fait apposer le sceau d'icelle. Donné à..., dans l'hôtel de ville, le...

[1] Arch. de l'Isère, E. Titres de la commune de Grenoble.

Telle était du moins la formule adoptée en 1721. Celle qui était usitée au XVIe siècle était parfois moins explicite et se bornait à indiquer la date et le lieu de départ du voyageur, ainsi que les villes qu'il se proposait de visiter[1].

Par suite d'une entente tacite entre les différentes villes de notre région, entente fondée sur le besoin de maintenir des relations commerciales, l'usage du billet de santé s'était peu à peu généralisé, et, dès que l'épidémie commençait à sévir dans le Dauphiné ou dans les provinces voisines, les villes qui étaient en relations d'affaires s'adressaient réciproquement des circulaires, où elles promettaient d'apporter la plus prudente réserve dans la délivrance des billets de santé et indiquaient à quels signes on pourrait reconnaître leur authenticité.

Ces billets étaient délivrés et signés par un consul ou par le secrétaire de la ville, et parfois par tous les deux. A Grenoble, ils étaient remis gratuitement aux habitants de la ville, et coûtaient un liard aux étrangers[2]. A une époque où la caisse communale ne pouvait dédaigner aucune sorte de revenu, on songea à mettre en adjudication la délivrance de ces billets de santé et la perception du droit qui y était attaché. On en obtint 9 livres 3 sous en 1523. La modicité de ce produit et, plus encore, le danger qu'il y avait à mettre ainsi en des mains peu sûres l'exercice d'une fonction aussi délicate, firent qu'on abandonna bien vite cette pratique, et que les consuls se réservèrent désormais le droit de signer et de délivrer les billets de santé[3].

---

[1] Arch. de Grenoble, BB. 10, fol. 124.
[2] Ibid.; BB. 7. Délib. consulaire du 22 mars 1521.
[3] Ibid., BB. 8, fol. 41.

Comme il était impossible de voyager sans cet indispensable passeport, on en vint à falsifier les billets de santé, à les voler. Le 22 juin 1532, Balthazar Blachon, consul de Valence, préposé à la distribution des bulletins sanitaires, avertissait ses collègues de Grenoble qu'un individu arrivant de Valence s'était procuré à Romans, par la coupable complaisance de M. de La Colombière, un billet faux attestant qu'il venait de Romans. Cet individu était un Milanais qui se rendait à Grenoble pour y exercer sa profession de maître d'école[1].

Tous les consuls n'étaient pas aussi consciencieux que ceux de Romans. Au mois de mai 1581, alors que la peste était à Lyon et que l'entrée de Grenoble était interdite aux voyageurs venant de cette ville, quelques Lyonnais, que leurs affaires appelaient dans la capitale du Dauphiné, imaginèrent, pour éluder l'interdit qui pesait sur eux, de se rendre à Vienne et de s'y faire délivrer des billets de santé attestant qu'ils y avaient fait un long séjour. Indigné de ce procédé, notre Conseil de santé adressa aux consuls de Vienne de sévères remontrances et les menaça de mettre leur ville en interdit si le fait se renouvelait[2].

L'année suivante, comme la peste « pullulait » à Saint-Antoine, selon l'énergique expression d'un contemporain,

---

[1] Ibid., BB. 10, fol. 124. — En 1633, un pestiféré entré dans la ville s'y fait, au moyen d'une fausse déclaration, délivrer un billet de santé. Reconnu malade, il est banni pour un an et menacé, s'il rentre avant ce temps, de recevoir trois coups d'estrapade (BB. 10). En 1628, un compagnon menuisier, qui était entré dans la ville avec un faux billet, fut condamné par le Prévôt à être attaché au « collier d'infamie ». CC. 1129.

[2] Ibid., Délib. du Conseil de santé du 30 mai 1581.

le Conseil de santé de Grenoble manda aux consuls de Saint-Marcellin de prendre des mesures de défense, dont la première devait être d'interdire toutes relations entre leurs concitoyens et les gens de Saint-Antoine. Pour ce faire, il leur recommandait tout spécialement l'emploi des billets de santé, à condition d'en confier la distribution à deux personnes sûres, telles que le châtelain et un consul ou le secrétaire de la ville. Ces billets devraient être scellés du sceau de la commune. Au cas où ils ne tiendraient pas compte de ces instructions, l'entrée de Grenoble serait fermée même à leurs billets de santé [1].

Les villes atteintes par la peste continuaient à délivrer des billets de santé attestant, non l'état sanitaire de leur population, mais seulement celui du voyageur [2]. On conçoit que ces certificats présentaient peu de garanties; aussi, en général, étaient-ils refusés aux portes de presque toutes les villes, et nos vieux registres consulaires sont pleins des doléances des Grenoblois, que leurs « billiettes » ne réussissaient pas à protéger contre la méfiance des paysans du voisinage et qui étaient généralement accueillis à coups de pierres au marché de la Mure, lorsqu'ils s'y rendaient pour approvisionner la ville [3].

A vrai dire, eux-mêmes n'étaient guère plus confiants et le plus souvent ils fermaient leurs portes aux billets de santé datés d'une localité atteinte par la peste. Parfois même ils exigeaient que ces billets attestassent que leurs porteurs n'avaient pas, depuis quarante jours,

---

[1] Arch. de Grenoble. Délib. du Conseil de santé du 27 octobre 1582.

[2] Ibid., BB. 10.

[3] Ibid., Délib. du 2 mai 1533.

séjourné ou simplement passé dans une région suspecte[1].

Quelquefois cependant on se relâchait un peu de cette rigueur et l'on admettait les billets de santé venant des pays contaminés. Mais il fallait que l'on fût bien informé que l'épidémie y était peu dangereuse, que le service sanitaire y était intelligemment organisé et les billets de santé délivrés avec une extrême prudence.

D'autre part, les voyageurs ainsi désignés par ce certificat d'origine à l'attention du Conseil de santé étaient soumis pendant quelques jours à une constante surveillance. En 1532, on fit ainsi entrer secrètement et par faveur spéciale deux gentilshommes venant de Valence, où l'état sanitaire était suspect, mais en leur recommandant de se tenir étroitement enfermés chez eux pendant huit jours[2]. Le 4 novembre 1628, deux voyageurs, dont un ministre protestant, se présentaient à la porte de Saint-Laurent, venant de Genève, où la peste était signalée. Sur la présentation de leurs billets de santé, on les laissa entrer, mais on les tint en observation dans une maison du quartier de Saint-Laurent et, après les y avoir laissés se reposer pendant quelques jours, on les renvoya dans leur pays[3].

On était, à ce moment, très ému par un fait grave survenu quelques jours auparavant. Un soldat des gardes du maréchal de Créqui s'était présenté à la porte de France, porteur d'un billet de santé émané de la municipalité de Vienne. Sa mine hâve, sa démarche incertaine contrastaient si fort avec les affirmations de ce

[1] Arch. de Grenoble, Délib. du 6 août 1531.
[2] Ibid., BB. 10.
[3] Ibid. Délib. du Conseil de santé.

bulletin que les gardiens de la porte lui en refusèrent l'entrée. Deux heures après, il tombait mort à cent pas de cette porte. On fit aussitôt visiter son corps par le chirurgien de l'Ile, lequel constata « qu'il était tout couvert de poulpre » et qu'il avait deux charbons dans le haut de la cuisse [1].

En dehors des pénalités infligées aux gardiens des portes qui laissaient pénétrer des étrangers sans billets de santé ou avec des billets de santé émanant de villes avec lesquelles les relations étaient interrompues, des peines spéciales et très fortes visaient le voyageur lui-même qui, par quelque moyen que ce fut, réussissait à entrer dans la ville sans billet de santé Un règlement du 17 novembre 1526 le rendait passible d'une amende de cent marcs d'argent [2].

Cette énorme amende ne réussissait cependant pas toujours à arrêter les réfractaires et il est triste d'avoir à citer parmi ceux-ci des hommes qui auraient dû donner l'exemple de la soumission à la loi, des gentilshommes, des conseillers au Parlement, qui, non contents de violer les règlements sanitaires, s'oubliaient jusqu'à injurier les honnêtes bourgeois chargés de la garde des portes [3]. Il ne paraît pas que ces coupables pratiques aient été renouvelées lors de la peste de Marseille, en 1720, et peut-être faut-il en chercher la cause dans l'article 47 du règlement fait à cette époque, lequel portait que ceux qui tent eraient

---

[1] Arch. de Grenoble. Délib. du Conseil de santé.

[2] Ibid., AA. 6 (Livre de la Chaîne), fol. 426. Pièces justificatives n° VI.

[3] Ibid., BB. 10. Délib. du 5 mai 1532. — GG. Délib. du Conseil de santé du 4 novembre 1628. On pourrait multiplier les renvois, ces infractions s'étant produites à toutes les époques de peste.

sans billet de santé, de forcer la garde des portes seraient fusillés sur-le-champ.

Une ordonnance du 13 mai 1577 condamnait les hôteliers, qui auraient reçu des voyageurs sans billet de santé, à rester enfermés dans leur logis pendant quarante jours[1].

Pour en répandre et faciliter l'usage dans les communes rurales des environs de Grenoble, où il était souvent difficile de trouver un homme capable de les rédiger, le Conseil de santé de cette ville fit, en 1720, imprimer des formules de billets, qui furent envoyées aux consuls ou aux curés des communes chargés de les garnir et de les distribuer à ceux que leurs affaires appelaient à Grenoble.

En arrivant aux portes de la ville, le voyageur présentait son billet de santé à la sentinelle placée en faction à la barrière. Celle-ci l'apportait au chef du poste, qui, après l'avoir examiné, décidait si le porteur devait être admis ou refusé. Dans le cas où celui-ci venait d'une localité suspecte, la sentinelle recevait le billet au bout d'un bâton et l'arrosait de vinaigre avant de le remettre à son chef[2].

A l'égard des voyageurs qui demandaient seulement à traverser la ville, sans s'y arrêter, nous avons dit précédemment qu'on se montrait généralement plus tolérant et qu'on leur permettait de passer à condition de poursuivre immédiatement leur route. Mais, lorsqu'il s'agissait de troupes en armes, cette mesure était difficilement applicable et de plus dangereuse. En tout temps, les Grenoblois redoutaient, presque à l'égal de la peste, les pas-

---

[1] Arch. de Grenoble. Délib. du Conseil de santé du 13 mai 1577.
[2] Règlement du 14 septembre 1720, art. 22 et 23.

sages des gens de guerre. Lorsque l'état sanitaire était menaçant, cette terreur s'accroissait encore, et non sans raison, les armées de ce temps traînant d'ordinaire avec elles des spécimens de toutes les maladies connues, au point qu'en 1580, les chirurgiens de Grenoble, eux-mêmes, refusaient, dans la crainte de la contagion, de panser les soldats malades de l'armée de Mayenne [1]. Aussi prenait-on les mesures les plus sévères pour les empêcher d'entrer dans la ville. Pour ce faire, après avoir négocié avec leurs chefs et leur avoir, au besoin, offert de l'argent, on leur faisait traverser l'Isère, en aval de Grenoble, sur un pont de bateaux. Mais cela n'allait pas toujours sans difficultés. Les soldats, qui avaient compté sur quelques jours de repos et de liesse dans une ville bien approvisionnée, ne s'en voyaient pas sans irritation fermer les portes et, parfois, pour les empêcher de les forcer, il fallait mettre en ligne la milice bourgeoise et montrer quelques canons sur les remparts [2].

Lorsque les troupes venaient de la Savoie, ce procédé était inapplicable et force était ou bien de les laisser passer à travers les rues de Saint-Laurent et de la Perrière ou, si elles étaient peu nombreuses, de leur faire traverser la ville sur l'Isère en bateau [3].

On agissait de même avec les courriers, muletiers, voituriers, colporteurs [4], qui passaient à Grenoble en sui-

---

[1] Arch. de Grenoble. Délib. du Conseil de santé du 12 décembre 1580.

[2] Ibid., BB. 7.

[3] Ibid. Délib. du 25 octobre 1630.

[4] Parmi ces colporteurs figuraient les Briançonnais et les gens de l'Oisans, qui, déjà à cette époque, émigraient en foule, tous les ans à l'entrée de l'hiver, pour aller faire le commerce de la mercerie

vant la route de Provence Un bac installé au port de la Roche « entre les gibets et la Saulsaye » les transportait sur l'autre rive de l'Isère, où ils rejoignaient leur route à la porte Traine. Dans ce but, le pontonnier du port avait ordre d'avoir toujours à sa disposition un nombre suffisant de bateaux pour assurer ce service et aussi pour remonter jusqu'à la porte Saint-Laurent ceux qui allaient en Savoie et en ramener ceux qui en venaient[1]. Ce pontonnier habitait une petite cabane construite auprès du port et il lui était défendu d'aborder dans la ville et de fréquenter aucun de ses habitants[2]

Dans le même but de permettre de tourner la ville du côté de la montagne, on fit, en 1521, abattre un quartier de roche qui aboutissait au port de la Roche, pour ouvrir aux piétons et aux cavaliers l'accès d'un ancien chemin qui, au-dessus de Chalemont, côtoyait le mont Rachais, qu'on appelait alors le petit Esson[3].

Après les gens de guerre, ceux que les Grenoblois redoutaient le plus en temps d'épidémie, c'étaient les mendiants, les bohémiens et les filles de mauvaise vie. Aux mendiants, s'ils étaient étrangers, une ordonnance enjoignait de quitter la ville dans un délai de vingt-quatre heures, sous peine de recevoir trois coups de corde ou d'estrapade[4]. En les congédiant, on leur remettait une aumône ou un pain[5]. Cette expulsion n'était pas unique-

---

à travers villes et villages et revenaient, au printemps, pour cultiver leurs terres (Délib. du Conseil de santé du 26 juin 1581 et du 18 décembre 1628).

[1] Arch. de la ville, BB. 7.

[2] Ibid. Délib. du Conseil de santé du 18 août 1577.

[3] Ibid., BB. 7. CC. 614.

[4] Pièces justificatives n° IX.

[5] Arch. de Grenoble, BB. 7.

ment dictée par le souci de la santé publique que ces gueux pouvaient compromettre, elle avait encore pour but de diminuer, pendant toute la durée de l'épidémie, le nombre des bouches à nourrir. Malheureusement, elle atteignait rarement son but, car les pauvres expulsés, au lieu de regagner leur pays, se réfugiaient à la Grande-Tronche, à une demi-lieue de Grenoble, où ils mourraient de faim en y créant un dangereux foyer d'infection [1].

Les pauvres, originaires de la ville, s'ils étaient incapables de travailler, étaient enfermés dans les hôpitaux ou répartis dans des maisons particulières Pour les reconnaître, on leur plaçait sur l'épaule une croix de drap jaune et rouge [2]. Ceux qui étaient encore valides étaient embrigadés et employés à des travaux, soit aux fortifications, soit aux digues du Drac. S'ils refusaient de travailler, on les chassait de la ville.

Les aumônes générales que l'Évêque et la confrérie du Saint-Esprit faisaient dans la ville, à certaines époques de l'année, y attiraient de tous les points du voisinage un grand nombre de mendiants. En temps d'épidémie, le Conseil de santé ne pouvait voir, sans inquiétude, ces rassemblements de pauvres et sans interdire ces largesses, qui étaient plus que jamais nécessaires, il priait les distributeurs de les faire secrètement et en dehors de l'enceinte [3].

Si l'on expulsait les mendiants étrangers, à bien plus forte raison repoussait-on ceux qui se présentaient aux

---

[1] Arch. de Grenoble. Délib. du Conseil de santé du 20 avril 1598.
[2] Ibid., BB. 10. Délib. du Conseil de santé du 30 avril 1587.
[3] Ibid., BB. 7.

portes et avec eux tous nomades, marchands ambulants, bohémiens et saltimbanques [1].

A l'égard des filles publiques, les mesures variaient. Tantôt on les enfermait dans la maison de tolérance, où on leur faisait parvenir des vivres, tantôt on les chassait purement et simplement [2].

Les réunions des pauvres n'étaient pas les seules à éveiller l'attention du Conseil de santé. Tout rassemblement semblait dangereux, quelle que fût sa cause. Ainsi en premier lieu étaient suspendues les audiences du Parlement et celles du Bailliage, qui attiraient à Grenoble des plaideurs venant de toutes les parties de la province [3]. L'école à laquelle se rendaient les enfants du voisinage était fermée [4], les foires supprimées ou renvoyées, malgré les protestations de l'Évêque, que cette mesure privait de son droit de leyde [5]. Les cérémonies religieuses, sermons dans les églises, prêches dans les temples, restent parfois autorisées; mais devant l'imminence du danger, elles ne trouvent plus grâce. A bien plus forte raison, les réunions joyeuses, les représentations théâtrales, les danses [6], les jeux et exercices violents [7] sont sévèrement prohibés.

En 1518, on dénonce au Parlement les prêtres du chapitre de Notre-Dame, qui, au mépris des ordonnances,

---

[1] Arch. de Grenoble, BB. 28.

[2] Ibid., BB. 14. Pièces justificatives n° XI.

[3] Ibid., BB. 4. BB. 37. — En 1577, les audiences furent suspendues, sauf en matière d'aliments.

[4] Ibid., BB. 7. BB. 40.

[5] Ibid., BB. 9. Délib. du Conseil de santé du 28 novembre 1585

[6] Ibid., CC. 661.

[7] Ibid., BB. 7 et BB. 8.

se préparaient à jouer une moralité sur la place du Mal-Conseil [1]. En 1581, pour arrêter les bals, que n'effrayait pas la crainte de la peste, le Conseil est obligé de faire séquestrer tous les violons de la ville [2]. Le 2 décembre 1584, il interdit toute réunion composée de plus de six personnes [3].

Les hôtelleries sont étroitement surveillées. Un règlement du 17 août 1585 fait défense aux taverniers de la ville et des faubourgs de recevoir aucun habitant pour boire ou pour manger sous peine de dix écus d'amende pour la première infraction et de vingt écus pour la seconde. La même amende était infligée au consommateur [4]. Pour veiller à l'exécution de ces mesures de police, des surveillants étaient désignés dans chaque rue, avec mission de s'enquérir des réunions clandestines qu'on pourrait y tenir et d'en avertir le jour même le gouverneur de la ville [5].

C'était bien d'empêcher par tous moyens possibles l'importation du fléau, mais en même temps il était non moins indispensable de supprimer tous les foyers d'infection dont la ville était pleine. En effet, si nous en jugeons par les pratiques que signalent les ordonnances du Conseil de santé et que, jusqu'au XVIIIe siècle, elles durent interdire de nouveau, à chaque retour de la peste, nos pères avaient, en matière d'hygiène et de propreté, des habitudes bien singulières. Pour eux, la rue était le dé-

---

[1] Arch. de Grenoble, BB. 5.
[2] Ibid., GG. Délib. du Conseil de santé du 26 juin 1581.
[3] Ibid., GG. Délib. du Conseil de santé.
[4] Pièces justificatives n° XI.
[5] Arch. de Grenoble, GG. Délib. du Conseil de santé du 2 décembre 1584.

versoir naturel de toutes les immondices de la maison. Au milieu de cette rue était un fossé, destiné à l'écoulement des eaux de pluie; mais, mal entretenu, ce fossé formait de distance en distance des cloaques d'eau fétides, où croupissaient des débris de toutes sortes, mêlés à des cadavres d'animaux. C'est là que les chambrières jetaient par la fenêtre, sans trop se préoccuper des passants, du reste habitués à se garer, toutes les ordures de la maison, résidus de la cuisine, balayures, vaisselle cassée, eaux grasses et le reste. Un grand nombre de maisons n'avaient pas de latrines; le ruisseau recevait tout. Celles qui en avaient étaient peut-être encore plus insalubres; et en effet, bien que cela soit difficile à admettre, toutes les maisons munies de latrines n'avaient pas de fosses d'aisances et les conduits plaqués contre la paroi extérieure de la muraille ne descendaient pas jusqu'au sol. Il est équitable d'ajouter qu'on cherchait à dissimuler ces verrues, en les adaptant à une façade latérale de la maison donnant sur une ruelle ou un cul-de-sac. Ruelles et culs-de-sac étaient pour les gens les plus soigneux le grand égout collecteur.

Au-dessous de ces conduits et parfois même devant la façade principale de la maison s'étalait un fumier, amoureusement préparé par son propriétaire en vue de ses vignes de Chalemont ou de Saint-Martin-le-Vinoux. A travers cloaques et tas de fumiers circulaient des porcs, des chèvres, des volatiles de toute nature et des chiens errants.

Ajoutez enfin que les fossés des remparts, où l'eau ne circulait pas, et où les maisons voisines déversaient tout ce qu'ailleurs on jetait dans la rue, faisaient à la ville une ceinture de mares putrides.

C'est contre de telles habitudes que tentait de réagir le Conseil de santé dans les ordonnances auxquelles nous avons emprunté tous les traits de ce répugnant tableau. Nous en rapporterons quelques articles pour qu'on ne nous accuse pas de l'avoir poussé trop au noir. Aussi bien n'aurons-nous que l'embarras du choix des citations, tous les règlements sanitaires, du commencement du xvie siècle à 1720, reproduisant toujours sans succès les mêmes ordres et les mêmes défenses.

En 1518, tous les bourgeois sont invités à nettoyer et à assainir les rues en enlevant les immondices entassées devant leurs portes et notamment celles qui infectent la porte Traine et les maisons du Breuil (aujourd'hui place Grenette [1]).

Un règlement de 1521 interdit de jeter des ordures par les fenêtres, ou même de les déposer dans les rues. Cette mesure vise spécialement ceux dont les maisons n'ont pas de privés : on croit utile de leur rappeler qu'il est malséant d'y suppléer en jetant par les fenêtres des ordures qui souillent la rue et parfois les passants. Ces ordures devront être portées secrètement et de nuit à la rivière. Le même règlement prescrit d'enlever les animaux morts qui croupissent dans les fossés des rues et de repurger ces fossés en faisant écouler l'eau [2].

En 1526, le Parlement et le Juge de la Cour commune sont obligés de faire intervenir leur autorité pour obtenir le repurgement de ces fossés et l'enlèvement des fumiers déposés devant les maisons [3]. Mais il est difficile même

[1] Arch. de Grenoble, BB. 5.
[2] Ibid., BB. 7.
[3] Ibid., BB. 8, fol. 301.

à un Parlement de réagir contre des habitudes invétérées. En 1531, les fumiers ont reparu, et à toutes les ordonnances les bourgeois ne répondent que par la force de l'inertie. On décide alors que si, dans un délai de deux jours, les fumiers ne sont pas enlevés, le premier venu pourra s'en emparer, à condition de les transporter immédiatement hors de la ville[1].

Cette même année, le 10 mai, Bertrand Rabot, conseiller du Parlement, proposait au Conseil consulaire, au nom de la Cour suprême, de faire combler les fossés des remparts, qui étaient un foyer d'infection. Deux médecins présents, Pierre Aréoud et Guillaume Dupuis, appuyaient cette proposition. Le Conseil ne crut pas toutefois devoir l'accepter et se rallia à un projet consistant à faire évacuer les fossés de la porte Très-Cloître dans le Draquet, au moyen d'un canal d'écoulement[2].

Dans le règlement présenté le 3 février 1534 au Parlement par les consuls « afin de évicter le dangier de peste » on lit ce qui suit :

Article II. — Item de faire faire criées publicques que ung chascun des habitants de ceste cité face nectier la rue devant soy et en son endroit de trois en trois jours et oster les feumiers ét autres immondiçes des rues, carrefours et ruettes de ladicte cité et faubourg d'icelles et de les mectre hors ladicte cité et faubourg en lieu dont, pour la puanteur et vapeur desdits feumiers, inconvénient et maladie ne s'en puisse ensuyvre. Item que nully n'oze jecter ni mectre esdictes rues, ruettes et carrefours aucunes eaues immundes ni autre chose qui pourroient engendrer infection et que le chastellain et cour-

---

[1] Arch. de Grenoble, BB. 10.
[2] Ibid., BB. 10, fol. 32.

rier de ladicte ville ou leurs lieutenants facent observer le contenu esdictes criées.

Article III. — Item de faire aussi criée que tous ceux qui ont maison sur les rivières de l'Isère et Verderel, sur les fossés de la ville et ailleurs dedans la cité ou aux faubourgs d'icelle, ayent à faire clore ou descendre les bornes des retraits desdictes maisons, c'est assavoir ceux qui sont sur l'eau jusqu'à l'eau de la rivière sur laquelle sont inclusivement, et ceux qui sont sur la terre qu'ils les ayent à faire descendre au dedans de la terre, ainsi que sera advisé par gens expers, qui en ce seront commis, de manière que inconvénient de peste ou autre ne se ensuive à l'occasion de l'infection desdits retraits.

Article VI. — Item que l'on fera faire ung canal grant et large et en la manière que sera advisé par gens expertz, au long des fossés de ladicte cité, qui ira droit jusque à la rivière du Drac, par lequel canal l'eau desdits fossés et retraictz qui tombent esdits fossés vuydera et aura son cors en ladicte rivière de Drac[1].

En 1580, les habitants de la rue qui va du Palais à Porte-Traine (c'est la Grand'Rue actuelle), se plaignent que M. de Gratet, trésorier de France, ait fait établir dans sa maison, d'après la méthode sommaire que nous avons indiquée plus haut, des privés qui infectent toute la rue et menacent de corrompre les eaux du grand puits qui alimente tout ce quartier[2].

Deux ans plus tard (1582), les consuls se décident à prendre à leur charge le service des vidanges, en même temps qu'ils faisaient installer des « retraits publics » au pont Saint-Jaime, à la Perrière, à l'Évêché et sur d'autres

---

[1] Arch. de Grenoble, BB. 10, fol. 266 v°.
[2] Ibid., GG. Délib. du Conseil de santé.

points de la ville[1]. Et, malgré cette précaution, cette même année on est obligé de fermer la ruelle de l'Écu-de-France, située derrière l'école de Notre-Dame, « pour évicter à l'infection et puanteur des immondices qui y sont journellement portées »[2].

Le 30 mai 1582, Étienne Fleur, chirurgien, demande au Conseil de santé une commission pour faire nettoyer les rues de la ville, avec contrainte contre ceux qui ne voudraient pas obéir à ses ordres. On la lui accorde, en considération des bons services qu'il a rendus déjà dans cette fonction, mais sous cette réserve que son mandat sera limité à la durée de la peste. Nos pères estimaient que la propreté de la voie publique n'était bonne qu'en temps d'épidémie[3].

Un règlement du 17 août 1585 renouvelle la défense de jeter des eaux sales ou autres immondices par les fenêtres, sous peine d'un écu d'amende. Pour les valets et chambrières, la peine sera du bannissement. Il prescrit l'enlèvement des ordures entassées devant les maisons et interdit d'en déposer à l'avenir. Devront être également enlevés et transportés hors de la ville tous les fumiers qui encombrent les rues, et ce sous peine d'une amende de dix écus et de confiscation des fumiers. Enfin, il enjoint de faire écouler les eaux qui croupissent dans les rues et ruelles, de tenir à l'avenir les fossés propres et nets, et d'arroser d'eau claire, soir et matin, le sol de la rue, devant chaque maison, le tout sous peine d'un écu d'amende[4].

---

[1] Arch. de Grenoble, BB. 33.
[2] Ibid., BB. 35. Délib. du 18 août 1582.
[3] Ibid., GG. Délib. du Conseil de santé.
[4] Pièces justificatives n° XI.

Ces proscriptions ne furent pas observées, car, l'année suivante, au début de la terrible peste de 1586, la ville dut charger un charretier de nettoyer les rues de la ville, et lui accorda, pour cette besogne, trois écus de gages par mois[1]. Il en fut de même pendant la peste de 1597[2].

Le règlement de 1720, tout en constatant que des progrès ont été faits sur ce point par la population, croit utile de renouveler l'ordre de balayer les rues, d'enlever les fumiers, et la défense de jeter des ordures par les fenêtres. Il dit notamment à ce sujet :

Article 85. — Il est ordonné à chaque habitant de la ville de quelque qualité et condition qu'il soit de faire balayer les rues devant les maisons où ils habitent et de ranger la boue contre le mur en un tas, chacun en droit soy, pour qu'elle soit plus facilement enlevée par les boueurs, à peine de trois livres d'amende.

Article 87. — Le Conseil commettra des personnes pour passer tous les jours dans les rues avec des clochettes à la main, une demi-heure avant que ceux qui seront préposés pour en faire la visite doivent passer, qui sera à neuf heures précises du matin, passée laquelle heure toutes les amendes seront indictes et infligées par le Conseil de santé ou par celui qui est préposé, les jours qu'il ne s'assemble pas, sur la simple dénonciation de ceux qui en font la visite.

Article 88. — Les gens de condition et autres habitants qui auront des domestiques, à qui ils donneront l'emploi de

---

[1] Arch. de Grenoble, BB. 38.

[2] Ibid., GG. Délib. du Conseil du Conseil de santé du 21 août 1597. — Le 31 août 1597, le Conseil de santé fait défense aux valets et chambrières de porter leurs « cuvilies et immondices » à la place du Breuil ou de les jeter par les fenêtres, sous peine de 10 écus d'amende. Ils devront les jeter pendant la nuit à l'Isère.

balayer la rue, prendront sur les gages de celui qu'ils en auront chargé l'amende à laquelle ils seront condamnés, en cas de contravention.

Article 90. — Il est ordonné à tous propriétaires et locataires de faire balayer tous les jours et chacun à leur tour les escaliers, les cours et les allées des maisons où ils habitent, selon les arrangements qu'ils prendront entre eux. Les balayures seront portées à la rue et mises contre le mur en un tas pour être de même enlevées par les boueurs, et on aura une grande attention à bien nettoyer les rigoles des cours et des allées pour que l'eau n'y croupisse pas, aussi bien que l'égout des éviers, le tout à peine de trois livres d'amende contre les contrevenants.

Article 91. — Il est défendu, sous les mêmes peines, à toutes sortes de personnes, de quelque qualité et condition qu'elles soient, de faire leurs ordures dans les rues, culs-de-sacs ni dans les allées; et nous déclarons les pères et mères responsables pour la contravention des enfants et les maîtres et maîtresses de celles des domestiques, imputables sur leurs gages.

Article 92. — Il est expressément ordonné de ne jeter aucunes ordures, ni vuider les pots de chambre par les fenêtres, de jour et de nuit, à peine de cinq livres d'amende. Ceux dont les maisons ont des vues sur des toits abaissés ne jeteront de même aucunes ordures sur lesdits toits à peine de la même amende payable par les propriétaires ou les locataires, dont les chambres ont la vue sur lesdits toits.

Un peu plus loin [1], le même règlement interdit d'élever et de laisser circuler dans la ville des porcs, oisons, canards et pigeons, et ordonne de tuer tous les chiens errants [2], interdiction et ordre qui se retrouvent dans

[1] Art. 100.
[2] Art. 101.

presque toutes les ordonnances antérieures du Conseil de santé.

En 1521, on prescrit de chasser de la ville les porcs qui vagabondent librement dans les rues et les chiens errants [1]. En 1531, pour donner une sanction à cet ordre, on donne à l'huissier de la ville le droit de saisir tous les porcs qu'il trouvera sur la voie publique et, pour stimuler son zèle, on lui attribue le tiers de l'animal confisqué par ses soins, les deux autres tiers étant destinés aux pauvres [2]. En 1554, la même prohibition frappe à la fois les chèvres et les porcs [3].

En 1580, pendant que la peste ravageait la vallée du Graisivaudan, le Conseil de santé donna ordre aux habitants des communes menacées par l'épidémie de tuer tous chiens, chats, porcs et autres animaux suspects de colporter la contagion, qui erraient librement et sans gardien sur les routes et dans les champs [4].

Cette suspicion contre les porcs persiste même après la fin de la peste. En novembre 1597, on défend de laisser entrer des pourceaux dans la ville, si ceux qui les conduisent au marché ne justifient, par un bulletin de santé, du lieu d'où ils les amènent [5]. Et en même temps et dans le même sentiment, on créait pour ces animaux un marché spécial sur une place écartée située derrière Sainte-Claire.

Durant la peste de 1632, ordre fut donné à tous les

---

[1] Arch. de Grenoble, BB. 7.
[2] Ibid., BB. 10.
[3] Ibid., BB. 15.
[4] Ibid., GG. Délib. du Conseil de santé.
[5] Ibid.. Délib. du Conseil de santé du 6 novembre 1597.

habitants de tenir leurs chiens enchaînés ou enfermés dans leurs maisons et de ne les laisser, dans aucun cas, circuler dans les rues, sous peine de les voir assommer ou arquebuser par le premier passant qui les rencontrerait [1].

Au nombre des mesures d'hygiène prises au début de chaque épidémie, citons encore une surveillance plus active des bestiaux de toute nature destinés à la boucherie [2] et l'obligation imposée aux bouchers de se servir de soufflets pour la préparation des viandes au lieu de les souffler avec leur bouche, comme ils avaient la déplorable habitude de le faire [3].

Un peu au-delà de la porte Perrière et près du port de la Roche se trouvaient les fourches patibulaires, où presque toujours quelque pendu se balançait au vent, au milieu d'une nuée de corbeaux qui se disputaient ses restes. Ce voisinage, qui d'ordinaire n'incommodait pas autrement nos pères, leur semblait cependant suspect en temps d'épidémie, et nous les voyons en 1575 inviter le bourreau à dépendre et à ensevelir cinq pendus exécutés depuis plusieurs semaines [4].

C'est encore une préoccupation d'hygiène publique qui dictait la démarche faite le 16 novembre 1628 par le Conseil de santé auprès de l'Évêque pour le prier d'interdire, pendant toute la durée de l'épidémie, les distributions d'eau bénite, que les églises avaient coutume de faire dans toutes les maisons de la ville [5].

---

[1] Arch. de Grenoble, GG. Délib. du Conseil de santé du 30 juillet 1632.

[2] Ibid., BB. 6.

[3] Ibid., GG. Délib. du Conseil de santé du 3 février 1587.

[4] Ibid., BB. 27.

[5] Ibid., GG. Délib. du Conseil de santé.

En résumé, surveillance de la marche de l'épidémie dans les régions voisines, garde des portes, défense de se rendre dans les localités suspectes ou d'en recevoir des voyageurs, obligation imposée à ces derniers de se munir de billets de santé, expulsion de mendiants, bohémiens et prostituées, interdiction des assemblées de prière ou de plaisir, assainissement des rues et des maisons, tels étaient les procédés employés par les Grenoblois du XVIe et du XVIIe siècle pour se préserver de la peste.

Mais bien au-dessus de ces moyens purement humains, que la science moderne appellerait des mesures de prophyllaxie, nos pères, animés de l'esprit de foi qui domine toute leur époque et pénétrés de cette idée que la peste était une manifestation de la justice divine, plaçaient la prière publique ou privée, les processions, les messes, où l'on implorait l'intercession de saint Sébastien et de saint Roch, les vœux où l'on tentait de fléchir la colère divine en allumant sur les autels des lampes dont la flamme suppliante ne devait jamais s'éteindre.

Faisant alors un retour sur eux-mêmes, les consuls adressaient à leurs concitoyens d'éloquents rappels à la piété et à la morale : « que toutes gens, est-il dit dans une délibération du 10 juin 1545, tant d'église que autres s'amendent et corrigent des péchés tant publics que autres, comme des usures, fornications, adultères, blasphèmes, jeux privés et publics, de toute paillardise et que l'on prie Messieurs de la Court, vouloir bien commander à tous juges, tant d'église que temporels, yceulx péchés vouloir corriger et l'ordre, tel que le droit porte, y vouloir mettre promptement, et, pour ce faire, que l'on baille requeste contre toutes gens d'esglise, mariés et autres que l'on verra pour iceulx faire amende honorable »[1].

Et lorsque le danger plus proche ne permettait plus à nos pères de se rendre ensemble dans les églises, alors, à des heures annoncées par le crieur public, la cloche de Notre-Dame sonnait, invitant les bourgeois à s'agenouiller dans leurs maisons et à s'unir de cœur dans une prière commune « pour que Dieu veuille [les] préserver du mal contagieux »[2].

IV

Trop souvent, nous l'avons dit, déjouant toutes les vigilances, forçant les barrières, dédaignant les prières, les processions et les vœux, le fléau se manifestait tout à coup dans la ville et signait de ses taches indiscutables une mort subite, foudroyante. Alors une grande rumeur se faisait dans la population affolée et une panique effroyable poussait pêle-mêle vers les portes, magistrats, prêtres, nobles et bourgeois. En temps de peste, disait un adage du temps, il faut « déloger tost, aller loin et revenir tard »[3]. Et ce dicton réglait la conduite de tous ceux à qui il était possible de déloger.

Le Parlement donnait le premier l'exemple de la prudence en s'exilant. A sa suite les officiers des judicatures, les avocats, les fonctionnaires de tout ordre, le

[1] Arch. de Grenoble, BB. 13.
[2] Ibid., BB. 98.
[3] G. de Lérisse. *De la Peste*, etc., préface.

haut clergé, la bourgeoisie riche, abandonnaient la ville, où restaient seuls, en face du danger, les consuls et les membres du Conseil de ville.

Pendant longtemps, le Corps municipal assuma seul la lourde et périlleuse tâche de veiller aux destinées de la ville affligée et de combattre avec des armes, hélas! trop inégales, le fléau qui la dévorait. Aucun document ne nous révèle les mesures que nos anciens consuls prenaient en ces terribles conjonctures. Mais de ce qui se passait à la fin du xve siècle, il est permis de conclure à ce qui se passait un siècle auparavant. Or, c'était effroyablement simple. Tout en continuant et en renforçant encore la garde des portes, on se bornait à expulser avec une méthodique et impitoyable sévérité tous ceux qui étaient reconnus atteints par la peste. Un médecin et, à défaut de médecin, un chirurgien ou un simple barbier examinait le malade suspect et, suivant son diagnostic, le malheureux était laissé dans son lit ou jeté hors des remparts avec un pot de terre et un pain.

Après la création de l'hôpital de l'Ile, le régime devint plus humain. Sans doute on continua toujours à expulser les pestiférés, mais du moins on ne les abandonnait plus sur la grande route ou dans les champs. Ils trouvaient dans l'hôpital fondé par Grace d'Archelles un asile et les soins d'un chirurgien.

Jusqu'en 1522, le Conseil consulaire resta seul chargé de la direction du service sanitaire. A cette date, nous voyons apparaître, pour la première fois, une sorte de Conseil de santé, tel qu'il sera institué un demi-siècle plus tard. Au Conseil de ville et pour partager avec lui les labeurs et les responsabilités, une délibération du

10 septembre 1522 [1] adjoint six notables bourgeois, désignés sous le nom de capitaines, dont quatre choisis sur la rive gauche et deux sur la rive droite de l'Isère, et en outre le prévôt des maréchaux, le vice-châtelain et tous les autres officiers restés à leur poste. Aucun médecin ne fait encore partie de ce Conseil ; mais ils y sont fréquemment appelés et leurs avis y sont toujours accueillis avec respect et confiance [2].

Durant la peste de 1533, nous retrouvons encore les consuls à la tête du service de santé : ce sont eux qui préparent les règlements sanitaires que le Parlement ratifie du lieu de son exil ; eux aussi qui, dans leurs multiples détails, en assurent l'exécution. L'un d'eux, le procureur Avril, y meurt à la peine, victime de son dévouement [3].

C'est en 1577 que fut créé le premier Conseil de santé On craignait alors la peste, qui ne vint pas heureusement. Dès lors la direction des mesures sanitaires est enlevée au Conseil de ville et confiée à une commission spéciale, instituée par le Parlement et dont font partie deux conseillers

---

[1] Arch. de Grenoble, BB. 7, fol. 187. « Propositum factum de eligendo et nominando pro tuhitione et custodia civitatis et habitantium ejusdem, tam absentium quam presentium, infectorum et sanorum, suarumque domorum et bonorum in ipsa civitate relictorum sex cappitaneos, quatuor de citra et duos de ultra pontem, qui cum dominis consulibus et consiliariis ac aliis quibus oportuerit dabunt ordinem et providebunt circa dictas tuhitionem et custodiam, interveniente auxilio et juvamine prepositorum marescallorum et vice-castellani hujus civitatis et aliorum officiariorum ejusdem, prout ipsis dominis consulibus, consiliariis et cappitaneis videbitur providendum, juxta formam articulorum super hoc Curie supreme Parlamenti Dalphinatus per dictos dominos et consules oblatorum et per eandem Curiam auctorizatorum. »

[2] Arch de Grenoble, BB. 7, fol 191 v°.

[3] Pièces justificatives n° VIII.

à la Cour, un maître des comptes, deux consuls, un avocat, un procureur et six bourgeois, dans lesquels nous retrouvons les six capitaines du règlement de 1522[1].

En 1585, l'influence municipale est encore moindre dans le Conseil de santé ainsi composé : le premier président du Parlement, noble Coct, seigneur du Châtelard, Anselme Acquin, prieur de Saint-Nazaire, préchantre de l'église Notre-Dame ; Louis de Villeneuve, docteur en médecine ; Guillaume Cuvilier, chirurgien ; Jean-Humbert de Cellis, apothicaire ; Ennemond Janon, procureur 2e consul de Grenoble[2].

Le nombre des membres du Conseil de santé s'augmente dans de notables proportions en 1597. Toujours présidé par le Premier Président, il comprend deux conseillers à la Cour, le gouverneur de la ville ou son représentant, le juge royal, les 1er, 3e et 4e consuls, deux chanoines, trois membres de la noblesse, M. de Villeneuve, docteur en médecine ; M. de Gentil, capitaine de la santé ; M. Vallambert, avocat ; Guigue Sonnier, apothicaire ; Claude Clerget et Pierre Mollard, chirurgiens, soit en tout dix-neuf membres[3].

Ce nombre reste à peu près le même au début de la peste de 1628-1632. Le 31 octobre 1628, assistent au Conseil de santé le premier président Frère, le président de Saint-André, six conseillers du Parlement, un auditeur des Comptes, MM. de Brion et Muzy, avocat et procureur généraux, le chanoine Valentier, le vicomte de Pâquiers, le premier et le troisième consuls ; MM. Raphaël et Cu-

---

[1] Délib. du Cons. de santé du 15 avril 1577.
[2] Ibid. Délib. du 19 septembre 1585.
[3] Pièces justificatives n° XII.

vilier, médecins ; Guillaume Muzy, procureur en la Cour ; le libraire Jean Nicolas et Me Claude Pellissier, apothicaire [1].

Au cours de cette longue épidémie qui, avec des alternatives diverses, persista durant quatre années, la composition du Conseil de santé se modifia plusieurs fois. Pendant les périodes d'accalmie, la surveillance se relâchait et aussi l'assiduité des membres du Conseil ; mais, à chaque recrudescence du mal, on comblait les vides en nommant de nouveaux membres. D'autre part, les présidents et conseillers du Parlement s'y remplaçaient à tour de rôle [2] ; mais toujours les quatre ordres de la ville : magistrature, clergé, noblesse, bourgeoisie y étaient représentés; car, même en présence du danger, les prétentions, qui se débattaient dans le procès des tailles, ne désarmaient pas, et chaque ordre défendait jalousement ses prérogatives au Conseil de santé comme il les défendait au Conseil du Roi. Et de même que ce procès centenaire amena la suppression des États du Dauphiné, de même, dans une sphère plus humble, les débats des privilégiés contre le Tiers-État faillirent ruiner l'institution pourtant si utile des Conseils de santé. Le Conseil consulaire, après avoir protesté inutilement, le 22 décembre 1638, contre un arrêt de la Cour nommant les membres du Conseil de santé, parce que les représentants des deux premiers ordres y étaient en plus grand nombre que ceux du Tiers-État, décida le 18 janvier 1630 que les affaires relatives à la santé seraient à l'avenir traitées comme autrefois en Conseil de ville, et que les décisions prises

---

[1] Délib. du Cons. de santé du 31 octobre 1628.
[2] Délib. du Cons. de santé du 27 juin 1629.

seraient soumises à l'approbation du duc de Lesdiguières, qui les rendrait exécutoires[1].

Les réunions du Conseil de santé étaient plus ou moins fréquentes, suivant les degrés d'intensité de l'épidémie. Hebdomadaires ou mêmes mensuelles, lorsque la maladie faisait relâche, elles devenaient quotidiennes et presque permanentes, lorsqu'elle était à son apogée.

Ces réunions se tenaient originairement dans la tour de l'Ile, qui fut jusqu'en 1590 l'hôtel de ville de Grenoble. On les tint ensuite aux Cordeliers[2], dont le couvent était voisin de l'Ile, où étaient cantonnés les pestiférés. Quand l'influence du Parlement y devint prépondérante, le Conseil de santé siégea dans le logis du premier Président et enfin dans une des salles d'audience du Palais.

En l'absence du premier Président et des magistrats de la Cour, les séances étaient présidées par le Gouverneur de la ville, et à défaut de ce dernier par l'un des consuls[3]. Quel que fût le nombre de ses membres présents, un arrêt du Parlement, du 14 août 1586, déclarait qu'il pouvait valablement délibérer[4].

Les pouvoirs du Conseil de santé étaient très étendus et comprenaient toutes les mesures que nécessitaient les circonstances. Ce qu'étaient ces mesures, nous aurons occasion de l'expliquer plus loin. Ses décisions étaient exécutoires nonobstant appel[5]. Son ressort n'était pas limité par les remparts de la ville; il s'étendait sur

---

[1] Inventaire des archives de Grenoble, p. 142, col. 1, et 143, col. 1.
[2] Ibid., CC. 707.
[3] Ibid., CC. 1135.
[4] Ibid., CC. 1135.
[5] Ibid., CC. 1138.

toute la vallée de l'Isère, en amont et en aval de Grenoble. Dès que la peste était signalée dans un village voisin, le Conseil de santé intervenait immédiatement et envoyait un commissaire — le plus souvent un médecin — pour s'enquérir de la nature du mal et organiser le service de santé. Il gardait une surintendance sur tous les conseils de santé du bailliage de Graisivaudan, les dirigeait de ses avis et leur faisait combiner leurs efforts avec les siens pour le salut commun[1].

« Le premier acte du Conseil de santé, dit Guillaume de Lérisse, dans son *Traité de la peste,* doit être de créer un capitaine de la santé qui aye telle autorité que tout ce qu'il commandera au fait de sa charge soit incontinent exécuté et luy soit obéi comme au Conseil, non toutefois qu'il doive avoir authorité si absolue qu'elle ne puisse être évitée et refrenée par ledit Conseil, au cas que ledit capitaine ou maître de la santé se voulut licencier de faire quelque chose mal à propos[2]. »

Avant la création du Conseil de santé, cet office était rempli par les consuls ou l'un d'eux ; mais, dès 1564[3], on avait compris la nécessité de placer à la tête de tous les agents de la santé un capitaine, qui leur transmit les ordres du Conseil de ville, en surveillât l'exécution, et dans l'intervalle des réunions pût prendre l'initiative des mesures urgentes, sauf à les faire ratifier ensuite. Le médecin Pierre Aréoud fut le premier investi de cette mission. A raison de sa haute compétence et de sa grande popularité, on lui conféra des attributions qui furent plus tard

---

[1] Arch. de Grenoble, GG. Délib. du Cons. de santé, *passim*.
[2] Op. cit., fol. 44.
[3] Arch. de Grenoble, CC. 661.

réservées au Conseil de santé, par exemple celle de faire des ordonnances de police et d'hygiène.

Néanmoins, même lorsqu'il fut placé sous le contrôle de ce Conseil, les attributions du capitaine général de la santé n'en restèrent pas moins fort étendues, puisque, comme celles du Conseil dont il était l'agent, elles comprenaient tout ce qui, de près ou de loin, pouvait intéresser l'état sanitaire de la ville. C'est lui qui choisissait et commandait les officiers subalternes de la santé, veillait à la garde des portes, à la vérification et à la délivrance des bulletins, à la propreté des rues et des maisons et à la police de l'Ile, où cependant il ne pénétrait jamais, n'ayant, que de loin, commerce avec les pestiférés. La nuit, lorsqu'il faisait sa ronde, deux soldats de la santé le précédaient, portant des lanternes, lesquels faisaient écarter — quand ils ne les arrêtaient pas pour être dans les rues à cette heure — tous les promeneurs suspects. Il surveillait le service médical, réglait l'ordre et la durée des quarantaines, ordonnait l'expulsion ou l'internement des suspects, assistait à la visite des morts et à l'autopsie pratiquée par les médecins. En matière financière, il avait le droit d'ordonnancer des mandats jusqu'à concurrence d'un écu sur le receveur de la santé. En un mot, rien ne se faisait dans la ville de ce qu'avaient prescrit les règlements de la santé, sans son intervention ou son aveu [1].

Son autorité était absolue et toute infraction à ses ordres rigoureusement châtiée [2]. A chaque réunion du

---

[1] Arch. de Grenoble. Délib. du Cons. de santé, *passim*.

[2] V. pièces justificatives n° XII, art. 9. Par délibération du Conseil de santé du 21 septembre 1597, ceux qui refuseront d'obéir aux ordres du capitaine de la santé seront passibles d'une amende de

Conseil, il exposait l'état sanitaire de la ville et proposait les mesures qui lui semblaient nécessaires. Le Conseil statuait, sous la réserve parfois de l'approbation du Parlement, lorsqu'il était possible de le consulter. Il suit de là que, dans le choix de ce fonctionnaire, on devait s'entourer de toutes les garanties d'honorabilité, d'intelligence et de décision.

Les médecins semblaient naturellement désignés pour ce choix et pourtant, soit qu'ils aient refusé d'assumer cette lourde charge, soit qu'on ait préféré les réserver pour la surintendance du service médical, nous ne trouvons, après Pierre Aréoud, dans la liste des capitaines de la santé que Louis de Villeneuve, médecin ordinaire du Roi, qui remplit ces fonctions deux fois, en 1587 et en 1597 [1].

Parmi les autres capitaines de la santé, il convient de citer, car ils se montrèrent à la hauteur de leur tâche, Pons de Gentil, en 1586 et en 1596 [2], l'avocat Claude Basset en 1588 [3], Guillaume de Lérisse [4], procureur au Parlement, qui nous a laissé un intéressant *Petit Traité de la peste et des moyens de se préserver d'icelle*, en 1597; l'avocat Augustin Bernard en 1629-1630, et enfin Guillaume Basset en 1631 [5]. Durant cette dernière épidémie,

---

20 écus pour la première fois et de 100 écus pour la seconde. Ils pourront en outre être mis en cabanes ou bannis de la ville.

[1] Arch. de Grenoble, CC. 661, 1137.

[2] Ibid., CC. 1133. GG. Délib. du Cons. de santé de mai 1596.

[3] Ibid., CC. 706.

[4] Ibid. Délib. du Cons. de santé du 28 août 1597 et du 12 octobre 1597.

[5] Ibid. Délib. du Cons. de santé du 16 juillet 1629 et du 28 juillet 1631.

les fonctions de capitaine de la santé furent plusieurs fois remplies par les consuls, qui s'y succédaient à tour de rôle, chacun pendant une période de huit jours[1].

Avant d'entrer en fonctions, le capitaine de la santé prêtait serment devant le Conseil « de remplir sa charge en homme de bien[2] ». Il touchait des gages assez élevés et qui variaient, suivant l'imminence du danger, de vingt à quarante écus par mois[3].

Immédiatement sous ses ordres, il avait un lieutenant appelé parfois vice-capitaine ou « commis surveillant sur le fait de la santé[4] », lequel le secondait dans tous les actes de sa charge. Il avait, en outre, des lieutenants délégués dans les communes pestiférées du voisinage. Ces derniers étaient salariés moitié par la ville de Grenoble et moitié par les communes intéressées[5].

Pour veiller à sa sécurité et transmettre ses ordres, le capitaine de la santé avait une garde composée de sept à huit hommes que l'on appelait soldats de la santé ou « gardes commis pour le fait de la santé[6] ». En 1523, l'huissier de la ville suffisait à cet emploi. C'était lui qui, avec l'aide de deux serviteurs, faisait transporter dans l'Ile tous ceux qui étaient reconnus atteints de la contagion[7] ; en 1533, on éprouva le besoin de lui donner un auxiliaire[8]. En 1597, Pons de Gentil, capitaine de la santé,

---

[1] Arch. de Grenoble. Délib. du Cons. de santé de 1631 et 1632. Cf. CC. 1139 et CC. 772.

[2] Ibid., GG. Délib. du Cons. de santé du 12 octobre 1597.

[3] Ibid., CC. 1137.

[4] Ibid., CC. 1133, 1137.

[5] Ibid., CC. 1137.

[6] Ibid., CC. 706.

[7] Ibid., BB. 8. Délib. du 3 juin 1524. — CC. 1133.

[8] Pièces justificatives n° VII. — BB. 10. Délib. du 4 avril 1533.

fut autorisé à prendre deux archers de la prévôté, sur les huit qui étaient alors dans la ville, pour l'assister et transmettre ses ordres. Ceux qui refusaient ce service étaient rayés du rôle de la prévôté[1]. La même année on accorda à Guillaume de Lérisse quatre arquebusiers, qui touchaient pour cela cinq écus par mois[2]. En 1628, le nombre des soldats de la santé s'élève à huit[3] et ils reçoivent quinze livres par mois. En même temps leur mission s'élargit : outre leur service auprès du capitaine de la santé, ils doivent encore prêter main-forte aux agents subalternes chargés de l'enlèvement des pestiférés et des suspects et de la désinfection des maisons, surveiller les malades internés en observation dans leurs maisons et empêcher qu'ils n'en sortent[4], et, en général, s'aider à toutes besognes commandées pour le service de santé[5].

Un des premiers articles des règlements sanitaires prescrivoit à tous les habitants, dès qu'ils ressentiraient les atteintes du mal, d'en informer immédiatement les Consuls, le capitaine de la santé ou les médecins commis à la visite des malades[6]. La même injonction était adres-

---

[1] Pièces justificatives n° XII, art. 3.

[2] Arch. de Grenoble. Délib. du Conseil de santé du 31 août 1597.

[3] Ibid., CC. 1141.

[4] Ibid. Délib. du Conseil de santé du 8 décembre 1628.

[5] Ibid., CC. 1141.

[6] « Les gens étant coutumiers de cacher leur maladie, il faut que le Conseil de santé établisse des dizeniers et centeniers dans chaque rue et quartier, chaque dizenier ayant à veiller sur dix maisons, dont il saura le nombre et le nom de tous les habitants, qu'il verra tous les matins, les faisant sortir à la fenêtre ou à la rue pour voir leur disposition. Il en fera rapport au centenier et lui remettra le rôle des malades que le centenier remettra au capitaine de la santé, lequel prendra les mesures en conséquence. » (Guill. de Lérisse, fol. 45.)

sée aux voisins[1] des malades, aux médecins, chirurgiens et apothicaires[2]. Des pénalités très sévères, des amendes énormes étaient infligées à ceux qui dissimulaient leur état[3], ou qui ne signalaient pas un cas de peste dont ils avaient connaissance.

Un arrêt du Parlement, du 8 août 1643, faisait défense à toute personne, sous peine de la vie, de cacher son mal et prescrivait, au contraire, de le signaler de suite aux médecins et chirurgiens commis à la visite des malades. Le même arrêt enjoignait aux voisins des malades de les dénoncer, sous peine de punition corporelle et de 1,500 livres d'amende[4].

Mais l'expulsion, qui était la suite d'une telle déclaration, inspirait tant de terreur, que bien peu de malades osaient s'y exposer. Et ainsi l'épidémie se développait silencieusement dans une maison pour de là gagner, de proche en proche, toute une rue. Quand elle était signalée à l'attention du Conseil de santé, il était trop tard.

Pour parer à ce danger, on comprit de bonne heure[5] la nécessité d'avoir, dans chaque quartier et même dans chaque rue, des commissaires chargés de surveiller

---

[1] Arch. de Grenoble. Délib. du Cons. de santé du 20 mai 1598.

[2] Ibid., BB. 8, fol. 84.

[3] Ibid. Délib. du Cons. de santé du 21 septembre 1597 : Ceux qui recèleront leur mal seront passibles de 20 écus d'amende et, s'ils échappent à la mort, seront bannis de la ville pour trois ans. — Délib. du 14 mai 1598 : M. de Veynes, avocat, membre du Conseil de santé, est condamné à 25 écus d'amende, pour avoir caché la maladie de sa mère qui meurt de la peste.

[4] Ibid., GG. Cartons de la peste. Cf. CC. 1147.

[5] En 1520, un homme seul, c'était le fossoyeur de l'Ile, était chargé de cette surveillance (Arch. de Grenoble, CC. 611).

l'état sanitaire de leurs voisins[1], en les visitant chaque jour, et de signaler sans retard au capitaine de la santé le premier symptôme suspect. Ces commissaires étaient changés de huitaine en huitaine[2]. Les centeniers et les dizainiers de la milice bourgeoise étaient naturellement désignés pour cet emploi, aussi en furent-ils fréquemment chargés. Pour stimuler leur zèle, on décida que ceux d'entre eux qui se relâcheraient dans leur surveillance seraient passibles d'une amende, et, de plus, on nomma des surveillants pour vérifier s'ils faisaient exactement leurs rondes[3].

Les Commis des quartiers, c'est ainsi qu'on appelait ces inspecteurs de la santé, recevaient des gages qui étaient, en 1628, de quinze livres par mois[4]. Il n'y en avait, à cette époque, que cinq, entre lesquels les quartiers de la ville étaient répartis. Avant d'entrer en fonctions, ils prêtaient serment devant le Conseil de santé « de prendre garde et avoir l'œil sur les malades et soupçonnés qui se trouvent dans les limites et quartiers qui leur avaient été assignés, aux fins de faire déclaration chacun jour, soit au capitaine de la santé, soit aux consuls »[5].

Une des plus grosses difficultés du Conseil de santé était d'assurer le service médical. Des docteurs en médecine, avant le XVIe siècle, il y en avait rarement à Grenoble et seulement lorsqu'ils y étaient appelés par un membre

---

[1] Une délibération du 27 décembre 1523 nomme deux commissaires dans chaque rue pour rechercher les malades atteints de la peste et les signaler aux consuls (Arch. de Grenoble, BB. 8. Cf. BB. 10).

[2] Ibid., GG. Délib. du Cons. de santé du 17 mai 1583.

[3] Ibid. Délib. du Cons. de santé du 29 avril 1598.

[4] Ibid., CC. 1139, 1141.

[5] Ibid., GG. Délib. du Cons. de santé du 2 septembre 1630.

du Parlement. Même après la réorganisation de l'Université, qui en attira quelques-uns, on eut toujours de la peine à les y fixer. Il est vrai qu'il y avait un collège de chirurgiens; mais Guillaume de Lérisse, qui les avait vus à l'œuvre, constate « qu'en temps de peste apothicaires et chirurgiens délogent les premiers, et que peu s'en trouvent, sinon aux bonnes et grosses villes, qui s'enferment aux infirmeries et hôpitaux pestiférés... Si aucuns s'hasardent, c'est pour l'espérance du lucre et, le plus souvent, par faute de jugement et d'expérience, en tuent plus qu'ils n'en guérissent »[1].

En vain le Conseil de ville et le Parlement menaçaient les fuyards de leur retirer leur privilège[2]; en vain on les bannissait pour trois ans[3], ces menaces et ces pénalités ne donnaient pas du cœur à ces praticiens trop prudents. Au début de l'épidémie, on les convoquait tous au Conseil de santé et on leur demandait s'ils étaient résolus à prêter leur concours au soulagement des pestiférés. Ceux qui n'avaient pas encore émigré se rendaient à cette invitation, et il faut dire, pour atténuer le triste tableau que nous venons de donner de leur courage, qu'ainsi mis en demeure, ils ne se dérobaient pas toujours. Mais parfois ils entouraient leur acceptation de tant de réserves et de réticences, que le Conseil, irrité, décidait qu'à l'avenir aucun nouveau chirurgien ne serait admis dans la ville sans prendre l'engagement d'y rester et d'y faire son devoir en temps de peste[4]. Et, lorsque, le danger passé, l'un

---

[1] G. de Lérisse. *Op. cit.*, p. 20.
[2] Inv. des Arch. de Grenoble, BB. 10, p. 60, col. 2.
[3] Arch. de Grenoble. Délib. du Cons. de santé du 25 septembre 1597.
[4] Ibid. Délib. du Cons. de santé du 22 avril 1597.

des fuyards rentrait dans la ville, on lui faisait prêter ce serment avant de l'autoriser à rouvrir sa boutique[1]. Ceux qui acceptaient la dangereuse mission qui leur était offerte, en étaient récompensés par des honoraires très élevés et par l'exemption des tailles et autres charges résultant de l'épidémie[2].

En l'absence des chirurgiens grenoblois ou sur leur refus de services, force était d'avoir recours à des praticiens étrangers qu'on acceptait les yeux fermés, sans garanties. Outre de gros gages, on leur promettait, s'ils se conduisaient honorablement, de leur donner une maîtrise à la fin de l'épidémie. Cet engagement était toujours tenu quand le chirurgien avait la chance d'échapper à la contagion, mais alors on lui faisait jurer de reprendre le service des pestiférés si la maladie renaissait, ou du moins de trouver un confrère pour le remplacer. Au début de l'épidémie de 1597, tous les chirurgiens de la ville s'étant enfuis, le Conseil de santé, après avoir blâmé les fuyards et leur avoir interdit l'entrée de la ville pendant trois ans, accepta les offres de service d'un chirurgien provençal, nommé Ozias Aimar. L'épidémie ayant cessé, en lui donnant la maîtrise promise, on lui fit prendre l'engagement dont il vient d'être parlé. Or, l'occasion de le tenir ne tarda guère, la peste ayant reparu cette année même. Me Ozias fut donc sommé de reprendre la route de l'Ile. Il ne s'y résigna pas volontiers. Ce qu'avait osé le compagnon sans fortune, le maître chirurgien établi ne se sentit pas le courage de le refaire une seconde fois. Bien lui en prit, car le suppléant qu'il envoya à sa place

---

[1] Arch. de Grenoble. Délib. du 19 novembre 1597.
[2] Ibid., CC. 1136.

ne tarda pas à succomber. Derechef on vint à lui, la terrible promesse en mains. Il lui fallut se mettre de nouveau en campagne et aller jusqu'à Lyon, d'où il ramena une sorte de barbier, nommé Mathieu Boursarel. Il supplia alors le Conseil de santé de le considérer comme quitte désormais avec les pestiférés, ce qui lui fut accordé[1]. Trois semaines après le barbier lyonnais mourait à son tour[2].

En 1620, le Conseil de santé avait recruté pour faire le service de l'Ile un chirurgien nommé Mantery, originaire de Mâcon, lequel avait déjà beaucoup voyagé à travers les bonnes villes de France et en avait rapporté des secrets merveilleux pour guérir la peste. Ce praticien vagabond n'avait pas inspiré grande confiance au Conseil de santé et on ne l'avait accepté que parce que la peste était en décroissance et qu'il offrait ses services gratuitement. Ce beau désintéressement ne dura guère. A quelque temps de là, la peste ayant repris avec rage, Mantery en profita pour demander une maîtrise, qu'on dut lui promettre, bien qu'il refusât de s'engager pour l'avenir, cet engagement étant de nature à effrayer sa future clientèle[3].

On acceptait même les empiriques — et ils ne manquaient pas — qui se présentaient avec assurance, prétendant avoir découvert de mystérieux et infaillibles antidotes de la peste. Du reste, si le Conseil de santé hésitait à les accueillir, le peuple qui, de tout temps, s'est laissé

---

[1] Arch. de Grenoble, GG. Délib. du Cons. de santé du 25 septembre 1597, 20 avril 1598.
[2] Ibid. Délib. du 24 mai 1598.
[3] Ibid. Délib. des 21 et 27 juin 1620.

prendre aux promesses des marchands d'orviétan, leur faisait bien vite une telle popularité que toute résistance devait s'incliner.

A la date du 12 avril 1598, on lit dans les délibérations du Conseil de santé : « Un prêtre de Ratier offre de faire service à la santé et se promet d'y apporter grand sollagement par des expédiens qu'il dit savoir, mesme par quelques saignées et empeschera, avec l'aide de Dieu, moyennant iceulx expédiens que lesdits malades infects mourront. » L'un des membres du Conseil fut chargé d'inviter ce prêtre à venir à Grenoble, où il serait examiné par M. de Villeneuve, docteur en médecine. On statuerait ensuite suivant le rapport de ce dernier[1].

Ce prêtre se nommait Jean Faure ; il était curé de la paroisse de Lavaldens, dans les montagnes du Valbonnais. Huit jours après, il arrivait à Grenoble, où son nom était déjà dans toutes les bouches. On racontait de lui des cures merveilleuses qui lui avaient de suite gagné la confiance du peuple. Le Conseil de santé, tout en constatant son habileté, s'émut de le voir passer des cabanes pestiférées de l'Ile dans les maisons des bourgeois de Grenoble, au risque de colporter avec lui ce qu'on appellerait de nos jours les microbes de la peste. En conséquence, il crut devoir le rappeler à l'observation des règlements sanitaires. Précisément, à cette époque, on avait besoin d'un aumônier pour les pestiférés de l'Ile. On lui fit proposer cet emploi, dans lequel il pourrait à la fois exercer son ministère de prêtre et ses talents de chirurgien. Au cas où il refuserait, il lui serait ordonné de

---

[1] Arch. de Grenoble. Délib. du Cons. de santé.

quitter immédiatement la ville, sous peine d'être arquebusé [1]. C'était net.

Le curé de Lavaldens accepta; mais demanda cinquante écus par mois pour ses gages et sa nourriture. On l'installa immédiatement dans une maison voisine de l'Ile et un traité fut conclu avec lui le 26 avril 1598 [2] : il s'y engageait à faire le service religieux des pestiférés et en outre à ne pas quitter Grenoble et à n'avoir aucun commerce avec les habitants. Lorsque sa présence serait jugée nécessaire dans la ville, soit pour administrer, soit pour médicamenter un malade, avis en serait donné aux consuls ou au capitaine de la santé, qui le feraient accompagner d'un soldat de la santé, porteur d'une baguette blanche, avec laquelle il écarterait toute personne qui voudrait avoir contact avec lui.

Au bout d'un mois, le curé demanda à se retirer; sa réputation s'était répandue au loin et on lui faisait vraisemblablement des offres plus avantageuses. Le Conseil de santé eut bien voulu ne pas le retenir, car il lui était revenu que ce prêtre-médecin ne dédaignait pas de s'attabler dans les tavernes avec les soldats de la santé ; mais, sous la pression de l'opinion publique, de plus en plus éprise de son idole, il fut contraint de subir ses conditions, qui étaient de pouvoir circuler librement dans la ville sans être accompagné par les soldats de la santé et de s'absenter quand il le voudrait. On se borna à exiger qu'il visitât, tous les deux jours, les pestiférés de l'Ile. Les choses allèrent ainsi jusqu'à la fin de l'épidémie. Le 10 juin, les consuls de Gap l'ayant demandé pour leur

[1] Arch. de Grenoble. Délib. du Cons. de santé du 20 avril 1598.

[2] Pièces justificatives n° XV.

ville, on lui permit de partir, à condition de revenir si l'on avait besoin de lui [1].

Était-ce un spécialiste ou un empirique ce Pélican, que, pendant la peste de 1628-1632, l'avocat général Boffier expédia aux consuls, suivant la demande qui lui en avait été faite? En tous cas, son arrivée souleva les protestations des chirurgiens grenoblois qui menacèrent de quitter la ville si on ne le congédiait pas. Le Conseil de santé ne s'émut pas de cette levée de lancettes et déclara que les chirurgiens qui abandonneraient leur poste seraient privés de leurs maîtrises ; en même temps, il en profitait pour écrire à ceux qui avaient quitté la ville et les sommer d'y revenir « faire leur devoir » [2].

Le 30 mai 1629, un traité est signé dans une des salles du Palais de Justice entre le médecin Pélican et les représentants du Conseil de santé, Pélican s'engage à visiter et à soigner tous les pestiférés de la ville et de l'Ile et à les faire panser par un chirurgien placé sous ses ordres. Il se rendra tous les jours dans l'Ile, à moins que le nombre des malades à visiter dans la ville ne le lui permette pas. Chaque jour, il devra traiter trente malades et leur fournir à ses frais drogues et médicaments. S'il y en a davantage, il sera payé à part, soit par les familles, soit par la ville pour les malades indigents. S'il n'a pas trente malades à voir, il ne sera tenu à aucun remboursement. Pour ce service, il recevra 550 livres par mois, payables d'avance ; en outre, il sera logé, nourri et entretenu, avec son valet, son chirurgien et sa mule aux frais de la ville, tant que durera l'épidémie. Après quoi, il fera sa

[1] Arch. de Grenoble. Délib. du Cons. de santé du 24 mai 1598.
[2] Pièces justificatives n° XVII.

quarantaine, pendant laquelle il sera encore nourri et logé par la ville, mais sans recevoir de gages [1].

Pélican fut d'abord installé dans une maison de Chalemont, voisine du couvent de Sainte-Marie; mais, au bout d'un mois, dans la crainte que l'épidémie ne se communiquât au couvent, on décida de le transférer ailleurs [2]. A ce moment, celui-ci manifesta l'intention de se retirer. Le Conseil de santé, désireux de se conserver ses services, le manda auprès de lui au Palais. Il y vint, entouré des gardes de la santé, qui faisaient écarter les gens sur son passage et se plaça seul au milieu de la cour du Palais. Le Conseil était groupé sur la galerie du premier étage. Pélican renouvela sa demande de congé [3]. Le Conseil maintint son refus et transféra le médecin dans un logis situé hors la porte Très-Cloître.

A quelque temps de là, ce dernier revint affolé au Palais, toujours escorté par les soldats de la santé : il raconta que le père d'un pestiféré mort dans l'Ile était venu le menacer de le tuer à coups d'arquebuse ou de pistolet. Ne se sentant plus en sûreté, il implorait la protection du Conseil [4]. Celui-ci le renvoya réconforté et, le 21 juillet, il lui donnait enfin la permission de partir [5]. Trop tard, hélas! le malheureux n'en profita pas et fut l'une des dernières victimes de cette terrible épidémie [6].

---

[1] Pièces justificatives n° XVI.
[2] Arch. de Grenoble, CC. 1141 et 1143.
[3] Ibid., GG. Délib. du Cons. de santé du 23 juin 1629.
[4] Ibid. Délib. du 6 juillet 1629.
[5] Ibid. Délib. du 21 juillet 1629.
[6] Ibid., CC. 772.

Pendant que Pélican était à Grenoble, une sorte de charlatan nommé Pierre Brons, de Carcassonne, y vint offrir au Conseil de santé une eau souveraine dont il avait découvert le secret dans les archives de Toulouse, où elle avait fait merveille en 1590. Cette eau faisait « sortir la maladie à ceux qui en étaient atteints intérieurement ». Un autre remède la faisait « sortir plus avant et mûrir » et il en avait un troisième « pour la percer, purger, consolider et guérir parfaitement ». Tous ces remèdes, il offrait de les fabriquer en présence des médecins et de tout le peuple de la ville sur une estrade élevée au milieu de la place Saint-André. Le Conseil fit d'abord la sourde oreille à ces promesses, trop belles pour être sérieuses ; il refusa à Pierre Brons son patronage officiel qu'il demandait ; mais, quelque temps après, l'épidémie s'étant envenimée, il lui permit de vendre ses drogues, à condition de faire vérifier par des médecins les éléments dont il les composait [1].

Les empiriques dont nous venons de parler soignaient également, nous l'avons dit, les pestiférés de la ville et ceux de l'extérieur. De même, au commenceme du XVIe siècle, un seul médecin était chargé du service de la santé. En 1409, le chirurgien Jean Joussen recevait douze sous pour deux visites faites à des personnes que l'on croyait atteintes de la peste, et quatre florins pour soins donnés aux pestiférés expulsés [2]. Mais cela présentait de trop graves inconvénients pour qu'on n'en vînt pas très vite à dédoubler le service médical en temps de peste. Dès l'année 1523, il y eut un médecin ou un chi-

[1] Pièces justificatives n° XIX.
[2] Arch. de Grenoble, CC. 584.

rurgien pour les malades de la ville et un chirurgien spécialement affecté aux pestiférés de l'Ile[1].

Le premier avait pour mission de visiter les malades suspects et de désigner ceux qui devaient être expulsés. Tous ses collègues, s'il en était resté dans la ville, étaient obligés, sous peine d'une amende de 500 livres, de lui signaler les cas douteux qu'ils observaient dans leur clientèle ; bien plus on leur fit jurer, en 1525, de ne voir et de ne soigner ou saigner aucun malade avant d'en avoir averti les consuls, qui le faisaient préalablement examiner par le médecin de la santé[2]. Si, malgré ces précautions, il arrivait qu'un malade fût reconnu plus tard atteint de la peste, le malheureux chirurgien qui l'avait soigné était expulsé comme suspect ou soumis dans sa maison fermée à une rigoureuse quarantaine.

Seul le médecin de la santé avait le droit de voir — de loin et avec d'infinies précautions — les suspects internés dans leurs maisons. C'est lui aussi qui, au début de l'épidémie, faisait l'autopsie des cadavres dans les cas douteux. Il lui était interdit de s'absenter, ne fût-ce que quelques heures, pour aller visiter des malades dans les villages voisins[3]. Quand c'était un docteur en médecine qui remplissait cette fonction, il avait sous ses ordres un chirurgien pour l'assister et faire les pansements. Le médecin se bornait à noter la marche de la maladie et à prescrire le traitement à appliquer.

Parmi les médecins qui remplirent avec honneur cette mission, les documents du temps nous ont conservé les

---

[1] Arch. de Grenoble, CC. 614, 615, 617.
[2] Ibid., BB. 8, fol. 203 v° et fol. 205.
[3] Ibid.

noms de Pierre Aréoud (de 1523 à 1565), de Nicolas Allard (1565) et de Louis de Villeneuve (1587 et 1597). Mais à raison de leur haute valeur scientifique, ces docteurs avaient une sorte de surintendance générale sur tout le service médical des pestiférés tant de l'intérieur que de l'Ile [1].

Le médecin de la santé était salarié par la ville et recevait des gages assez élevés [2]. En outre, il lui était permis de se faire payer ses visites par les malades, quand ceux-ci étaient en mesure de le faire. Enfin, après l'épidémie, s'il avait fait preuve de dévouement et de désintéressement, la ville par un don d'argenterie lui en témoignait sa reconnaissance [3].

En 1620, les chirurgiens de Grenoble, pris d'une généreuse émulation, se chargèrent de faire, à tour de rôle, chacun pendant un mois, le service de l'épidémie dans la ville, au prix de 100 livres par mois. Au bout de quelque temps, tous tombèrent malades et l'on ne trouva pour les remplacer qu'un pauvre apprenti compagnon, lequel, après avoir lui-même offert ses services, se déroba piteusement lorsqu'il lui fallut entrer en fonctions [4].

Le chirurgien des pestiférés de l'Ile était encore bien autrement difficile à trouver. Le poste était effroyablement dangereux et les chirurgiens, qui s'y succédaient, en sortaient rarement la vie sauve. C'était donc à une mort

---

[1] Arch. de Grenoble. Délib. du Cons. de ville et du Cons. de santé, *passim*.

[2] En 1587, Louis de Villeneuve et Geoffroy Raphaël, docteurs en médecine, recevaient chacun 33 écus par mois. CC. 1133.

[3] Ibid., BB. 19. Délib. du 3 août 1565.

[4] Ibid. Délib. du Cons. de santé des 23 juin et 3 juillet 1620.

presque certaine qu'allaient les malheureux, que l'appât de gros bénéfices [1] y poussait. Aussi, presque toujours, le Conseil de santé était obligé de s'adresser à des étrangers. Parmi ceux qu'on recrutait ainsi, — et il y en avait de toutes les provinces de France, de la Provence [2], du Comtat [3], du Lyonnais [4], du Languedoc [5], de la Touraine [6], de la Picardie [7], — à côté de quelques spécialistes, qui avaient acquis une certaine expérience du traitement de la peste, ou possédaient une recette recueillie de la bouche d'un médecin, sous les ordres duquel ils avaient antérieurement travaillé, on trouvait un plus grand nombre de malheureux compagnons, sans ressources, sans foyer, sans patrie, qui, ayant roulé leur misère de ville en ville, arrivaient à Grenoble leur besace sur l'épaule et se jetaient les yeux fermés dans cette aventure, au bout de laquelle ils avaient une chance sur cent de trouver ce que toute une vie de labeur n'aurait pu leur gagner : une maîtrise et une boutique dans une bonne ville, c'est-à-dire la vie assurée et l'honorabilité conquise.

Le Conseil de santé les habillait, leur donnait un lit, du linge et un valet pour les servir. Il les installait dans une maison de l'Ile, les nourrissait et leur payait des gages qui allaient jusqu'à cent livres par mois. Dans leur écurie, on plaçait un cheval [8] ou une mule pour qu'ils

---

[1] En 1564, on fait venir de Gap un chirurgien, nommé Nicolas Carlot, auquel on donne 225 livres.
[2] Ozias Eymar, de Salon en Provence, en 1597 (C. de santé).
[3] Étienne Dupuy, de Jonquières. CC. 1137.
[4] Mathieu Boursarel, de Lyon, en 1598 (C. de santé).
[5] Charles Bagard, de Nîmes, en 1597.
[6] Nicolas Bonnet, de Tours, en 1598 (CC. 1138).
[7] Pierre Josse, de Magny en Picardie, en 1628.
[8] Arch. de Grenoble, CC. 1133.

pussent aller plus rapidement et plus commodément sur tous les points de leur domaine. Parfois on en nommait deux, lorsque les pestiférés étaient cantonnés sur des points assez éloignés les uns des autres, dans l'Ile et sur les bords du Drac [1]. Par contre, il arriva qu'on n'en eut pas ; en 1598, on fut obligé, pendant quelque temps, de transformer en chirurgien un ouvrier éperonnier, nommé Étienne Besson [2].

Ignorants et incapables, ils l'étaient souvent. Mais ils étaient dirigés dans l'accomplissement de leur mission par les médecins de la ville, les Aréoud, les Villeneuve, qui leur transmettaient leurs observations et leurs ordonnances. Leur rôle était ainsi simplifié et réduit à celui d'un bon infirmier. Ils n'avaient à porter aucun diagnostic. Les gens qu'on leur envoyait étaient ou reconnus pestiférés, et ils leur faisaient suivre la médication qui leur était dictée, ou des suspects et ils se bornaient à les visiter de temps en temps pour surveiller sur leurs corps l'apparition des symptômes de la peste.

Quelques-uns, que l'appât du gain avait seul inspirés, y déployaient à s'enrichir vite une âpreté féroce. Interprétant à leur façon le règlement qui les autorisait à recevoir des honoraires de ceux qui pouvaient les payer, ces chirurgiens rapaces rançonnaient les malades et refusaient leurs soins à ceux dont l'escarcelle était vide ou du moins ne s'ouvrait pas assez grande pour satisfaire leurs convoitises. Quand le Conseil de santé en était averti, il envoyait au chirurgien coupable le Capitaine de la santé,

---

[1] Arch. de Grenoble, CC. 1137.
[2] Ibid., CC. 1138.

pour le morigéner — de loin — et le menacer, au cas où il continuerait ses odieuses pratiques, de le faire arquebuser. Menace platonique, qui n'effrayait guère des hommes assez résolus pour s'exposer vingt fois par jour à une mort autrement menaçante[1].

Mais il y avait aussi dans le nombre d'honnêtes gens, qui remplissaient de leur mieux leurs dangereuses fonctions, parfois sans être atteints par la maladie, et comme cet Ozias Eymar, dont nous avons parlé plus haut, ils faisaient souche d'honorables familles bourgeoises ; parfois aussi jusqu'au sacrifice de leur vie, et quelques-uns, au moment de leur mort, comme Étienne Dupuy, de Joncquières, laissaient encore, sur leur petit pécule, une aumône aux pauvres de l'Hôtel-Dieu[2].

Quand l'épidémie était terminée, le chirurgien de l'Ile faisait à son tour sa quarantaine, et ne rentrait dans la ville que lorsque l'Ile était entièrement évacuée.

Le rôle des apothicaires était généralement moins dangereux. Au début de l'épidémie on leur recommandait de se munir des drogues nécessaires, lesquelles devaient être soumises à l'examen des docteurs en médecine. D'autre part, il leur était enjoint de révéler immédiatement au Conseil de santé les noms des personnes qui viendraient acheter chez eux des remèdes contre la peste[3]. En 1628, on envoya un herboriste, nommé Jacques Repelin, dans les montagnes du Dauphiné pour y chercher des herbes et des racines dont on vantait les vertus bien-

---

[1] Arch. de Grenoble. Délib. du Cons. de santé du 14 septembre 1597.

[2] Ibid., CC. 1137.

[3] Ibid. Délib. du Cons. de santé, 1596.

faisantes contre l'épidémie[1]. En 1720, le botaniste Liotard fut de même envoyé par l'intendant et les consuls à la recherche de toutes les plantes « regardées comme antidotes de la maladie dont on était menacé »[2].

Il arrivait cependant parfois qu'on jugeait utile de placer dans l'Ile un apothicaire, pour y préparer et y administrer les divers médicaments prescrits par les médecins. Mais alors ce n'était pas chose commode de trouver dans toutes les officines grenobloises un homme assez résolu et assez dévoué pour accepter cette mission. La corporation était du reste à ces moments-là presque complètement dépeuplée, les apothicaires étant d'ordinaire gens d'humeur timide, qui connaissent assez bien l'efficacité de leurs remèdes pour leur préférer un préservatif plus sûr, la fuite. Et ils fuyaient, se bouchant les oreilles, tandis que le crieur public proclamait dans tous les carrefours l'ordonnance qui leur faisait défense de quitter la ville sous peine de perdre leurs maîtrises[3].

Les délibérations du Conseil de la santé nous ont conservé quelques détails sur le départ pour l'hôpital de l'Ile d'un apothicaire nommé Me Pascal, lequel, en août 1631, consentit à s'y rendre, non sans avoir longuement réfléchi. S'étant enfin décidé, il vint, le 9 août, au Conseil de santé et, en termes émus, fit ses adieux à ses concitoyens, les conjurant de ne pas oublier ses enfants, au cas où il viendrait à mourir dans l'Ile, victime de l'épidémie, et d'accorder à son fils aîné une maîtrise d'apothicaire dans

---

[1] Arch. de Grenoble, CC. 1139.
[2] Ibid., BB. 127. Inventaire, p. 201, col. 2.
[3] Ibid., GG. Délib. du Cons. de santé, *passim*.

la ville. Le Conseil le lui promit. Ajoutons qu'il n'eut pas à tenir cette promesse : Me Pascal revint de l'Ile sain et sauf[1].

Avant de parler des médicaments prescrits par les médecins de ce temps pour guérir la peste, il est intéressant de dire un mot des mesures d'hygiène qu'ils recommandaient à ceux qui étaient obligés de rester dans une ville atteinte par l'épidémie. Guillaume de Lérisse[2] conseille « d'éviter la fréquentation des malades et personnes suspectes de contagion, de se loger en lieux sains et aérés le plus qu'on pourra, hors le commerce des infects et en maisons ayant le regard au soleil levant, [de] tenir les membres d'icelles nets et parfumés soir et matin pour dissiper l'air pestilent qui seroit entré dans icelles, d'ouvrir souvent les fenestres du costé de la bise, mesme longtemps devant et après midy, et de tenir celles du costé du vent de midy fermées, de ne sortir que après que le soleil aura battu la campagne une heure ou deux, et, en temps trouble, de sortir le moins qu'on pourra et, en quelque temps qu'on sorte, de prendre quelques préservatifs pour fortifier le cœur et les esprits, de se nourrir des meilleures viandes qu'on pourra trouver ; et en tous les condiments et sauces, d'user du vinaigre, parce qu'il garde de putréfaction, dessèche l'humeur pestilent et bataille contre le venin. Mais si par cas quelqu'un craint l'ardeur du vinaigre, pourra, au lieu d'icelluy, user du jus d'aurenges, citrons, limons, verjus d'oseille appelé d'aucuns salette, vinette ou aigrette, qui aussi bataillent contre les venins. Éviter sur toutes choses

---

[1] Arch. de Grenoble, GG. Délib. du Cons. de santé du 9 août 1631.
[2] *Op. cit.*, préface.

les viandes qui, subitement, se corrompent dans l'estomach, comme fruits, fromages, laitages, champignons et viandes de difficile concoction; n'user de potages que le matin, qui seront faits avec feuilles de blettes, soucy, pimpinelle, lapax, oseille (fort recommandée des anciens), bourrache et pourpies. Donner plutôt les viandes rôties que bouillies. Le vin qu'on usera soit plutôt verdelet que trop meur; mais faut qu'il soit bien clair et de bonne saveur, le buvant bien tempéré avec eau de fontaine ou de bon puits; prenant garde de ne soy pas trop remplir, faisant plutôt plusieurs petits repas, avec tel intervalle que l'un n'empêche la digestion de l'autre.... Que chacun prenne garde à sa conservation, soy tenant le corps net et purgé..., changeant souvent de linges et habillements, mettant les habits et linges qu'on laissera à l'air pour les reprendre dans deux jours après, faisant souvent blanchir les linges et parfumer lesdits habits, n'y ayant chose qui tant désinfecte que l'air, l'eau, le feu et la terre, y adjoustant les parfums. »

Il y aurait sans doute bien à redire à ces préceptes de la médecine ancienne, et notamment l'adage qui les termine sur les propriétés désinfectantes de l'air, de l'eau et de la terre, serait à faire frémir les partisans des doctrines microbiennes; mais nous racontons, nous ne discutons pas.

Dans son Traité de la peste[1], Laurent Joubert explique à son tour le régime alimentaire qui convient à une ville pestiférée, et il ne dédaigne pas de fournir quelques re-

---

[1] *Traité de la peste*, composé en latin par M. Laurent Joubert... traduit fidèlement en françois par Guillaume des Innocens, s. l., par Jean Lertout, 1581, in-12, p. 91.

cettes culinaires dont nous citerons celle-ci : « La chair de porc, maigre et salée, est permise, mais en petite quantité et plutôt rôtie que bouillie. On la pourra frire à la poêle avec autant de vin que d'eau; puis après, il la faudra rôtir sur le gril, et enfin on la découpera avec la sauce faite de sucre et de vinaigre ». Joubert interdit le lièvre « parce qu'il a la chair dure et engendre un suc mélancolique »; il défend aussi les cerfs, daims, chevreuils, etc., parce que ces animaux, qui courent beaucoup, « amassent et tirent à eux, par leurs fréquentes respirations, trop d'air infect et contagieux ». Les volailles sont moins suspectes parce qu'elles aspirent moins. Encore faut-il observer si la peste « vient d'une cause inférieure et basse », alors tous les petits animaux, qui sont près de la terre, sont suspects; les oiseaux seuls sont sans danger. Le contraire a lieu si la peste vient de causes supérieures. Les poissons sont très recommandés, parce que, vivant dans l'eau, ils ne reçoivent pas l'altération de l'air. C'est en vertu de ces mêmes principes que Joubert considère « qu'en temps de peste les danses sont dangereuses, parce que les danseurs, étant essoufflés, respirent davantage, plus vite, et absorbent ainsi plus d'air contaminé. »

Pour purifier l'air, on recommandait les fumigations faites avec des herbes et des bois odorants, de la myrrhe, de l'encens. Chaque habitant devait en faire dans sa chambre, le soir après l'avoir fermée, et le matin avant de l'ouvrir[1]. De même, dans chaque quartier et, si c'était possible, dans chaque rue, on allumait, soir et matin, de

[1] Guill. de Lérisse. *Op. cit.*, fol. 59.

grands feux alimentés par des fagots de genièvre ou d'autres bois odorants. Quand il faisait très chaud, on espaçait davantage les feux et on les éteignait presque aussitôt, après quoi on arrosait le pavé encore chaud avec de l'eau et du vinaigre, ou des eaux de rose, d'oseille ou de violettes; « en sorte, dit le médecin Joubert, que, par par tels moyens, on reçut des haleines flairantes et saines[1] ».

Le chapitre des préservatifs est extraordinairement abondant. Les plus usités étaient des pastilles ou tablettes, que l'on tenait dans sa bouche lorsqu'on était obligé de sortir de chez soi[2]. Dans les rues, on rencontrait fréquemment des gens marchant vite, le visage couvert de leurs manteaux, une petite boite d'argent à la main ou pendue à leur cou, qu'ils portaient constamment à leur nez ou à leur bouche[3]. Dans ces boites, percées de trous, se trouvait une éponge imbibée de parfums. On en faisait aussi en forme de pommes, de poires ou de cœurs, où les riches mettaient de l'ambre, du musc, de l'aloès, du camphre ou de la myrrhe, et les pauvres de l'encens, de la noix muscade, de la cannelle ou des feuilles de roses. Pour ces derniers, on faisait des pommes de senteur en bois. Avec ces mêmes parfums on garnissait des sachets que l'on portait sur la poitrine sous ses vêtements[4].

Au nombre des préservatifs et non parmi les moindres,

---

[1] Joubert. *Op. cit.*, p. 73.

[2] Dans les comptes de la santé de 1597, on lit : « plus livré à M. Mathieu, chirurgien, pour tenir à la bouche une demi-livre canellat en dragées, deux onces tablettes préservatives... six grains lapis bezoard, etc... » (Arch. de Grenoble, CC. 1137.)

[3] Le P. Grillot. *Lyon affligé de contagion*. Lyon, 1629, in-12.

G. de Lérisse, Laurent Joubert. *Op. cit.*

les anciens médecins plaçaient les pierres précieuses auxquelles ils attribuaient une vertu mystérieuse, soit qu'on les portât sur soi, soit qu'on les mangeât, ou qu'on en bût la poudre. « Le grenat, dit Laurent Joubert, est d'une vertu admirable résistant fort à l'infection de l'air. C'est l'ami spécial du cœur, comme l'émeraude l'est du cerveau, le saphir du foie et le corail de l'estomac. L'agate est aussi fort estimée contre la peste et pareillement la perle. Il faut les porter pendues à son cou jusqu'à la région du cœur, ou les garder dans sa bouche pour les sucer ou enfin en mélanger aux viandes que l'on mange ». La corne de licorne jouissait du même privilège « elle est fort cordiale », dit notre auteur ; comme il était assez difficile de s'en procurer, les pauvres pouvaient la remplacer par la corne de cerf [1].

C'étaient les préservatifs pour l'usage externe, comme on dit en pharmacie. Pour l'usage interne, nos vieux auteurs recommandaient des recettes bien singulières. En voici une qui ralliait tous les suffrages. Elle est de Guillaume de Lérisse : « Et quelquefois, dit-il, je leur faisais prendre le matin une rôtie de pain de la largeur et longueur de trois doigts, la moitié à jeun, puis boire deux doigts de vin trempé ou pur, selon qu'on avoit accoutumé de le boire, et après qu'ils avaient bu, je leur faisois manger l'autre moitié de pain, affin que les vapeurs de l'estomac, par le moyen de ladite moitié de pain, fussent empêchées monter au cerveau, préservatif que j'estime autant salubre que tout autre, parce que le pain et le vin sont aliments propres et agréables à la nature et qui con-

---

[1] Laurent Joubert. *Op. cit.*

fortent et nourrissent les parties nobles et fortifient les esprits [1]. »

Laurent Joubert conseille d'alterner ce régime en mangeant un autre jour une figue avec la moitié d'une noix, et de le modifier pendant l'été en prenant le matin de la mie de pain trempée dans du jus de limons ou d'orange ou plus simplement dans du vinaigre. Il recommande encore le bouillon de poulet cuit avec de l'oseille, ou une infusion de neuf feuilles d'oseille dans du vinaigre; « mais il me semble, ajoute-t-il, qu'il y a de la superstition quant au nombre ». A côté de ces simples recettes, il y avait dans les officines des apothicaires de nombreuses préparations savantes : l'aromaticum rosatum majus, le caryophyllatum, le diamargaritum frigidum et le diamargaritum calidum, le mithridatum, le hyacintho, combinaison compliquée de près de trente éléments hétéroclites dans lesquels entraient de la râclûre d'ivoire et de la corne de cerf, etc., etc.

Quant au traitement des pestiférés, nous sommes assez embarrassés pour en parler avec compétence, étant fort ignorant en ces matières. Nous aurons donc la prudence d'être très bref [2]. Au reste, il semble qu'en dépit de la

---

[1] Guillaume de Lérisse, p. 16.

[2] Pour ceux qui seraient curieux de connaître les médicaments prescrits par les médecins du service sanitaire pour le traitement des pestiférés, en voici une liste dressée à l'aide des mémoires d'apothicaires qui figurent dans les comptes de la santé : unguentum comitis, album rasis, apostolorum, diachilum magnum, diapalma, ventouses, basilicon, eau de scabieuse, eau de chardy bénit, theriaque fine, mithridat, sirop de limons, diapromis laxatif pour purger, panfoligos, diaphenicon, catholicon pour clistères, galbanum, barbotine, anis en graines, fenoil en graines, huile rosat, bol du

variété énorme des médicaments employés et des noms étranges de ces médicaments, le traitement de la peste était assez simple et consistait surtout à faciliter l'apparition, le développement et la maturation des bubons et des anthrax caractéristiques de l'épidémie. Il fallait « faire sortir le venin » et l'on y aidait par les moyens ordinaires de la thérapeutique ancienne, vésicatoires, ventouses, cataplasmes, onguents. Quelques médecins conseillaient la saignée, d'autres la condamnaient, mais tous s'accordaient pour purger et le nom de l'arme des matassins de Molière revient fréquemment dans les notes d'apothicaires jointes aux comptes de la santé.

Lorsque les commissaires des quartiers avaient signalé un malade suspect, le capitaine de la santé le faisait visiter par le médecin du service intérieur de la ville et, s'il était reconnu atteint de la peste, on le faisait transporter à l'hôpital de l'Ile. En même temps, on expulsait tous les habitants de la maison et tous ceux qui, depuis quelque temps, avaient eu des relations avec le malade. Puis les portes de la maison étaient fermées et verrouillées avec des barres de fer scellées dans le mur, ou des poutres massives solidement fixées. Le malade expulsé ne pouvait y rentrer avant qu'elle eût été désinfectée[1].

Levant ou bol d'Arménie, angélique, poudre de diamargariton frigidon, zedoaire, pilules ruft, eau ardent, eau theriacale faite selon l'ordonnance de M. de Villeneuve, mixture cordiale, aureum, safran pour des épithèmes, onguent résomptif, mondificatif composé de comitis et de miel rosat, sirop de violat, unguentum desicatum rubeum, poudre composée de cantharides, alun et vitriol, etc. (Arch. de Grenoble, CC. 1137. Inventaire).

[1] Arch. de Grenoble, BB. 7, fol. 6 et 57, — BB. 8, fol. 122, — BB. 10, fol. 225 et 227 v°, — CC. 613, — GG. Délib. du Cons. de santé, *passim*.

Ces expulsions se faisaient impitoyablement, sans admettre d'excuses ou d'explications, sans acception de personnes. En 1522, un pauvre meurt de la peste dans l'hôpital Notre-Dame, alors encombré de malheureux : on les expulse tous ; on expulse les Repenties qui étaient à ce moment logées à l'hôpital, bien qu'elles y fussent séparées des pauvres ; on expulse le recteur de l'hôpital, vieillard septuagénaire [1]. En 1533, la peste se déclare dans la prison de Porte-Traine : on expulse tous les prisonniers, mais pour eux on s'occupe de trouver un nouveau logis et on les transfère dans des cabanes en planches construites à leur intention dans l'Ile [2]. En 1525, une servante du président du Parlement meurt de la peste : le président se soumet, sans l'attendre, à l'ordre d'expulsion, et quitte immédiatement la ville [3]. On expulsait sur un indice, sur un soupçon et, en temps de peste, toute personne malade devenait suspecte. Enfin, on expulsait encore ceux qui avaient contrevenu à l'une des ordonnances de la santé. Le 24 mai 1521, on chassait ainsi de sa maison un marchand qui, malgré les défenses, était allé à Lyon faire ses approvisionnements.

Ces exécutions ne se faisaient pas toujours pacifiquement. Les expulsés refusaient de sortir de la ville, se défendaient, mettaient l'épée à la main. C'est ce que fit le bourgeois dont nous venons de parler : il invectiva le consul qui présidait à son expulsion et se jeta même sur lui l'épée haute. Le consul fit immédiatement son rapport au Conseil de ville et des poursuites allaient être dirigées

[1] Arch. de Grenoble, BB. 7, fol. 191 v°.
[2] Ibid., BB. 10.
[3] Ibid., BB. 8, fol. 238.

contre le marchand, lorsque celui-ci pénétra dans la salle du Conseil, se jeta à genoux et demanda humblement pardon d'avoir méconnu l'autorité consulaire. On lui fit grâce [1]. Le 26 juin 1632, on rapporte au Conseil de santé qu'un pauvre gagne-deniers de la rue du Bœuf, ayant sa fille malade de la peste, s'est barricadé dans son appartement pour ne pas être expulsé. Le Conseil décide que, s'il persiste dans son refus, on l'enlèvera de force le lendemain, à quatre heures du matin [2].

Ces exécutions se faisaient d'ordinaire pendant la nuit : un homme portait une lanterne devant les expulsés et faisait écarter les passants [3].

L'expulsion était presque toujours imposée aux pestiférés reconnus tels [4]; mais, pour les simples suspects, on ne pouvait pas toujours appliquer cette mesure rigoureuse. Ainsi on ne songeait pas à faire évacuer tout un couvent dans lequel un cas de peste était signalé, et,

---

[1] Arch. de Grenoble, BB. 7, fol. 58. On pourrait multiplier les exemples de ces résistances. A quelques semaines de là, un tailleur rouait de coups l'huissier qui venait de lui notifier l'ordre de quitter la ville et procédait à la fermeture de sa boutique. Le malheureux huissier mourut de ses blessures (Ibid. Délib. du 5 juillet 1521). Cf. BB. 8, fol. 122, — BB. 10, fol. 277 v°, — CC. 1144.

[2] Ibid. Délib. du Cons. de santé.

[3] Ibid., BB. 7, — CC. 601.

[4] Cependant, en 1629, au plus fort de la peste, comme les cabanes manquaient dans l'Ile, on autorisa quelques malades riches à se faire soigner dans leurs maisons, mais à condition d'y rester enfermés, de ne pas incommoder leurs voisins et, après leur guérison, d'aller faire leur quarantaine au dehors pendant qu'on désinfecterait. Dès que la peste diminua, on les invita, le 11 septembre 1629, à se rendre dans l'Ile pour y achever leur guérison (Délib. du Cons. de santé).

d'autre part, le lazaret de l'Ile était parfois tellement encombré de malades qu'il aurait été inhumain et surtout dangereux d'y envoyer des gens sur lesquels ne planait qu'un vague soupçon. Pour isoler ces suspects de l'intérieur, on les consignait dans leurs maisons ou couvents [1], dont les portes étaient solidement fermées. On disait de ces gens qu'ils étaient « serrés ». Quand ils étaient pauvres, la ville leur faisait passer des vivres par les fenêtres. C'est également par la fenêtre qu'ils recevaient les consultations du médecin, quand ils en avaient besoin, qu'ils dictaient au notaire leur testament et, s'ils venaient à mourir, on descendait leur corps par la même voie pour aller l'inhumer au cimetière de l'Ile [2].

Parfois on « serrait » non seulement une maison, mais une rue entière : en 1564, c'est la rue de Bullerie [3] ; en 1568, la rue Saint-Laurent [4] ; en 1629, c'est Chalemont [5].

---

[1] En 1522, le couvent des Frères-Prêcheurs est fermé et on distribue aux religieux qui y sont internés du vin et de la farine (BB. 8). En 1533, c'est le tour du couvent des Frères-Mineurs, dans la chapelle duquel un enfant est mort de la peste (BB. 10). La même année, on ferme le prieuré de Saint-Laurent après la mort d'un religieux et on impose aux autres une quarantaine, après laquelle on fait désinfecter les cellules (BB. 10). En 1628, le couvent des Minimes de la Plaine est consigné, la ville se chargeant de la nourriture des religieux (Délib. du Cons. de santé du 21 novembre 1628). Le 27 avril 1629, le bruit court qu'il y a des malades suspects dans le couvent de Sainte-Ursule. Le Conseil de santé se demande ce qu'il faudrait faire si la peste s'y déclarait. On décide de fermer le couvent. Les morts, s'il y en a, y seront enterrés dans un endroit qui sera choisi par M. Cuvillier, médecin (Délib. du Cons. de santé).

[2] Arch. de Grenoble, CC. 1130.

[3] Ibid., BB. 19. Délib. du 28 juillet 1564.

[4] Ibid., CC. 664.

[5] Ibid., CC. 1141.

Dans certains cas, on offrait aux suspects l'option entre ces deux partis : ou rester internés dans leurs maisons, ou se retirer à la campagne, lorsqu'ils y avaient une résidence isolée des autres habitations [1].

La durée des quarantaines imposées aux « resserrés » était variable suivant la gravité du soupçon qui pesait sur eux : elle était de quarante jours dans les cas graves, plus souvent de vingt jours. Elle était réduite à neuf ou dix jours, lorsqu'elle n'était qu'une période d'observation exigée, soit d'un voyageur nouvellement arrivé, soit d'une personne ayant fréquenté un malade mort dans des conditions mystérieuses [2]. Enfin, cette durée était parfois indéterminée. Le 27 novembre 1628, M. de Galbert, sieur de Gentonève, ayant eu des relations avec un chirurgien qui soignait des pestiférés, fut enfermé dans sa maison, avec défense d'en sortir avant que le Conseil de santé en eût autrement ordonné. En même temps, M. le président du Faure, qui avait conversé avec M. de Galbert, était prié de vouloir bien rester chez lui pendant quelque temps [3].

Dans tous les cas, les personnes « resserrées » dans leurs maisons n'en pouvaient sortir sans une décision du Conseil de santé, rendue après visite du médecin et sur l'avis conforme du capitaine de la santé [4]. Mais en dépit de la surveillance dont ils étaient l'objet, un certain nombre de resserrés s'échappaient et vaquaient à leurs affaires. Quand ils étaient pris, on leur infligeait une

---

[1] Arch. de Grenoble. Délib. du Cons. de santé du 14 juillet 1631.
[2] Ibid., CC. 1147.
[3] Ibid., GG. Délib. du Cons. de santé du 27 novembre 1628.
[4] Ibid. Délib. du 12 août 1631.

amende de 100 livres et, s'ils ne pouvaient la payer une peine corporelle [1]. Mais la plus sûre des pénalités était de les faire transférer dans l'Ile, dès que cela devenait possible [2].

Les agents subalternes, chargés de transporter dans l'Ile les pestiférés vivants ou morts, s'appelaient à l'origine commissaires de l'Ile [3]; on les nomma ensuite galopins, puis corbeaux. Cette dernière appellation prévalut, à raison de leur principale fonction, qui était d'enterrer les morts. Leur nombre variait suivant l'intensité de l'épidémie et s'éleva parfois jusqu'à quinze. On ne trouvait guère à les recruter à Grenoble et on les faisait d'ordinaire venir du Briançonnais [4]. Ils arrivaient en bande, conduits par un capitaine, qui traitait en leur nom avec la ville ou le Conseil de santé. Ils avaient une vivandière, chargée de faire leur nourriture et parfois d'autres femmes qui les aidaient dans l'exercice de leurs dangereuses fonctions [5]. Leur office était de servir les malades de l'Ile, d'y transporter les pestiférés, d'enterrer les morts et de désinfecter les maisons. Ce dernier service était souvent réservé à des agents spéciaux, nommés parfumeurs, dont nous parlerons plus loin. La ville fournissait aux galopins ou

---

[1] Arch. de Grenoble. Délib. du 30 juillet 1632.

[2] Ibid., CC. 1147.

[3] Ibid., BB. 10, fol. 214. A Toulouse et à Lyon, on les appelait aussi des corbeaux. Cf. Le P. Apollinaire, *la Peste en Languedoc de 1627 à 1632*, Nimes, 1892, in-8°, p. 20, et *Lyon affligé de contagion ou narré de ce qui s'est passé de plus mémorable en ceste ville depuis le mois d'aoust 1628 jusques au mois d'octobre de l'an 1629*, par le P. Jean Grillot, de la Compagnie de Jésus, Lyon, 1629, in-12, *passim*.

[4] Ibid., CC. 1138.

[5] Ibid. Délib. du Cons. de santé de 1598.

corbeaux une maison pour les loger; elle les habillait, les nourrissait et leur payait des gages qui s'élevaient jusqu'à vingt-quatre livres par mois. Il leur était en outre permis de recevoir des étrennes; mais il leur était interdit de les exiger et surtout de les imposer de force, ce qui cependant leur arrivait trop fréquemment, comme aussi de dépouiller les morts et de dévaliser les maisons qu'ils avaient reçu l'ordre de désinfecter [1]. C'est dans ce personnel si immédiatement en contact avec les malades que la peste faisait ses plus cruels ravages. Les rangs des galopins s'éclaircissaient fréquemment et, durant les épidémies meurtrières, force était de les remplacer plusieurs fois. Chaque nuit, après dix heures du soir, ils entraient dans la ville conduisant une ou deux charrettes. Deux hommes, des soldats de la santé, les précédaient portant, l'un une lanterne et l'autre une cloche qu'il sonnait pour avertir les habitants de l'approche des corbeaux et faire écarter les passants attardés. Par ordre du Conseil, toutes les portes et toutes les fenêtres des maisons voisines étaient rigoureusement fermées [2]. A l'appel de la cloche, les demeures où la peste avaient fait quelque victime s'ouvraient; les corbeaux entraient, enlevaient les cadavres, les jetaient dans la charrette et poursuivaient leur route. Dans cette lugubre besogne, ils étaient aidés par le « nauchier des infects », dont la penelle, amarrée

---

[1] Arch. de Grenoble, CC. 1137, 1138.

[2] Une délibération du 9 août 1533 décidait que les corps des victimes de la peste seraient emportés au cimetière de l'Ile pendant la nuit, de huit heures à dix heures du soir et de deux heures à quatre heures du matin. Défense était faite aux habitants de sortir le soir après sept heures, sans un motif grave, et d'ouvrir portes et fenêtres le matin avant cinq heures (BB. 10, fol. 214 et suiv.).

derrière l'hôpital de la Madeleine, se chargeait chaque nuit des corps des pestiférés morts dans la journée, que les corbeaux y amenaient sur des brancards [1]. En 1598, ce batelier funèbre recevait vingt écus par mois [2].

Les cadavres transportés dans l'Ile y étaient enterrés dans le cimetière de l'hôpital. C'étaient encore les corbeaux [3] qui étaient chargés de ce soin et, parfois, lorsqu'une généreuse étrenne n'avait pas stimulé leur zèle, ils s'en acquittaient avec une regrettable précipitation. A peine quelques pelletées de terre recouvraient tant bien que mal les restes des malheureuses victimes de la peste. En 1587, le Conseil de santé apprit avec horreur que les gros chiens des fermiers du voisinage venaient les déterrer pendant la nuit, et propageaient ensuite l'épidémie dans les campagnes. On dut, après les avoir sévèrement admonestés, remettre des armes aux corbeaux pour arquebuser tous les chiens des environs [4].

Pendant toute la durée de la peste, défense était faite aux ecclésiastiques de faire aucun enterrement, soit dans les caveaux des églises, soit dans les cimetières paroissiaux, sans une ordonnance du capitaine de la santé, rendue après visite du médecin [5].

---

[1] Arch. de Grenoble, CC. 1130, 1133, 1137, 1138, 1141.

[2] Ibid. Délib. du Cons. de santé, 1598.

[3] Au commencement de XVIe siècle, nous trouvons un fossoyeur spécial des pestiférés, Cf. CC. 585, 611, 614, 617, 1130. Cet homme s'appelait « le Commissaire ». En 1524, il recevait 12 florins par mois; mais on lui faisait jurer de ne révéler à personne le chiffre élevé de ses gages (Ibid., BB. 8).

[4] Ibid., GG. Délib. du Cons. de santé du 5 mai 1587.

[5] Ibid. Délib. du Cons. de santé du 24 mars 1598. Les actes de ce temps constatent de nombreuses infractions à cette prudente mesure, infractions sur lesquelles le Conseil de santé dut fermer les yeux.

Les malades reconnus atteints de la peste et les suspects expulsés se rendaient d'eux-mêmes dans l'Ile, s'ils en avaient la force, ou s'y faisaient transporter. Lorsqu'ils refusaient de s'y rendre volontairement ou que, trop malades pour pouvoir marcher, ils n'avaient pas le moyen de s'y faire conduire, les corbeaux intervenaient. Ils avaient pour le transport des malades trois procédés : une sorte de chaise à porteurs [1], la charrette qui servait à l'enlèvement des cadavres [2] et le bateau des infects [3]. Il n'était pas rare que malades et simples suspects fussent entassés dans la charrette ou dans le bateau avec des cadavres de pestiférés. Durant les premières épidémies du XVIe siècle, cette opération se faisait pendant le jour ; mais, préalablement, les huissiers de la ville faisaient évacuer toutes les rues par lesquelles le funèbre cortège devait passer [4]. Plus tard, on ne permit aux corbeaux l'entrée de la ville que pendant la nuit et la circulation dans les rues fut interdite pendant les heures qui leur étaient réservées [5]. Quant aux expulsés récalcitrants, ils étaient solidement liés sur un brancard ou sur une échelle et portés dans l'Ile [6].

Ainsi les pestiférés de la rue Saint-Laurent étaient enterrés dans leurs jardins, à côté de puits servant à l'alimentation du quartier. Il est vrai que l'on fermait pour quelque temps le jardin. Ajoutons que souvent après la peste on permettait trop prématurément aux familles de faire exhumer leurs morts du cimetière de l'Ile pour les joindre à leurs ancêtres dans les caveaux d'une église.

[1] Arch. de Grenoble, CC. 1144.

[2] Ibid., CC. 1143, 1147.

[3] Ibid., CC. 771, 1133, 1138, 1139, 1141.

[4] Ibid., BB. 10, fol. 214.

[5] Ibid. Délib. du Cons. de santé du 21 octobre 1631 et *passim*.
Ibid., CC. 1130.

Pendant l'épidémie de 1630, on installa un bac sur l'Isère, en dehors de la porte Saint-Laurent, pour faire passer dans l'Ile les pestiférés venant de la Savoie [1].

Que devenaient les malheureux expulsés quand la porte de Très-Cloître s'était refermée sur eux? Aux époques anciennes, nous avons dit qu'on les abandonnait à leur destinée avec un pain et un pot de terre. Dès que l'hôpital de l'Ile fut construit, on y transporta les pestiférés; quant aux simples suspects, on les logeait du mieux qu'on pouvait dans des maisons de l'Ile, réquisitionnées à cet effet. Tant que les épidémies furent relatiment bénignes, ce régime parut suffisant, mais lorsque la contagion, plus meurtrière, multipliait le nombre des expulsés, alors pestiférés et suspects, ne trouvant plus d'abri dans l'hôpital encombré et dans les maisons pleines, se répandaient dans tous les environs. On en trouvait à chaque pas dans la campagne, couchés derrière un buisson ou dans un fossé. Il y en avait dans les vignes de Chalemont, sur la route de La Tronche, à la porte Perrière, dans le faubourg de Saint-Jacques, sur les bords du Drac. Ils faisaient à la ville une ceinture empoisonnée. Le sort de ces malheureux, devant qui se fermaient toutes les portes, était horrible. Chaque jour, les portiers-consignes, en faisant leur ronde matinale, relevaient quelques cadavres dans les fossés des remparts. Les plus heureux, ceux qui avaient dans les environs une maison ou un cellier, s'y réfugiaient, quand ils le pouvaient, c'est-à-dire quand ils n'en étaient pas chassés à coups de bâtons et de pierres par les voisins. Ceux qui parvenaient à se cacher

---

[1] Arch. de Grenoble, CC. 1142.

dans une maison isolée avaient encore à se défendre contre les bandes de soldats pillards qui écumaient le pays [1].

Dans l'Ile, on n'était guère plus favorisé : tantôt c'était l'Isère qui débordait, inondant l'hôpital et les maisons qui lui servaient d'annexes; tantôt l'hiver, un hiver effroyablement rigoureux, contre lequel mal nourris, mal vêtus, mal logés dans des masures ouvertes à tous les vents, les malades ne pouvaient se défendre, et qui, achevant l'œuvre de la peste, faisait presque autant de victimes qu'elle [2].

Cette situation appelait une réforme, qui se fit peu à peu. Aux pestiférés, on réserva l'hôpital de l'Ile et toutes les maisons, granges, celliers qui l'avoisinaient. Quand cela ne suffisait pas, on construisait, pour y loger les malades, des cabanes [3] de bois de dix à douze pieds de long sur huit de large, munies de deux lits. La ville les faisait installer à ses frais et les vendait vingt-quatre livres à ceux qui pouvaient les payer. Aux pauvres, elles étaient prêtées gratuitement. Mais, dans ce cas, dans une cabane de trois lits on entassait cinq à six malades et parfois davantage. Les malades riches étaient libres de faire établir leurs cabanes à leurs frais et de les vendre quand ils n'en avaient plus besoin, après les avoir préalablement fait désinfecter. Ces cabanes réservées aux pestiférés

---

[1] Arch. de Grenoble, BB. 7, fol. 198 v°, — BB. 8, fol. 132. Pièces justificatives n° V, art. XII, — BB. 10, fol. 214.

[2] Ibid., CC. 625, 1136, 1137.

[3] En 1597, on se préoccupa de ne pas placer les cabanes sous le vent régnant, qui aurait amené sur la ville les émanations pestilentielles (Délib. du Cons. de santé du 21 août 1597).

s'appelaient les cabanes d'infection. Le périmètre qui leur était affecté était entouré d'une palissade [1].

Un emplacement spécial était assigné aux suspects, placés en quarantaine d'observation. Cet emplacement était parfois dans l'Ile, non loin de celui des pestiférés. Mais lorsque l'intensité de l'épidémie faisait élargir les barrières de l'enclos d'infection, les suspects étaient cantonnés sur les bords du Drac et particulièrement dans l'Ile de Fournet, formée par l'un des bras de ce torrent, en aval de Grenoble. Ils y étaient logés dans des cabanes que l'on appelait les cabanes de soupçon. Enfin il y avait un troisième quartier affecté aux malades dont la guérison était reconnue : c'étaient les cabanes de santé [2].

Les pestiférés séjournaient quarante jours dans l'hôpital ou dans les cabanes d'infection. Lorsqu'ils semblaient hors de danger, le chirurgien de l'Ile le faisait savoir aux consuls qui déléguaient un médecin et un chirurgien pour procéder, en leur présence, à la visite du malade [3]. Si ce dernier était reconnu guéri, il passait dans les

---

[1] Cf. Guillaume de Lérisse. *Op. cit.*, fol. 60 v°. Délib. du Cons. de santé, *passim*. — Arch. de Grenoble, CC. 1141, 1142, 1143, 1144, 1147.

[2] Ibid., CC, 662, 1137, 1147. Délib. du Cons. de santé, *passim*.

[3] Arch. de Grenoble, BB. 10. Les certificats médicaux en vertu desquels les malades guéris étaient autorisés à faire leur seconde quarantaine étaient ainsi conçus :

« Nous, X..., docteur en médecine, et X..., maître chirurgien de la ville de Grenoble, soussignés, certifions qu'à la requête de MM. les Consuls, nous (nous) sommes transportés au lieu de l'Ile, pour voir et visiter Catherine Chapon, qui avait achevé sa quarantaine d'infection et en présence des sieurs Rolland et Rossin, consuls, laquelle Chapon nous avons trouvée en bonne santé et, lui ayant fait quitter tous ses habits qu'elle portait, nous l'avons envoyée à une cabane pour y faire sa seconde quarantaine. »

cabanes de santé, où il faisait une seconde quarantaine, pendant laquelle il était fréquemment visité par l'un des chirurgiens des infects. Ce n'est qu'après cette seconde période d'observation qu'il était autorisé à rentrer en ville[1].

Les suspects ne faisaient qu'une seule quarantaine. En 1597, Guillaume de Lérisse[2] proposa aux consuls de n'imposer à tous qu'une seule quarantaine, commençant pour les pestiférés au jour où leurs plaies seraient cicatrisées, et pour les suspects le jour de leur expulsion de la ville. Le Conseil consulaire adopta cet avis, à condition qu'après la rentrée dans la ville, les uns et les autres se tiendraient pendant neuf jours étroitement enfermés dans leurs maisons et que, durant cette neuvaine, ils parfumeraient leurs appartements soir et matin. De même, les suspects, après leur quarantaine faite, n'étaient autorisés à rentrer dans leurs maisons qu'à condition d'y rester séquestrés pendant neuf jours[3].

Les malades ou suspects de l'Ile et de ses annexes étaient soumis à un règlement sévère. En premier lieu, il leur était interdit de rentrer dans la ville sous peine d'être immédiatement condamnés à telles peines que le Conseil croirait devoir leur infliger et cela sans qu'ils fussent admis à fournir des excuses ou des explications. Cette menace ne semble pas avoir été assez forte pour arrêter des malheureux, pour qui tout était préférable au séjour de cet enfer. Ils creusaient des trous dans les rem-

---

[1] Parfois on sortait des cabanes de santé après vingt jours d'observation. Cela s'appelait faire sa vingtaine et c'était l'usage courant pendant la peste de 1643 (Arch. de Grenoble, CC. 1147).

[2] *Op. cit.*, fol. 61 v°.

[3] Ibid. Délib. du Cons. de santé du 10 juillet 1632.

parts, se glissaient par les portes ou escaladaient les fenêtres du corps de garde de la porte Très-Cloître. On dut faire murer toutes ces ouvertures et fermer à clef la porte elle-même, ne laissant à la circulation des corbeaux que la poterne [1]. En 1586, on fit murer même la poterne, en sorte que l'on ne se rendait plus dans l'Ile qu'au moyen du bateau des infects. D'autre part, les gardes de la santé avaient ordre de surveiller les allées et venues des expulsés et de les empêcher de rentrer en ville ou même de s'approcher des fossés des remparts pour lier conversation avec les habitants [2].

Il était de même défendu à ces derniers de se rendre dans l'Ile et d'avoir aucune relation avec les pestiférés et suspects, sous peine d'être eux-mêmes chassés de la ville pendant quarante jours [3]. Dans certaines circonstances, lorsque l'épidémie était en décroissance, on autorisait, pour des motifs graves, un bourgeois de la ville à aller dans l'Ile, visiter un parent ou un ami ; mais, dans ce cas, il devait être accompagné par l'un des consuls ou par un notable désigné à cet effet [4].

L'enclos des cabanes étant divisé en deux quartiers, la « contagion » et le « soupçon », il était interdit aux pestiférés du premier quartier de fréquenter les suspects du second et réciproquement, sous peine d'une amende et du fouet. Si c'était un suspect qui franchissait les barrières de soupçon, il était en outre contraint à

---

[1] Arch. de Grenoble, CC. 1133, 1141. Pièces justificatives n° IX, art. 5.

[2] Ibid. Délib. du Cons. de santé, *passim*. BB. 7, fol. 196.

[3] Pièces justificatives n° V, art. 24. BB. 10, fol. 271.

[4] Ibid. Délib. du Cons. de santé du 13 novembre 1631.

recommencer sa quarantaine. Les gardes de la santé étaient chargés de veiller à l'observation de cette défense[1].

En règle générale, il n'était pas permis de faire construire des cabanes hors des enclos indiqués par le Conseil de santé. Cependant cette règle souffrait des exceptions et l'on autorisait certains malades ou suspects riches à se construire une cabane dans une de leurs terres ou à se réfugier dans une maison de campagne, à condition que cette terre ou cette maison fussent isolées des autres habitations, que l'expulsé s'y tînt étroitement enfermé et qu'il n'eût, pendant la durée de sa quarantaine, aucune relation avec les gens du voisinage[2].

Le port et l'usage des armes à feu étaient interdits aux expulsés, sous peine de mort[3]. Dans certaines circonstances, on distribuait des arquebuses aux galopins pour tuer les chiens qui accompagnaient leurs maîtres dans l'Ile et rentraient ensuite dans la ville, où ils rapportaient la contagion, et aussi pour défendre les malades, soit contre les loups, soit contre les incursions des soldats campés dans le voisinage qui, sans crainte de l'épidémie, venaient, pendant la nuit, piller les cabanes et violenter les femmes[4].

Le personnel des officiers de la santé résidant dans l'Ile comprenait, outre le chirurgien et les corbeaux ou galopins, dont nous avons déjà parlé, un agent nommé

---

[1] Arch. de Grenoble, CC. 1137. Délib. du Cons. de santé du 13 novembre 1631 et du 30 juillet 1632.

[2] Ibid. Délib. du Cons. de santé du 27 août 1581 et du 12 août 1631.

[3] Ibid. Délib. du Cons. de santé du 24 avril 1629.

[4] Ibid., CC. 1147. Délib. du Cons. de santé du 26 avril et du 16 août 1598 et du 8 août 1630.

surveillant ou intendant de la santé, lequel était chargé de pourvoir au logement des malades envoyés en traitement ou en observation, de leur remettre les objets de literie et de vaisselle dont ils allaient avoir besoin, de tenir registre des entrées pour faire courir les délais de quarantaine, de dresser les inventaires des biens laissés par les pestiférés, et en général de veiller au maintien de l'ordre et à l'observation des règlements. Cette mission fut remplie assez fréquemment par une femme que l'on appelait alors gouvernante de l'Ile. En 1586, elle était confiée à l'instituteur de la ville, Pierre des Govets [1]. Pendant la peste de 1631-1632, c'est un religieux, le frère Laurent de Sainte-Catherine, augustin déchaussé, qui en est chargé [2].

Suivant le nombre des expulsés, un ou plusieurs commis étaient préposés à la distribution des vivres et médicaments, fournis gratuitement aux pauvres par la ville et apportés jusqu'à la porte de l'enclos réservé par les serviteurs, parents ou amis des malades riches. Chaque jour, on distribuait aux malades deux livres de pain, un pot de vin et de la viande ; le vendredi et les autres jours d'abstinence, la viande était remplacée par du beurre, du fromage et de l'huile de noix. On leur remettait encore de la paille pour se coucher et, l'hiver, du bois et du charbon pour se chauffer [3].

Il faut croire que cette dernière distribution était bien insuffisante, car les documents du temps nous apprennent que les pestiférés coupaient les arbres de l'Ile et enlevaient

---

[1] Arch. de Grenoble, CC. 1133.
[2] Ibid., CC. 615, 618, 706, 773, 1139, 1141, 1142, 1143, 1147, 1148.
[3] Ibid., BB. 10, fol. 231, — CC. 1133, 1140.

les clôtures des jardins pour alimenter leur foyer, trop souvent éteint.

Pendant la peste de 1628-1632, l'emploi de distributeur des vivres fut rempli avec un dévouement admirable par les religieux Récollets, auxquels on avait songé à attribuer l'hôpital de l'Ile [1].

Ces religieux ne bornaient pas leur rôle à cette besogne purement humaine. Avec le pain du corps, ils apportaient aux pestiférés le réconfort de l'âme. Ils étaient les aumôniers des pestiférés. En effet, comme nous avons eu le regret de le constater, le recteur de l'hôpital de l'Ile ne remplit que très rarement ce devoir, pour lequel il était institué et en considération duquel il percevait les revenus de l'hôpital. Force était donc aux consuls de faire appel au clergé paroissial et, lorsque cet appel n'était pas entendu, au clergé régulier. En 1521, le Conseil de ville, apprenant que les malades de l'hôpital de l'Ile étaient privés des secours de la religion, décida qu'une sommation serait adressée aux curé et vicaire de Notre-Dame et que, s'ils refusaient leur concours, on recourrait à l'Évêque et à son official et au besoin au Parlement [2]. L'année suivante, c'est un Carme italien que nous trouvons au chevet des pestiférés [3]; en 1524, c'est un vicaire de Saint-Hugues et Saint-Jean [4]. Le chapelain des infects re-

---

[1] Les Récollets avaient une mission plus large que celle des agents qui les avaient précédés dans cet emploi. Non seulement ils distribuaient les vivres et médicaments, mais encore ils devaient se les procurer à l'aide des fonds mis à leur disposition par le receveur de la santé (Arch. de Grenoble, CC. 1140, 1141).

[2] Ibid., BB. 7, fol. 63.

[3] Ibid., CC. 1130.

[4] Ibid., BB. 8, fol. 120 v°.

cevait des gages comme les autres officiers de l'Ile et, de plus, il était nourri, logé et habillé aux frais de la ville[1]. En 1598, le curé de Lavaldens, Jean Faure, remplit à la fois les fonctions de médecin et d'aumônier des pestiférés. Chaque dimanche, il devait célébrer la messe tantôt dans la chapelle de l'hôpital de l'Ile, tantôt sur un autel élevé en plein air de façon à être vu par tous les habitants des cabanes[2].

Durant l'épidémie de 1628-1632, les Récollets s'exposèrent les premiers. Mais ils furent bientôt suivis dans cette voie héroïque par les Augustins, les Jésuites et surtout les Capucins[3]. Entre l'enclos des pestiférés et celui des suspects, une chapelle en bois fut édifiée, où chaque dimanche un religieux célébrait la messe. Presque tous ces aumôniers furent atteints par l'épidémie, mais deux seulement périrent : un Augustin, dont nous regrettons de ne pouvoir citer le nom[4], et un Jésuite, le P. Jacques Trompel. Ce dernier avait été chargé, en 1629, avec un de ses collègues, du soin d'administrer les sacrements aux malades de la ville. C'est en s'acquittant de ce devoir qu'il succomba, sans qu'il soit possible d'assurer si ce fut réellement de la peste[5].

Le service de l'aumônerie des pestiférés séquestrés dans leurs maisons ne fut organisé que très tard. Pendant tout le XVIe siècle, il était interdit aux ecclésias-

[1] Arch. de Grenoble, BB. 10, fol. 184, — CC. 1137.

[2] Pièces justificatives n° XV.

[3] Une religieuse, la sœur Gabrielle Courbeau, les accompagna pour faire leur cuisine. Cf. Délib. du Cons. de santé du 5 mars 1629. CC. 772, 1139, 1141.

[4] Ibid. Délib. du Cons. de santé du 3 juillet 1629.

[5] Ibid., CC. 1141.

tiques de prêter leur ministère aux malades sans avoir obtenu du médecin de la santé un certificat constatant qu'ils n'étaient atteints d'aucune maladie contagieuse [1]. Disons à la louange des prêtres et des moines de ce temps qu'il leur arriva fréquemment d'enfreindre cette défense. En 1522, nous voyons les Cordeliers veillant les pestiférés [2] ; en 1546, on dénonce au Conseil de ville l'imprudent dévouement du clergé de la paroisse de Saint-Hugues et Saint-Jean, des Prêcheurs et des Cordeliers. Le Conseil leur enjoint de s'abstenir désormais. Le curé de Saint-Hugues, M. Gautheron, et son vicaire obéissent, mais les moines continuent leur pieux office, au grand mécontentement du curé, qui vient, le 7 janvier 1547, se plaindre au Conseil de ville du préjudice que lui cause la désobéissance de ses frères du clergé régulier [3].

C'est pendant la peste de 1628-1632 qu'on trouve pour la première fois un service religieux spécialement organisé pour les malades de l'intérieur. Ce furent d'abord deux Jésuites qui en furent chargés, puis on les remplaça par deux Récollets. Ils étaient logés aux frais de la ville dans une habitation isolée, où on leur apportait leur nourriture. Les agents de la santé les conduisaient auprès des malades qui réclamaient leur ministère et les ramenaient ensuite à leur logis. Il leur était défendu d'avoir aucun rapport avec les habitants. De même, il était interdit à

---

[1] Arch. de Grenoble, BB. 8, 14. Nous trouvons dans les comptes de la santé (CC. 1144) un certificat délivré, en 1628, pour autoriser un prêtre à confesser une femme malade. Il est ainsi conçu : « J'ai visité la femme de X..., qu'on ne voulait confesser sans avoir attestation du médecin, et je n'ai trouvé aucun signe du mal contagieux. ».

[2] Ibid., BB. 8.

[3] Ibid., BB. 14. Inventaire, p. 41.

tout autre prêtre de se rendre à l'appel des malades, sans s'être assuré par un certificat médical du caractère de leur maladie[1]. En 1631, le curé de Notre-Dame, M. Balme, étant mort de la peste, un prêtre de Lorraine, nommé Me Charles, qui l'avaient assisté dans ses derniers moments, fut enfermé comme suspect[2].

Enfin, on trouvait encore dans l'Ile ce que l'on appellerait aujourd'hui le service de la désinfection. Ceux qui en étaient chargés étaient alors désignés sous le nom de parfumeurs ou de nettoyeurs[3]. On les recrutait d'ordinaire dans le personnel des galopins ou corbeaux, qui s'engageaient à la fois pour remplir les deux fonctions. Parfois aussi on acceptait les offres de quelques spécialistes, car il y en avait même pour cette dangereuse besogne[4]. Pendant les premières épidémies du XVIe siècle, le Conseil de ville se bornait à ordonner la désinfection des maisons des pestiférés et des suspects, mais laissait à l'initiative individuelle le soin de mener à bien cette délicate opération, d'après les indications des médecins[5]. Le plus souvent, les particuliers s'adressaient aux commissaires de l'Ile, que l'on appela plus tard les corbeaux. Lorsqu'ils empruntaient les services d'autres parfumeurs volontaires, ces derniers, l'opération achevée, devaient quitter la ville pendant quarante jours[6].

On ne tarda guère à reconnaître les dangers de cette

---

[1] Arch. de Grenoble, GG. Délib. du Cons. de santé du 15 août 1630. *Vide sup.*, p. 271, note 1.

[2] Ibid. Délib. du 9 août 1631.

[3] Guillaume de Lérisse. *Op. cit.*, fol. 66.

[4] Arch. de Grenoble, BB. 10, fol. 137 v°.

[5] Ibid. Délib. du 27 décembre 1521 et 3 janvier 1522.

[6] Ibid., BB. 8, fol. 93 et 129. — CC. 613.

façon de procéder et, dès 1524[1], il fut ordonné qu'à l'avenir la désinfection des maisons fermées serait faite aux frais de la ville par des agents nommés et surveillés par les consuls. Il en fut de même en 1533. A cette époque, on recruta un double personnel de parfumeurs, les uns pour les maisons des pestiférés, les autres pour les maisons des suspects. Mais aux uns et aux autres, on faisait prêter le serment ci-après :

Vous promectez et jurez sur les Saintz Évangiles de Dieu de bien et loyaulment servir la ville à nectier les maisons infectes de peste, en la manière que vous sera ordonné et de ne y rober rien, de ne mectre ou porter rien ors desdites mésons, fors ce que y aurés porté, de ne rompre ou ouvrir aucunes chambres, boticques, celiers, caves, buffets et coffres que trouverés clos, que celles qui vous seront commandées de ovrir, brusler petit à petit les paillies des litz que nectierés, bien et deuement garder le feu, et de ne ouvrir de jour en nectiant les fenestres desdictes maisons que nectierés que par commandement, quant par mesdits seigneurs ou les commis par eux sur ce vous sera faict et ce, sur peyne d'estre pandus et estranglés en ung gibet[2].

Pendant cette terrible épidémie, presque tous les parfumeurs périrent successivement.

Ce fut longtemps une opinion accréditée à Grenoble que le service de la désinfection ne pouvait se faire que la nuit. Les agents qui en étaient chargés et qui habi-

---

[1] Arch. de Grenoble, BB. 8. Délib. du 10 septembre 1524. Déjà, à la fin de l'année 1522, des habitants, impatients de rentrer chez eux, ayant fait désinfecter leurs maisons et s'y étant installés de leur propre autorité, le Conseil avait protesté, déclarant qu'il se réservait la surveillance de la désinfection (Ibid. Délib. du 19 décembre 1522).

[2] Ibid., BB. 10; fol. 219.

taient dans l'Ile une vaste cabane, construite à leur intention, n'entraient donc dans la ville que vers dix heures du soir, avec les corbeaux qui venaient enlever les pestiférés et les cadavres. Guillaume de Lérisse, qui fut capitaine de la santé en 1597, contribua à dissiper ce préjugé, qui ne servait qu'à favoriser les escroqueries des parfumeurs. Il ne faut pas croire, dit-il, « que la fumée des parfums qu'on fait le jour donne le mal, non plus que ceux de la nuit, étant absurde de croire que ce qui oste le venin le puisse donner[1] ». Cependant, en 1629, la désinfection des maisons se faisait encore pendant la nuit. L'année suivante, on décida de la faire pendant le jour. Les soldats de la santé accompagnaient les parfumeurs, avertissaient les voisins de tenir leurs portes et fenêtres fermées, faisaient écarter les passants et les empêchaient de stationner devant la maison désinfectée. Ils reconduisaient ensuite les parfumeurs dans l'Ile et, à l'aller et au retour, veillaient à ce qu'ils n'entrassent pas dans d'autres maisons que celles pour lesquelles leur ministère était requis[2].

Les parfumeurs s'enfermaient dans la maison qu'ils devaient désinfecter et, les fenêtres et portes hermétiquement closes, y faisaient brûler des bois et des herbes odorantes. C'était le plus souvent du genièvre et du foin arrosé de vinaigre, de l'encens, de la myrrhe, de la résine. En 1628, on employa à cet usage la plante du tabac[3]. Quand l'opération était mal faite et que la peste

---

[1] *Op. cit.*, fol. 66.
[2] Arch. de Grenoble. Délib. du Cons. de santé du 6 septembre 1630.
[3] Ibid., CC. 1139, 1143, 1144. Voyez aussi, pour les désinfectants employés, G. de Lérisse. *Op. cit.*, fol. 35 v°.

se déclarait de nouveau dans une maison récemment désinfectée, les parfumeurs étaient poursuivis comme responsables et punis d'une peine corporelle, qui, en cas de faute grave de leur part, pouvait être la mort [1].

Ce n'était pas le seul grief qu'on leur faisait. La population en avait une peur effroyable et les détestait presque à l'égal des corbeaux. Elle les accusait de piller les maisons dans lesquelles ils opéraient, de rançonner les propriétaires et de jeter dans les ruelles voisines, au risque de contaminer tout un quartier, les détritus recueillis par eux dans les maisons désinfectées [2]. On dut prendre des mesures, faire établir l'inventaire des meubles qui se trouvaient dans les maisons des pestiférés et autoriser les propriétaires de ces maisons ou leurs représentants à assister à la désinfection, en compagnie des soldats de la santé [3]. Parfois aussi on dressait un état des objets que les parfumeurs apportaient et on vérifiait, à leur sortie, s'ils n'en emportaient pas d'autres [4].

En dépit de toutes ces précautions, on ne parvint jamais à remédier à ces abus et l'on avait si peu de confiance dans l'œuvre des parfumeurs que, même après la désinfection d'une maison, on ne permettait pas à son propriétaire d'y rentrer avant quarante jours [5].

A côté du logis des parfumeurs, lequel était à cet effet placé sur les bords de l'Isère, ou du Drac, on élevait une grande cabane pour la désinfection des linges, vête-

---

[1] Arch. de Grenoble, CC. 1135.
[2] Ibid., BB. 7, fol. 125. Délib. du Cons. de santé, *passim*.
[3] Ibid., GG. Délib. du Cons. de santé du 16 juin 1629.
[4] Ibid., CC. 1138. Délib. du Cons. de santé du 7 septembre 1597.
[5] Ibid., GG. Délib. du Cons. de santé du 11 septembre 1597.

ments et objets de literie. Cette cabane comprenait trois pièces : dans la première, on recevait le linge à désinfecter, lequel était étendu sur des cordes et soumis pendant quelque temps à des fumigations de même nature que celles qui étaient pratiquées dans les maisons ; dans la seconde, se trouvait la chaudière ou lessiveuse, et dans la troisième, le lavoir[1]. Un seul homme, et parfois c'était une femme, était chargé de cette lourde tâche. On lui fournissait le bois, le charbon, les cendres et tout le matériel nécessaire. Pour ses gages, il était autorisé à percevoir une rétribution des personnes qui empruntaient ses services. Le taux de cette rétribution était réglé par un tarif établi par le Conseil de santé, tarif souvent majoré par l'insatiable cupidité des préposés. Aussi, à diverses époques, on jugea préférable de salarier les parfumeurs et de leur interdire de percevoir aucune redevance des particuliers[2].

Les meubles étaient le plus souvent désinfectés avec les appartements dans lesquels ils se trouvaient ; dans les cas graves, ils étaient transportés dans l'Ile et confiés aux soins du parfumeur préposé au service de la lessiveuse. Pendant la durée de la peste, il était interdit de les déménager ou de les vendre à l'encan, ou même de les entreposer dans les rues pour en faire l'inventaire[3].

Au commencement du XVIe siècle, on usait pour la désinfection des vêtements ayant appartenu à des pestiférés d'un procédé plus expéditif et aussi plus sûr. On les

---

[1] Arch. de Grenoble, CC. 1142, 1143. GG. Délib. du Cons. de santé du 26 juin 1632.

[2] Ibid. Délib. du Cons. de santé du 23 juillet 1632. Cf. CC. 1147.

[3] Ibid., CC. 1139. Cf. G. de Lérisse. *Op. cit.*, fol. 66.

brûlait. On en agit ainsi en 1522[1]. Le 15 janvier 1534, on entassa dans l'Ile, en un énorme bûcher, mêlés à des plantes odorantes, tous les vêtements des pestiférés et tous les objets qui avaient été à leur usage et l'on en fit un feu de joie[2]. Cette méthode radicale ne fut jamais absolument abandonnée et, en 1633, nous voyons les Religieux, qui s'étaient exposés pendant l'épidémie, brûler leurs robes avant de rentrer en ville[3].

On brûlait même les maisons, lorsque leurs propriétaires refusaient d'y laisser pénétrer les parfumeurs, lorsqu'on les jugeait trop profondément contaminées pour être assainies par des fumigations et surtout lorsqu'elles étaient de peu de valeur et isolées des autres habitations. Hors le cas où cette exécution était motivée par l'obstination du propriétaire, la ville, sur les deniers de la santé, lui allouait une indemnité.

En résumé, il y avait dans l'Ile un aumônier, un chirurgien et parfois un apothicaire, un intendant ou gouverneur, un ou plusieurs distributeurs des vivres, des corbeaux ou galopins et des parfumeurs.

Pour surveiller tout ce personnel et le maintenir plus étroitement dans le devoir, il eût fallu que le capitaine de la santé fît dans l'enceinte des pestiférés de fréquentes visites. Or, nous avons dit qu'il ne s'y rendait jamais ou du moins qu'il ne franchissait pas la palissade qui en marquait le périmètre. Une seule fois, en 1629, nous voyons un capitaine de la santé faire une ronde dans les divers enclos des pestiférés et des suspects. Il y constata com-

---

[1] Arch. de Grenoble, BB. 8. Délib. du 23 décembre 1522.
[2] Pièces justificatives n° VII.
[3] Ibid., GG. Délib. du Cons. de santé.

bien défectueuse était l'installation de ces malheureux, entassés dans des cabanes trop peu nombreuses au point qu'on était obligé d'en parquer jusqu'à treize dans un réduit qui n'avait pas douze mètres carrés[1].

Un charpentier et quelques planches suffisaient pour remédier à cette situation, dont nos pères ne gémissaient pas autant que nous nous l'imaginons, étant habitués à des logis peu confortables. Mais s'ils supportaient l'exiguïté du gîte, ils souffraient cruellement lorsqu'à l'heure de la distribution des vivres, leur ration de pain était réduite des trois quarts ou même complètement supprimée. La diète est parfois bonne pour les malades, mais elle était cruelle pour les suspects, la plupart gens bien portants et expulsés par simple mesure de précaution. En 1586, il y en avait environ quinze cents tant dans l'Ile que dans les relaissés du Drac. Or, nous avons raconté comment, pendant près d'une semaine, ces quinze cents malheureux durent se contenter d'une once de pain par personne et par jour. Exaspérés par la faim, ils rompirent les barrières sanitaires et se présentèrent en foule aux portes de la ville, décidés à y rentrer et à piller les caves et les celliers des bourgeois émigrés. Il fallut parlementer avec ces affamés, les consoler avec des promesses, sans savoir si on pourrait les tenir et appuyer l'éloquence des négociations par une démonstration de la milice en armes. En même temps on envoyait un courrier au Parlement, alors réfugié à Saint-Étienne-de-Crossey, et on obtenait de lui une levée d'une demi-charge de froment par feu sur toutes les communautés du bailliage[2].

---

[1] Pièces justificatives n° XX.

[2] En 1628, les pauvres mis en quarantaine dans l'ile Fournel y restèrent un jour entier sans pain (CC. 771, 1135).

Si les vivres manquaient parfois dans l'Ile et aussi dans la ville, la faute n'en était pas aux consuls, dont le zèle au contraire faisait des miracles pour assurer les approvisionnements. Mais la tâche était difficile. Outre les pestiférés et les suspects, il fallait nourrir tous ceux qui, en temps ordinaire, demandaient leur subsistance à la charité publique : les pauvres auxquels on interdisait de mendier et que l'on enfermait dans les hôpitaux ; les couvents qui ne pouvaient plus quêter [1] ; et d'ailleurs, quêteurs et mendiants eussent trouvé fermées les portes des hôtels et des riches maisons bourgeoises, dont les maîtres s'étaient enfuis. A ces clients ordinaires de la charité publique venaient se joindre, en temps de peste, les artisans, les petits bourgeois, qui ne trouvaient plus rien à acheter sur les marchés déserts, ou qui ne pouvaient payer aux prix élevés, qu'on en demandait, les rares denrées accaparées par les revendeurs. C'était donc la moitié de la population qui tombait à la charge de la ville.

Pour empêcher ces malheureux de mourir de faim, les consuls, dès les premières menaces de l'épidémie, déléguaient l'un d'entre eux au service des approvisionnements [2]. Ils obtenaient du Parlement des ordonnances défendant les accaparements, prescrivant aux communautés villageoises de faire bon accueil aux agents de la ville et de leur ouvrir leurs foires et leurs marchés, et aux habitants des villages voisins de continuer à apporter leurs denrées aux marchés de Grenoble. Mais la terreur,

---

[1] Arch. de Grenoble, CC. 1137.
[2] Ibid., CC. 1133.

inspirée par la peste, était plus forte que toutes ces ordonnances. Les châtelains des villages eux-mêmes interdisaient à leurs administrés toute relation avec la capitale suspecte, et quand les bouchers et les boulangers grenoblois se présentaient dans les marchés ou dans les foires, ils étaient trop fréquemment accueillis à coups de bâtons ou de pierres [1]. Néanmoins, à force de persévérance et de ruse, on parvenait assez souvent à remplir les greniers de la ville. Lorsque ces provisions étaient épuisées, on ouvrait les caves et celliers des chanoines et des membres du Parlement, sauf à les indemniser à la fin de l'épidémie [2]. Enfin, quand les greniers publics et privés étaient vides et que l'argent manquait pour faire de nouveaux approvisionnements, le Parlement intervenait pour imposer aux communautés du bailliage de nourrir la capitale affamée.

L'argent, il en fallait beaucoup pour faire face à toutes ces dépenses, et la ville en avait peu. Pour en trouver, les consuls avaient recours à trois moyens : les quêtes, les emprunts, les tailles.

Les quêtes, dans une ville dépeuplée de la moitié la plus riche de sa population, donnaient de maigres produits. Aussi y renonça-t-on de bonne heure. Pendant l'épidémie de 1522, chaque jour, deux bourgeois, à tour de rôle, parcouraient les rues, suivis d'une ânesse et de son ânon, portant l'une un grand sac et l'autre une cassette. Une clochette, pendue au cou de l'ânesse, annonçait aux habitants le passage des quêteurs. Ils sortaient alors

[1] Pièces justificatives V, VII, IX. Délib. du Cons. de santé du 5 octobre 1597. CC. 1139.

[2] Ibid., CC. 1140.

sur leurs portes et mettaient dans le sac du pain et d'autres provisions de ménage, dans la cassette quelques pièces de monnaie [1]. Il en fut de même pendant la peste de 1533. Le produit des quêtes était grossi par des souscriptions volontaires offertes par les compagnies judiciaires et les membres du clergé [2].

Mais tout cela ne faisait jamais une somme bien importante et les besoins pressaient. On empruntait donc, d'abord à la caisse du grand hôpital, aux riches marchands de la ville, puis, quand on avait épuisé ces ressources, aux banques de Lyon [3]. On empruntait même sans l'assentiment du prêteur. En 1629, les Chartreux avaient consigné au greffe de la Cour une somme de 6,000 livres qu'ils devaient au président de Bazemont et que, pour une raison que nous ne connaissons pas, ce dernier refusait de recevoir. Avec l'assentiment du Parlement, on emprunta ces 6,000 livres pour les frais de la santé [4]. La même année, quelqu'un fit observer au Conseil de santé que beaucoup de personnes mouraient de la peste laissant de l'argent dont leurs voisins s'emparaient au préjudice des héritiers. Le Conseil décida que cet argent serait recueilli par le receveur de la santé, qui en délivrerait des obligations au nom des Trois-Ordres de la ville [5].

Après la peste, il fallait liquider toutes ces dettes, et c'est par des tailles qu'on en venait à bout. Ces tailles

---

[1] Arch. de Grenoble, CC. 1130, — BB. 7, fol. 183.

[2] Ibid., BB. 10. Délib du 4 avril 1533. BB. 19, — CC. 1131.

[3] Ibid., CC. 772, 1141. Délib. du Cons. de santé et du Conseil consulaire, *passim*.

[4] Ibid., CC. 1141, 1142.

[5] Ibid. Délib. du Cons. de santé (mai 1629).

atteignaient tous les habitants de la ville exempts et non exempts. Seuls les officiers de la santé en étaient souvent déchargés. Quand la taille était cotisée pendant la durée de l'épidémie, elle affectait parfois la forme d'une souscription forcée, que le receveur de la santé percevait semaine par semaine. Dans ce cas, les émigrés étaient tenus de laisser dans la ville un mandataire pour acquitter leur taxe en leur nom [1].

Le recouvrement de ces tailles était confié à un receveur spécial des deniers de la santé, lequel pouvait, sans autre procédure, faire emprisonner les contribuables récalcitrants. Ce comptable acquittait les dépenses de la santé sur des mandats délivrés par les consuls ou deux membres du conseil de santé, délégués à cet effet. Il recouvrait, lorsque cela était possible, les frais de traitement des malades qui avaient quelques ressources et le prix de location des cabanes. Il rendait ses comptes au Conseil de santé [2].

Assurer, dans ses multiples détails, le service sanitaire, pourvoir aux approvisionnements, trouver de l'argent, à cette triple fonction, pourtant si lourde, ne se bornait pas la mission du Conseil consulaire. En quittant la ville, le Parlement lui laissait une partie de ses devoirs, en même temps qu'il lui conférait des droits de juridiction en matière criminelle et civile. Cette délégation mettait à la charge des consuls la police de la ville, ordinairement exercée par les officiers judiciaires, et qui devenait plus difficile dans le désarroi et la panique

[1] Pièces justificatives n° X, art. 8.
[2] Arch. de Grenoble, CC. 1139 et *passim*.

causés par l'apparition du fléau. Ces quartiers déserts, ces hôtels abandonnés, quelle aubaine pour les voleurs, qui pouvaient y opérer à l'aise, sans crainte d'être dérangés ni par la milice désorganisée ni par les passants, puisqu'il était défendu de sortir après neuf heures du soir. Aussi ne manquèrent-ils pas et les ordonnances sanitaires, par les mesures qu'elles prescrivent contre eux, montrent assez la part importante qu'ils prenaient dans les préoccupations des autorités municipales.

Pour bien affirmer leurs droits de hauts-justiciers, les consuls faisaient dresser une potence sur la place du Mal-Conseil, au centre de la ville. Ils expulsaient ce qui restait encore de vagabonds et de gens sans aveu, interdisaient la circulation dans les rues, sans motif grave, après la nuit close et pour remplacer la milice, organisaient un service de guêt et de patrouilles, divisé en six compagnies, placées chacune sous le commandement d'un capitaine. Deux de ces compagnies veillaient à la sécurité des quartiers de Saint-Laurent et de la Perrière, les quatre autres se partageaient les quartiers de la rive gauche de l'Isère. Chaque nuit, des patrouilles circulaient dans les rues, surveillant avec une particulière attention les maisons abandonnées. Tout voleur surpris en flagrant délit, tout individu suspect, qui ne pouvait justifier des causes de sa présence dans les rues à cette heure indue, étaient arrêtés et jugés, sans appel, par un conseil composé des six capitaines [1]. Les peines prononcées étaient l'emprisonnement, le fouet ou l'amende. En 1597, le

---

[1] Arch de Grenoble, AA. 6, fol. 417. Pièces justificatives n°s V, VII et IX. Guill. de Lérisse. *Op. cit.*, fol. 47 v°. Délib. du Cons. de santé du 13 septembre 1630 et du 7 août 1631.

geôlier de la conciergerie ayant refusé de recevoir des prisonniers qui lui étaient ainsi amenés, si on ne lui garantissait pas le pain du Roi, c'est-à-dire le paiement de leur nourriture, le Conseil de santé décida que les voleurs qui seraient arrêtés à l'avenir seraient jugés séance tenante et punis d'une peine corporelle.

Pour seconder l'action des capitaines de la police, les consuls choisirent, en 1533, dans chaque quartier et surtout dans les faubourgs, des hommes sûrs, chargés de s'informer secrètement des menées et projets des coquins qui voudraient profiter de l'absence des riches propriétaires pour dévaliser leurs maisons. Dès qu'ils avaient découvert quelque complot, ils en informaient les consuls [1].

Parfois on autorisait les bourgeois à se défendre eux-mêmes. Le 28 septembre 1597, les habitants des maisons adossées au Verderet demandèrent au Conseil de santé la permission d'arquebuser les voleurs qui tenteraient d'entrer chez eux par derrière. Le Conseil leur accorda une arquebusade ou deux [2].

Parmi les malfaiteurs auxquels les capitaines de la police donnaient la chasse, il en était que l'on désignait sous le nom d'*engraisseurs*. On appelait ainsi, dans toute la région, des hommes ou des femmes pestiférés qui venaient, disait-on, pendant la nuit, oindre d'une graisse infecte les serrures et les gonds des portes des maisons. Dans la croyance populaire, cette graisse, mêlée à du pus de pestiféré, devait communiquer la maladie à tous les habitants de la maison. Certains engraisseurs l'appliquaient sur

---

[1] Pièces justificatives n° VII.
[2] Délib. du Cons. de santé.

les vêtements des personnes qu'ils rencontraient ; ils s'en servaient pour empoisonner des mouchoirs, des rubans, des gants, qu'ils semaient ensuite dans les rues. Au cours de toutes les épidémies du XVIe et du XVIIe siècle, on les voit constamment reparaître à Grenoble, à Chambéry, à Genève, à Lyon. Peut-être n'étaient-ils que de vulgaires coquins, qui usaient de ce procédé pour écarter les gens des maisons où ils voulaient pénétrer. En tout cas, partout ils étaient l'objet d'une terreur superstitieuse et d'une haine féroce. Quand les capitaines de la police réussissaient à les prendre, ils étaient, sans autre forme de procès, condamnés à mort et pendus à la potence de la place du Mal-Conseil. Mais le plus souvent le peuple lui-même faisait justice en les assommant sur place [1]. Il est juste de dire qu'il se trompait parfois, s'il faut en croire le P. Grillot, qui, dans sa brochure sur *Lyon affligé*, nous raconte qu'un malheureux qui rentrait chez lui, pendant la nuit, une chandelle à la main, fut lapidé devant sa maison par la populace lyonnaise, parce que des taches de la chandelle, qui avait coulé sur ses habits, l'avaient fait prendre pour un engraisseur [2].

La surveillance de la police s'étendait encore sur les étrangers qui, sans crainte de l'épidémie qui y régnait, entraient dans la ville. Souvent il était démontré que, s'ils ne la redoutaient pas, c'est qu'ils en étaient atteints et alors on les expulsait ou même on les pendait comme engraisseurs. Enfin, les règlements relatifs aux

---

[1] Arch. de Grenoble, BB. 8, fol. 211, 217, 226, 268, — BB. 10, fol. 187, 208, 212. Pièces justificatives nos IX, X. CC. 1139, 771. Délib. du Cons. de santé du 10 janvier 1630. A Chambéry, on les mettait à la torture et on les brûlait. Cf. Burnier, *Hist. du Sénat de Savoie*. I, p. 436.

[2] Le P. Grillot. *Lyon affligé, etc.*, pp. 30, 33, 40.

hôtelleries et tavernes, règlements qui faisaient partie des mesures préventives exposées plus haut, étaient renouvelés et défense était faite aux tenanciers de ces maisons d'y donner à boire aux habitants de la ville. Mais même au moment où la peste faisait rage, il était impossible de tenir fermées les portes des cabarets et ceux qu'on y rencontrait le plus fréquemment étaient ceux-là même qui avaient mission d'en défendre l'entrée. Le 10 octobre 1597, le crieur public annonçait à son de trompe que pendant trois mois il était interdit à tous les habitants de fréquenter les hôtelleries et cabarets sous peine de quatre écus d'amende pour chaque contravention et, en cas de récidive, du bannissement pendant trois mois. Antoine de Griffon, lieutenant particulier du bailliage, était chargé d'assurer l'exécution de cette ordonnance et de recevoir les amendes, dont le produit était attribué pour un quart aux dénonciateurs, les trois autres quarts devant être partagés entre les pauvres et la caisse de la santé. Or, le premier délinquant dénoncé au Conseil sanitaire fut précisément cet Antoine de Griffon qui, une heure après le passage du crieur public, vint s'attabler avec un ouvrier de la Monnaie dans un cabaret de la Perrière [1].

Pour achever ce tableau du vieux Grenoble en temps de peste, il nous reste à rappeler quelques mesures exceptionnelles, qui y furent prises à diverses époques à raison de l'épidémie. En 1467, le gouverneur du Dauphiné, Jean de Comminges, rendit une ordonnance portant que les locataires qui auraient quitté la ville pendant

[1] Pièces justificatives n° XIII, art. I. Arch. de Grenoble. Délib. du Cons. de santé du 22 octobre 1597.

la peste ne seraient pas tenus de payer leur loyer [1]. Un arrêt du Parlement du 12 janvier 1630 consacre les mêmes principes, en déchargeant pour quatre mois du prix de location de leurs maisons, boutiques et étables tous ceux qui avaient été contraints de quitter la ville pendant la peste. Toutefois, cette remise exceptionnelle ne pouvait être réclamée par les gentilshommes, les magistrats et officiers de justice et de finances, non plus que par les bourgeois riches [2]. En 1597-1598, le Conseil de santé défend aux propriétaires de congédier leurs locataires et à ceux-ci de déménager avant la fin de l'épidémie [3]. Le 11 septembre 1629, il renouvela la même défense de transporter aucun meuble jusqu'à la rentrée du Parlement, « qui en ferait à son bon plaisir [4] ».

Le 18 juillet 1533, le Conseil de ville défend, pendant la durée de la peste, de congédier les serviteurs ou les servantes sans l'autorisation des Consuls [5].

En 1587, le Conseil de santé interdit pendant deux mois aux créanciers des suspects de les poursuivre pour le paiement de leurs dettes [6]. En 1597, les détenus pour dettes enfermés dans la prison de Grenoble sont mis en liberté sous caution. Les prisonniers criminels sont envoyés dans des prisons voisines [7].

---

[1] Arch. de l'Isère, B. 3232, fol. 69. Cf. Prudhomme. *Hist. de Grenoble*, p. 272.

[2] Arch. de Grenoble, CC. 1144.

[3] Ibid. Délib. du Cons. de santé du 18 janvier 1597 et du 17 septembre 1598.

[4] Ibid. Cf. CC. 1141. A cette époque dejà les déménagements se faisaient, à Grenoble, « à la Croix de septembre ».

[5] Ibid., BB. 10.

[6] Ibid. Délib. du Cons. de santé du 22 novembre 1587.

[7] Ibid. Délib. du 31 août 1597.

Un arrêt du Conseil d'État du 5 août 1580 déclare que si les officiers du Parlement et de la Chambre des Comptes, qui resteront à Grenoble pendant la peste, viennent à mourir de l'épidémie, leurs offices seront conservés à leurs veuves et héritiers [1].

Est-il nécessaire, après ce consciencieux inventaire des armes défensives et offensives forgées contre la peste, de rechercher les causes des apparitions périodiques et surtout des retours imprévus pendant trois ou quatre années, d'un ennemi que l'on croyait avoir définitivement vaincu ? Ces causes, on les a reconnues dans les déplorables conditions hygiéniques dans lesquelles vivait la population grenobloise du XVIe siècle, dans l'oubli ou le mépris des préceptes sanitaires si minutieusement et si sagement édictés par le Conseil de santé et, il convient d'ajouter, dans l'impossibilité, où se trouvait ce Conseil, d'assainir les villages des environs de Grenoble, comme il s'efforçait d'assainir la ville elle-même. Et ceci nous amène à dire un mot de la peste dans les campagnes.

On n'a pas oublié que l'action du Conseil de santé et de son agent principal, le capitaine de la santé, s'étendait sur tous les villages du bailliage de Graisivaudan. Mais il s'en fallait de beaucoup que cette action fût toujours et partout efficace. A des injonctions, souvent gênantes pour leurs habitudes, les villageois ne craignaient pas de résister ouvertement et d'en appeler du Conseil de santé au Parlement. Sans doute, ce dernier finissait toujours par leur imposer l'obéissance, mais, pendant les délais de la procédure, le mal avait fait des progrès et les précautions arrivaient trop tard.

---

[1] Arch. de Grenoble, CC. 1135.

D'autres acceptaient les instructions et les ordres, mais soit inintelligence, soit insouciance du danger, se relâchaient de leur surveillance et fermaient les yeux sur les plus graves abus. Le 1er mai 1581, deux délégués du Conseil de santé étaient envoyés à Villarbonnot pour s'informer de l'état sanitaire de cette bourgade. On leur apprenait que des gens y étaient morts pour avoir couché dans des draps provenant de pestiférés, lesquels n'avaient pas été désinfectés. Des cabanes avaient bien été construites sur les bords de l'Isère pour recevoir les malades; mais la plupart de ceux-ci s'étaient enfuis ou étaient rentrés chez eux. Dans l'une de ces cabanes, une pauvre femme était morte de la peste et son corps, réduit en pourriture, y était encore. Dans le bourg même, des gens mouraient que l'on enterrait autour de l'église, sans se préoccuper de la nature de leur maladie. Et cependant, malgré la gravité des circonstances, la vie continuait dans le village, active, bruyante, joyeuse même. Des festins et des noces y réunissaient des gens de tous les pays voisins, qui rentraient ensuite chez eux au risque d'y propager l'épidémie [1].

Les exemples de faits semblables abondent dans les registres du Conseil de santé. En 1598, on lui apprend qu'entre Lancey et Domène, dans une grange abandonnée, se trouve le corps d'un homme mort depuis plus de six mois, à demi dévoré par les chiens, qui l'ont traîné sur le bord de la route. Le Conseil ordonne de brûler la maison et le cadavre et condamne à vingt écus d'amende les consuls des deux communes [2].

---

[1] Arch. de Grenoble, GG. Délib. du Cons. de santé du 1er mai 1581.
[2] Ibid. Délib. du 10 avril 1598.

Au commencement de novembre 1632, les pestiférés de Bresson refusent de rester dans les cabanes, où ils ont été cantonnés et où les loups viennent pendant la nuit les attaquer. Ému de leur situation, M. de Saint-Nazaire met à leur disposition une maison sise sur le territoire d'Eybens. Il avait compté sans les habitants de cette commune qui, effrayés de ce voisinage, repoussent leurs malheureux voisins et brûlent la paille qu'ils avaient apportée pour se coucher. Le Conseil de santé est obligé d'intervenir ; il met les pestiférés de Bresson sous la sauvegarde du Roi et du Parlement et sous la responsabilité des officiers de la commune d'Eybens [1].

L'action du Conseil de santé s'exerçait de diverses façons sur les villages atteints ou seulement menacés par l'épidémie. Tantôt — et c'était le cas des bourgades importantes — il se bornait à provoquer la création d'un Conseil local, composé des principaux notables, auquel il abandonnait ensuite la direction des mesures de police et d'hygiène. Tantôt il intervenait directement, rédigeait les ordonnances sanitaires, nommait les officiers chargés de les appliquer ou même déléguait à cet effet un lieutenant du capitaine général de la santé. Les prescriptions de ces ordonnances étaient à peu près les mêmes que celles qui étaient en vigueur à Grenoble ; mais, dans ces villages ouverts de tous côtés, la surveillance des étrangers, rendue plus difficile, était l'objet de mesures spéciales, auxquelles devaient collaborer tous les habitants d'une région, défendue par le même cordon sanitaire. Ce périmètre de protection était marqué par des palissades

---

[1] Arch. de Grenoble, GG. Délib. du Cons. de santé du 3 nov. 1632.

hérissées d'épines, fermant toutes les routes et avenues. Sur les principaux passages, dans la palissade étaient pratiquées des « cledats » ou portes gardées par trois notables, armés d'arquebuses, et dont l'un au moins devait savoir lire, pour prendre connaissance des billets de santé présentés par les voyageurs. La nuit, ces portes étaient fermées à clefs [1].

Le Conseil de santé fournissait encore aux villages des chirurgiens et des galopins, ou bien il leur envoyait trois fois par semaine un médecin de Grenoble, lequel, accompagné par l'un des consuls, s'approchait de la barrière fermant l'enclos des pestiférés, s'informait de la marche de la maladie, dictait des ordonnances et envoyait ensuite un apothicaire grenoblois pour apporter et préparer les médicaments [2].

Pendant toute la durée de la peste, l'église restait fermée. Le curé célébrait la messe en plein air, sur un endroit élevé, et de loin les habitants y assistaient, se tenant soigneusement à l'écart les uns des autres.

A la campagne, les procédés de désinfection étaient en général très expéditifs. Comme il était difficile de se procurer des parfumeurs, le plus souvent meubles et maisons, on brûlait tout ,sauf à indemniser ensuite les propriétaires.

V

Lorsque le capitaine de la santé annonçait au Conseil que l'épidémie avait définitivement disparu, le médecin

---

[1] Arch. de Grenoble. Délib. du Cons. de santé, *passim*.

[2] Ibid., CC. 1135. Délib. du Cons. de santé du 14 août 1580 et *passim*.

le plus autorisé de la ville rédigeait une déclaration constatant cet heureux événement. Cette déclaration était imprimée et envoyée à toutes les villes avec lesquelles Grenoble entretenait des relations. En même temps, un membre du Conseil était député auprès des consuls de ces villes pour obtenir d'eux la levée de l'interdit qui pesait sur les voyageurs et les marchandises de provenance grenobloise, négociation toujours difficile et qu'on était obligé fréquemment d'appuyer de l'autorité du Parlement [1].

A vrai dire, ce dernier, malgré les assurances contenues dans la déclaration médicale, ne se pressait guère de réintégrer son palais de la place Saint-André. Il exigeait que la ville entière fît préalablement une quarantaine de santé, pour être bien sûr qu'il n'y restait plus un germe de la maladie. Il exigeait surtout que toutes les maisons y fussent désinfectées, et aussi celles des villages de la banlieue. Le Conseil de santé s'y employait de son mieux en ce qui concernait les maisons de la ville, et, en procédant à cette opération, il faisait vérifier si toutes ces habitations remplissaient certaines conditions d'hygiène et de salubrité [2]. Il était moins heureux dans son action sur les villages voisins, où ses ordres ne rencontraient le plus souvent que négligence ou mauvais vouloir [3].

Pendant cette dernière quarantaine de garantie, toutes les ordonnances relatives à la police des cabarets, aux

---

[1] Arch. de Grenoble. Délib. du Cons. de santé du 26 août 1632.

[2] Ibid., CC. 1135.

[3] A la fin de la peste de 1586, les gens du Domène refusent de désinfecter leurs maisons (Délib. du Cons. de santé du 15 février 1587). Aussi la peste reprit en 1587.

noces, danses et réunions de toute nature restaient en vigueur [1]. Et de même la garde des portes était reprise avec plus de régularité que durant l'épidémie [2]. Les voyageurs n'étaient admis que sur la présentation d'un billet de santé. La même mesure était prise à l'égard des émigrants qui rentraient peu à peu, lesquels étaient obligés de justifier devant le Conseil de santé qu'ils avaient passé le temps de leur exil dans des localités où le fléau n'avait point pénétré [3].

On rétablissait les marchés que l'on tenait d'abord en dehors de la ville; mais, pendant six mois, il était interdit de vendre de vieux habits et de vieux meubles [4].

Dès que l'Ile et ses annexes étaient évacuées, on congédiait le personnel des agents de la santé, après leur avoir fait faire quarantaine. Les cabanes étaient démolies et les planches, après avoir passé à la désinfection, étaient remisées dans l'hôpital de l'Ile [5]. Ce dernier était à son tour désinfecté et sa chapelle redevenait un but de pèlerinage pour tous les Grenoblois, qui venaient en foule y prier pour leurs parents ou leurs amis morts de la peste, et dont les corps reposaient dans le cimetière de l'Ile [6].

---

[1] Arch. de Grenoble, CC. 1135.

[2] Ibid., CC. 1136.

[3] Ibid. Délib. du Cons. de santé du 15 novembre 1631.

[4] Ibid. Délib. du Cons. de santé du 2 novembre 1597.

[5] Ibid., CC. 1148. Cf. Délib. du Cons. de santé du 21 déc. 1597.

[6] Le 6 décembre 1538, une consultation des médecins et apothicaires de la ville autorisa l'exhumation, pour les inhumer dans les cimetières de la ville, des pestiférés morts en 1533, attendu que « passez trois ans, l'on peut déterrer semblables corps, morts de peste, sans aulcun dangier, pourveu qui se fasse en temps froid, c'est assavoir du mois de décembre et janvier. » (Arch. de Grenoble, BB. 12. Inv., p. 33).

Enfin, un service solennel était célébré dans la cathédrale pour tous les pauvres gens que l'on avait dû enterrer sans cérémonie pendant l'épidémie[1]. Cette fête des morts se terminait par une hymne d'actions de grâces adressée par les survivants au Dieu qui les avait épargnés.

---

[1] Arch. de Grenoble, BB. 8, fol. 182 v°.

PIÈCES JUSTIFICATIVES.

I

Extrait du testament de noble Grace d'Archelles, fondateur de l'hôpital de l'Ile.

31 janvier 1485.

In nomine Domini nostri Jesu-Christi, amen. Noverint universi et singuli quod anno a nativitate ejusdem Domini millesimo quatercentesimo octuagesimo quinto et die ultima mensis januarii, in mei notarii publici subsignati et testium inferius nominatorum ad hec per testatorem infranominatum vocatorum et rogatorum presentia, constitutus personaliter nobilis Grasse [1] d'Archelles, scutifer scutifferie serenissimi principis regis Francorum, domini nostri, qui, scienter, gratis et sponte, sanus mente et intellectu, licet eger corpore, cogitans de suppremis, considerans et actendens quod melius est unumquemque spe mortis testatum vivere quam spe vite decedere intestatum, idcirco suum fecit et condidit ultimum testamentum nuncupativum, licet in scriptis redactum, ejusque ultimam voluntatem in hunc qui sequitur modum. Christi nomine invocato et venerabili signo Sancte Crucis premisso, sic dicendo : In nomine Patris et Filii et Spiritus Sancti, amen.

In primis animam suam, etc. . . . .

. . . .

Item voluit et ordinavit vestiri, die sue sepulture, tresdecim Christi pauperes de tresdecim vestibus et capuciis panni sarzillis albi, qui, dictis vestibus induti, et uno cereo ardente

---

[1] Al. Graco.

associare debeant cadaver ipsius testatoris durante dicta sepultura et inde in domum reverti, quibus detur prandium condecens, prout in talibus est consuetum.

. . . .

Item dedit et legavit et jure legati relinquit prioribus et confratribus confratrie Sancti Spiritus parochie Sancti Laurentii Gratianopolis, pro juvando in edifficio domus dicte confratrie, decem florenos dicte monete debilis nunc currentis.

. . . .

Item voluit et ordinavit ipse testator poni et tradi per ejus exequutores infranominatos in manibus mercatorum, tutorum et sufficientium, cum ydonea cautione et securitate, de denariis dicti testatoris summam quinque millium florenorum, de quorum fructibus et lucro in mercantiis vel aliàs juste et honeste fiendo *(sic)* gaudeat et fruatur ipsa nobilis Guieta [1], quamdiu fuerit in humanis et de quorum quinque millium florenorum lucro et fructibus ipsa Guyeta facere et disponere possit ad ejus omnimodam voluntatem, in vita pariter et in morte. Post ejus nobilis Guyete decessum, voluit et ordinavit idem testator quod de dictis quinque millibus florenis tradantur et expediantur tres mille floreni ecclesiis Beate Marie, Sancti Andree, Fratrum Predicatorum, et Fratrum Minorum dicte civitatis Gratianopolis, quibus quatuor ecclesiis dat et legat, cuilibet pro quarta parte et equa portione, ipsos tres mille florenos; qui tres mille floreni convertantur in augmentatione fundationis missarum in qualibet dictarum ecclesiarum, in remedium anime ipsius testatoris, videlicet pro quibuslibet centum et quinquaginta florenis in qualibet dictarum ecclesiarum fundetur et augmentetur una missa perpetuo, qualibet hebdomada, celebranda, et residuum vero dictorum quinque millium florenorum reponatur in manibus suorum exequutorum, convertendum in solutione suorum legatorum supra et infrascriptorum.

. . . .

---

[1] Femme du testateur.

Item dedit et legavit et jure legati relinquit pauperibus Christi, qui, tempore pestis epydimie Grationopoli vigentis, ab eadem civitate propter contagionem expelluntur, summam duorum millium florenorum restantium de quinque mille florenis, in manibus mercatorum, ut supra, tradi ordinatis, solvendorum post decessum dicte nobilis Guyete et implicandorum per exequutores suos infranominatos tam in edifficio vel acquisitione unius domus pro dictis pauperibus expulsis vel expellendis a dicta civitate, tempore pestis epidimie, quam in redditibus vel hereditatibus acquirendis pro substentatione dictorum pauperum et eorum habitatione.

Item, ultra predictos duos mille florenos, de ampliori caritate, dedit et legavit ipse testator dictis pauperibus, qui a dicta civitate, tempore pestis epydimie, expellentur, ut celerius dicta domus possit acquiri vel edifficari, non expectato decessu dicte Guyete, ejus uxoris, videlicet mille florenos dicte monete debilis convertendos tam in acquisitione vel edifficio dicte domus, quam in edifficio unius altaris seu cappelle, eidem domui contigue, pro serviti odictorum pauperum, [ubi], quandiu ibidem erunt pauperes expulsi, qualibet hebdomada, tres missas *(sic)*, cessata vero peste, semper celebretur una missa, qualibet hebdomada; et de residuo dictorum millium florenorum acquirantur per dictos ejus exequutores census vel pensiones aut alia bona ad utilitatem ipsarum domus et capelle. Pro quaquidem domo custodienda et capella servienda provideatur de uno rectore per exequutores suos infranominatos et alios per ipsos eligendos, quando vacabit ipsa rectoria; qui rector eisdem domui et capelle deserviet et receptam omnium obventionum faciet et, singulis annis, circa festum Nativitatis Domini, in manibus exequutorum testamenti dicti testatoris, qui pro tempore fuerint, de tota revenuta dicte domus computum reddet, et pro suo salario et servitio habebit medietatem totius revenute, aliam vero medietatem in manibus dictorum exequutorum realiter tradet tute reservandam, in manibus alicujus famosi mercatoris Gratianopolitani custodiendam, pro substentatione dictorum pauperum, tempore pestis. Quos exequutores suos pro tempore existentes ipse testator relinquit dictorum domus et capelle patronos, dando eis potestatem dictum rectorem, si deficiat in servicio ipsorum capelle et pauperum tempore pestis faciendo, eum privandi et de alio providendi, prout melius videbitur faciendum.

. . . .

Exequutores autem hujusmodi sui ultimi testamenti sueque ultime voluntatis fecit et ore suo proprio nominavit venerabiles et religiosos viros magistros Hugonem Oudenodi alias Roybat, ordinis Fratrum Minorum, Raphaelem Rosseti, presbyterum conventus Fratrum Predicatorum hujus civitatis Gratianopolis, sacre pagine professores, nec non dominum Ludovicum Ruffi, capellanum ecclesie predicte Beate-Marie Gratianopolitane, in decretis baquellarium, egregium dominum Johannem Roboudi [1], licenciatum in legibus, consiliarium dalphinalem et me Claudium [2] Bovis, notarium et secretarium Dalphinalem subsignatum, ita quod quatuor ex ipsis, absente quinto a presenti civitate, habeant in omnibus per eumdem testatorem ordinatis plenariam potestatem inferius mentionatam, ac si omnes quinque simul essent.

. . . .

Item voluit et ordinavit quod, defuncto uno ex dominis exequutoribus, alii quatuor supravoventes alium loco talis defuncti eligere debeant, qui talem et consimilem habeat potestatem. . . . .

Acta et recitata fuerunt hec Gratianopoli, in domo dotali dicti testatoris, in camera bassa prope aulam a parte carrerie de Bornolenco, in qua ipse testator egrotabat.

(Archives de Grenoble, AA. 6, fol. 283. — GG. Cartul. de l'hôpital, fol. 569.)

---

[1] Rabodi (AA. 6).
[2] Glaudium (AA. 6).

[1] Raboudi (AA. 6).
[2] Glaudium (AA. 6).

II

Codicille de Grace d'Archelles.

2 février 1485.

Portquam, anno quo supra Domini millesimo quatercentesimo octuagesimo quinto a Nativitate sumpto et die secunda mensis februarii, dictus nobilis Grace existens in sua bona memoria, volens aliqua addere et aliqua modica mutare in dicto suo testamento, externa die facto, per hos suos codicillos voluit, ordinavit et legavit ut sequitur. Primo, quoad nominationem exequutorum, pro eo quia dominus Ludovicus Ruffi est senex et non potest quasi ambulare, loco ipsius nominavit et exequutorem esse voluit cum aliis quatuor in suo testamento nominatis venerabilem et religiosum virum dominum Hugonem Ourandi, canonicum ecclesie Beate-Marie Gratianopolis.

Item dedit et legavit nobili Guyete Ourande, ejus uxori, ultra alia per dictum testamentum sibi donata, suam mulam, suum equum et suam roncinam, quas habet in suo stabulo hujus civitatis.

Item dat et legat eidem Guyete suam cathenam auri, ponderantem circa unam marcham, ejus vita durante, et post ejusdem Guyete decessum, dat ipsam cathenam ymagini B.-M. Grationopolis, per eam portandam, dum fient processiones in hac civitate.

..... Item dat et legat Georgio Ourandi, fratri dicte Guyete, centum florenos sibi assignandos et solvendos super certis assignationibus sibi traditis per dominum Thesaurarium in terra Cassenatici et super aliis pecuniis, si dicte assignationes non sufficient.

Item dat et legat Petro Maronis, de Cassenatico, etc...

Item dat Salvatori, ejus nepoti, suam vestem excarlate; item Johanni Danjou, unam aliam de panno laneo, quam maluerit; item Anthonio de Archellis, ejus filio naturali unam aliam ex dictis vestibus panni lanei.

Actum in dicta carreria, in qua egrotat dictus Grace, presentibus magistro Ludovico Dangueran, medico, fratribus Hugone Oudenoudi alias Roybat, Anthonio de Freysino, ordinis Fratrum Minorum, Anthonio Majoris, clerico parrochie Sancti Johannis Veteris, testibus.

(Archives de Grenoble, AA. 6, fol. 286.)

II *bis*.

Obituaire de Notre-Dame.

16 février.

Hodie nobilis Grace de Archelis, scutifer quondam regis Ludovici XImi, fondavit legatum de triginta grossis dividendis celebrantibus, fundavitque die qualibet, in capella Resurrectionis. unam missam et fieri fecit hospitale, in insula situm, pro egrotantibus de peste.

Anno Domini M. IIIIc LXXX III (date inexacte).

(Archives de l'Isère, série G. Fonds du Chapitre de Notre-Dame.)

III

Bénédiction du cimetière de l'hôpital de l'Ile.

1497.

Anno... Domini millesimo quatercentesimo nonagesimo septimo et die martis decima mensis januarii. in domo ponderis farinarum hujus civitatis fuerunt congregati, pro negociis civitatis tractandis, primo nobilis et honorabiles viri Zacarias Menonis, secretarius dalphinalis, Petrus Fouchcrencii, Aymarus de Alphassiis, Johannes Castini, consules moderni hujus civitatis, secum absistentibus nobili et egregio ac honorabilibus viris domino Johanne Cathonis, legum doctore, Glaudio Valerii, Jacobo Romany, magistro Natale Matheronis, secretario dalphinali, Anthonio Mestaderii, Francisco Burgondi, Andrea Sonnerii, Jacobo Maneny, Humberto Bernardi, notario, Georgio Murgueti alias Debut, receptore dicte civitatis, Johanne Richonerii, notario.

Et primo super modo procedendi circa benedictionem cymisterii hospitalis Insule, fundati per nobilem Grace de Archellis, quondam civem Gratianopolitanum, in quo hospitali seu prope ejusdem sunt sepulta certa corpora hominum ac mulierum et etiam puerorum in terra prophana et quod Rev. dom. Episcopus Gratianop. dictis consulibus notifficari fecit quod ipse erat intentionis benedicendi et sacrandi locum in quo sunt sepulta dicta corpora, que corpora decesserunt de peste ypidimie. Sed quia domini de capitulo ecclesie Beate-Marie Gratianop. se opposuerunt et opponunt, accerendo quod, si fiat cymisterium in dicto hospitali, erit in prejudicium eorum ecclesie et nolunt permictere quod ibidem fiat cymisterium, si civitas non se obliget de solvendo censum prati, in quo est constructum dictum hospitale, et etiam quod non fiat in eodem aliqua capella et etiam quod civitas solvat arreragia census dicti prati usque diem presentem et etiam amortisationem dicti census ; ideo quesierunt quid fiendum.

Super quibus, ex deliberatione singulorum supra astantium, fuit conclusum quod ipsi consules requirant dictum dominum Episcopum et etiam dictos dominos de Capitulo quod fiat cymisterium in eodem hospitali, juxta formam supradicti nobilis Grace d'Archelles, fundatoris ejusdem hospitalis; quam fundationem videant dicti domini consules et super premissis agant prout melius eisdem videbitur, dum tamen non se obligent, nec etiam civitatem de solvendo aliquod censum nec arreragia ejusdem dicto capitulo, quoniam consules ipsi non sunt patroni nec fundatores ejusdem hospitalis; sed si ipsum capitulum velit petere aliquod censum super ipso hospitali et prato ejusdem, quod agat contra heredes dicti Grace d'Archelles et quod ipsi instent quantum poterint erga heredes illorum qui sunt sepulti in dicto hospitali seu prope et etiam aliorum qui sunt sepulti circumcirca civitatem, qui decesserunt de peste, quod faciant sepelire in terra benedicta; respectu vero aliorum qui decesserunt de peste, relictis vero nullis heredibus, quod ipsi consules, quam citius fieri poterit, corpora seu cadavera ipsorum a terra prophana extradi faciant et ipsa in terra benedicta sepeliri faciant, sumptibus tamen dicte civitatis.

(Archives de Grenoble, BB. 2, fol. 5.)

. . . .

Die XIIII mensis jullii.... fuit propositum per dictos consules quod ipos requisierant rev. dom. Episcopum Gratianop. quathinus sibi placeret ut vellet facere seu dedicare cymiterium, alias limitatum, seu plateam, alias limitatam, juxta domum hospitalis. facti et fundat[illegible] [illegible] [illegible]obilem Grace de Archelles, scutifferum, in insula civitatis, propter pestem et ad usum omnium infectorum de peste impydymie, quibus ipse rev. dom. se obtulit libenter ipsam plateam dedicare, proviso quod domini de Capitulo, qui se opponunt dedicationi dicte platee seu cymiterii [consentiant]; qui consules, audita dicta responsione et oblatione, accesserunt ad dictos dominos canonicos et predicta eisdem narraverunt et qui domini canonici responderunt quod, si civitas et exequtores testamenti dicti quondam nobilis Grassi d'Archelles velint consentire et permictere quod capitulum sit rector dicti hospitalis, quod ipsi consentient dicte dedicationi, alias non, quoniam prejudicaret eidem capitulo; ideo quesierunt quid fiendum.

Super quibus, quesitis oppinionibus, fuit conclusum quod dicti consules faciant quod jubeat testamentum dicti d'Archelles et quod observetur voluntas ipsius et predicta circa bono consilio jurisperitorum, de hiis eisdem consulibus et consiliariis dando potestatem.

(Ibid. BB. 2, fol. 32.

IV

De Cymiterio noviter dedicato in hospitali Insule, constructo per nobilem scutifferum Grasse d'Archelles.

1497.

Anno suprascripto (1497) et die sabbati decima quinta mensis jullii, rev. in Christo pater dominus Laurentius Alamandi, miseratione divina episcopus et princeps Gratianopolis, ad humilem requisitionem nobilis et honorabilium virorum Zacarie Menonis, secretarii dalphinalis, Petri Foucherancii, Aymari de Alphasiis et Johannis Castini, consulum modernorum civitatis Gratianopolis, assessit ad hospitale Beatorum Sebastiani et Rochi, secus civitatem Gratianop. in insula prope flumen Ysare constructum per nobilem scutifferum Grasse d'Archelles, in quo loco dicti consules eumdem rev. dom. episcopum expectabant et etiam certi alii tam religiosi quam cives dicte civitatis infra nominati et ipso rev. domino episcopo applicato in eodem loco, locum designatum et limitatum pro cymiterio, dedicatum, nundum tamen benedictum et infra quem nonnulli, qui de peste dies suos in Domino migraverunt, sepulti fuerunt, ipsum locum benedicit, dedicavit, consecravit cum debitis solempnitatibus et seremoniis fieri consuetis, contulitque omnibus Christi fidelibus visitantibus dictum cymiterium et qui in redemptione animarum Christi fidelium, tam sepultorum quam sepelliendorum et qui de bonis sibi a Domino colletis manus porrexerunt adjutrixes, totiens quotiens dictum locum visitaverint, XL dies indulgentiarum dedit et contulit, prout plenius constat instrumento dicte visitationis, die presenti recepto per honorabilem virum magistrum Johannem Volonis, secretarium episcopalem....

Actum in dicto loco, presentibus nobili et religiosis ac honorabilibus viris domino Hugone Ourandi, archipresbytero

Viennensi, canonico ecclesie Beate-Marie Gratianop. rev. fratre Raphaele Rosseti, in sacra theologia magistro, priore conventus Fratrum Predicatorum Gratianop., dom. Petro Clavans, cappellano, dom. Johanne Chalverocti, cappellano dicti Rev. dom. Episcopi, nobili Anthonio de Vourey, Johanne Richonerii, Georgio Murgeti alias Debut, receptore dicte civitatis et pluribus civibus ejusdem civitatis, testibus vocatis et rogatis. Et me Johanne Boveti, notario publico et dicte civitatis secretario subsignato. — Boveti.

(Archives de Grenoble, BB. 2, fol. 34.)

V

Articles et mémoires pour la conservation de la chose publicque de ceste cité de Grenoble.

2 septembre 1522.

Premièrement, pour ce que suspicion et danger de peste règnent à présent en cestedicte cité de Grenoble, à cause de quoy plusieurs de Messieurs de la Court de Parlement du Daulphiné, résidant en cestedicte cité de Grenoble, et autres nobles, advocatz, bourgeois mécaniques, citoyens et habitans se sont absentés de ladicte cité, et aussi plusieurs, entachez de peste et suspectz, ont esté deschassez hors de ladicte cité, de sorte que la pluspart des maisons sont fermées et inhabitées, en danger que de jour ou de nuiit les biens meubles, qui sont dedans lesdictes maisons, pourroient estre prins et desrobez par gens vagabons et maulvays garçons de ladicte cité et lieux circumvoysins, en crochetant et entrant par les fenestres desdictes maisons et aultres subtiltz moyens, au gros préjudice des habitans desdictes maisons et gros scandalle de la chose publicque. Pourquoy sera néccessaire y pourveoir comme s'ensuit et autrement, ainsi qu'il playra à Messieurs de la justice :

I. — Pourquoy premièrement seroit bon faire crier publicquement que tous vagabons et autres gens de néant, qui ne servent de rien, aient à se retirer et absenter hors de ladicte cité dedans demy jour et, passé ledit terme, l'on leur donnera troys estrapades de cordes et seront bannis perpétuellement de ladicte cité.

Transeat infra viginti quatuor horas.

II. — Item seront aussi faictes proclamations que nul, de quelque estat ou condition qu'il soit, après neuf heures de nuict, ne soit si hausé ne hardy se treuver sans chandelle ni sans causes et raysons légitimes parmy les rues de ladicte cité, sur peines dessus dictes de ladicte estrappade et bannissement perpétuel.

Transeat.

III. — Item et pour prendre garde aux choses dessus dictes et exéquuter comme dessus et autres choses dessoubz escriptes, sera nécessaire pourveoir de cinq ou six notables personnages comme le chastellain, le prévost et autres, qui vouldront demeurer en ladicte cité, pour cappitaines, dont il y en aura deux de la rue Saint-Laurent, lesquelz avecques les consolz et conseillers de ladicte cité, de leur conseilh et consentement et non autrement, feront lesdictes exéquutions en la meilheur forme que faire se pourra.

Transeat.

IV. — Item que lesdicts cappitaines et commissaires, consolz et conseillers feront et feront faire par eulx et par aultres à qui ilz commanderont, toutes les nuitz, bon guêt par toute ladicte cité, et principalement près et environ lesdictes maisons clouses et fermées, de sorte que larrecin, pillerie et aultres maleffices ne soient là, ni en ladicte cité, perpétrez.

Transeat.

V. - Item, si cas estoit que l'on trouva aucungs desdits malfacteurs en quelcune desdictes maisons sur le fait desdits larrecins et pilleries ou autrement, par présumption ou information, que lesdits consolz, conseillers et cappitaines, sans autre faict de justice, les puissent pugnir tant corporellement comme autrement, selon l'exigence du cas, et sans ce que lesdits délinquans puissent ne doibvent estre mys, ouys ne admys à oppositions ne appellations quelsconques.

Transeat.

VI. — Item et pour ce que tant aux hospitaulx dedans ladicte cité, comme à l'hospital de l'Isle des infectz, a plusieurs pouvres, lesquelz jusques yci ont esté nourris tant des aulmosnes des bonnes gens, comme du revenu de ladicte cité, de sorte que maintenant, tant pour l'absence de ceulx qui se sont retirés, comme dessus, hors de ladicte cité et autres qui ont esté chassez et expellez pour dangier de ladicte peste, l'on ne peult plus trouver aulmosnes souffisantes pour nourrir lesdits pouvres ausdits hospitaulx... [1].

Transeat secundum qualitatem personarum.

VII. — Item et semblablement les dames de Saincte-Clère et pareillement les Frères-Mineurs et les Frères-Prescheurs, lesquels en leurs couvens de ladicte cité prient Dieu pour ceulx d'icelle cité et tous aultres jour et nuit, et, ainsi que inquisition en a esté faicte, n'ont plus de quoy vivre, pour ce que l'on ne les permect aller aux lieux circumvoysins, infectz et suspectz de peste, pour faire leurs questes, sera bon commectre ausdits consols, conseillers et cappitaines visiter les granniers, caves et selliers et en prendre avecques bonne description et inventaire pour faire distribuer aux aulmosnes des dessus nommez raisonnablement ; lesquelz bleds, vins et vivres seront, puis ladicte peste cessée, payez universellement sur tous ceulx de Grenoble, ecclésiastiques, nobles et aultres exemps et non exemps.

Transeat secundum qualitatem personarum.

VIII. — Item et pour ce que aux marchés de ladicte cité ne viennent plus bleds ne aultres vivres que, en bien petites sommes, à cause d'aucuns circumvoysins, qui descrient ladicte cité de peste et retiennent par subtilz moyens lesdits vivres, en gros préjudice de ladicte cité et chose publicque, sera commis ausdits consolz et conseillers et cappitaines que, s'il leur

---

[1] Il semble bien que la fin de cet article manque.

appert desdits délinquans, qu'ils en aient la cognoissance et en faire justice telle qu'il leur semblera, sans difficulté, opposition ou appellation quelconques.

Transeat, constito prius per informationes a personis fide dignis et citra prejudicium..... juridicionis ordinarie et pro nunc, actento periculo pestis.

IX. — Item et si cas estoit que bleds et vins ne puissent estre trouvés aux marchés de ladicte cité et que les mécanicques et habitans en eussent faulte, que lesdits consolz, conseillers et cappitaines leur en puissent bailler pour argent de ceulx qui trouveront, comme dessus, aux granniers et caves de ladicte cité, comme dessus.

Transeat.

X. — Item et s'il advenoit, — que Dieu ne veulhe ! — que ladicte souveraine Court de Parlement se transporta hors de ladicte cité de Grenoble, si cas estoit que aucungs débatz, noises et questions, tant civiles comme criminelles, advenissent entre aucungs dedans le territoire de ladicte cité, que lesdits consolz, conseillers et cappitaines en aient à cognoistre et décider amyablement, summairement et autrement, ainsi que bon leur semblera.

Transeat cum judice communi seu ejus locumtemente et citra prejudicium, ut supra.

XI. — Item et s'il advenoit que aulcungs desdits consolz, conseillers et cappitaines se absentassent de ladicte cité, tant pour crainte de ladicte peste que autrement, ou qu'ils venissent à morir, que les autres, qui demoreront, en puissent députer en leur lieu, ainsi qu'il leur semblera, et s'ils n'en peuvent trouver, que ceulx qui demoureront auront aultant de puissance comme s'ils y estoyent trestous assemblés.

Transeat.

XII. — Item et pour ce que tant en l'Isle dudit Grenoble, où est l'hospital des infectz, comme de la part du port de la Roche, porte Troyne, Saint-Laurens et Tresclaustre sont sortiz et expellez plusieurs gens infectz, lesquelz, de leurs auctorités ou autrement, se sont allés louger aux prés, terres, possessions et maisons d'aucungs particulliers, lesquels pourroient avoir perdu parties de leurs prises ou soubstenu aucungs dommaiges, ladicte Cour déclairera dez maintenant que, pour le passé ne l'advenir, lesdits particuliers, qui auront soubstenu ledits dommages, ne pourront rien pour iceulx demander ausdits infectz, à leurs successeurs, ne aussi aux consolz, conseillers, manans ne habitans de ladicte cité de Grenoble ne à autres quelzconques.

Cessato periculo, adveniente casu, Curia providebit.

XIII. — Item et si quelcun particulier, par importunité ou autrement, voulloit intenter maintenant ou une autre foys procès à cause desdits intérestz, que ladicte Cour y pourveoie tellement que lesditz consolz, conseillers et cappitaines ne soient travaillez par procès, mais qu'ilz puissent donner ordre touchant ladicte affaire de infection et remède de ladicte peste souhdainement.

Prout supra.

XIV. — Item et pour ce que les barbiers, prêtres et commissaires des infectz, estans à l'hospital de l'Isle et la pluspart desditz infectz ont fréquenté, conversé et sont pour journellement de plus en plus continuer ladicte conversation jusques aux fossés et murailles de ladicte cité, sera nécessaire faire abbatre une planche estant près du portal de Tresclaustre, allant à ladicte Isle par ung petit chemin près le vergier de Mons. messire Jehan Morard, conseiller dalphinal, derrier les Cordelliers, et faire crier que nulz habitans de ladicte cité ne soient si hausés et ardiz entrer ne converser dedans ladicte Isle, sur peine d'avoir estrappade de corde et estre banny de ladicte cité pour demy an, en commectant ausditz consolz, conseillers et cappitaines ladicte exéquution.

Transeat.

XV. — Item et si cas estoit que les dessusditz commissaires et cappitaines ne voulussent servir sans gaiges aux affaires, comme dessus est déclairé, que lesdits consolz leur puissent donner gaiges raysonnables, lesquels se poieront, comme dessus, sur la ville, exemps et non exemps.

Transeat.

XVI. — Item et pour ce (que) l'on ne peult plus trouver qui garde les portes de ladicte cité, pour l'absence tant des sains que des infectz de ladicte cité, et que autreffoys avoit esté conclud au Conseilh général de ladicte cité faire une tailhe sur ecclésiastiques, nobles, exemps et non exemps pour la garde desdictes portes, pourtant sera faicte, passée ladicte peste, sur lesdits ecclésiastiques, advocats, nobles, exemps et non exemps, pour paier les gardes desdictes portes à ce depputez et de toutes autres despences, comme dessus, faictes et à faire pour le faict de ladicte peste, nourrissement des pauvres et autres nécessaires.

Transeat secundum qualitatem personarum et facultatem bonorum.

XVII. — Item, que lesditz consolz, conseillers et cappitaines auront et prendront serviteurs souffisans à servir tant aux guetz que porter vivres aux infectz, les conduyre et purger ladicte cité et autres choses nécessaires durant ladicte peste, aux gaiges de ladicte cité, qui se poieront, comme dessus, par exemps et non exemps.

Transeat.

XVIII. — Item, si cas advenoit que les médecins, barbiers et cirurgiens de ladicte cité de Grenoble s'en voulussent tretous aller et retirer de peur de ladicte peste ou autrement, lesditz consolz, conseillers et cappitaines pourront retenir et arrester ung médecin et ung cirurgien aux gaiges de la ville, mois par mois, qui se poieront, comme dessus, par exemps et non exemps.

Transeat.

XIX. — Item et pour ce que desja, tant pour les estappes et passaige des gensdarmes semblablement, despence de pouvres et autres charges passées et que journellement surviennent, lesditz consolz et conseillers n'ont aucuns deniers pour supporter et manlever lesdictes charges, plaira à ladicte Court faire exequuter les lectres contre ceulx, lesquelz derrenièrement prestarent argent à ladicte cité et qui n'ont pas encores paié, comme il appert par les lectres de ladicte Court et actes faicts devant MM. les Commissaires députés par ladicte Court et que ladicte exequution se face par prinse de biens et de corps, comme est de coustume en cas semblable.

Fiant littere fortiores precedentium juxta petita et contenta in articulis.

XX. — Item, qu'il soit deffendu aussi à voie de crié que nul, de quelque estat ou condition qu'il soit, ne soit si ousé ne hardy, tant des citoyens de Grenoble, qui sont dehors comme autres, entrer dedans ladicte cité sans licence desditz consolz ou les portiers, et la où ils entreroient par force par les portes ou aultrement, par subtilz moyens, que l'on leur donnera estrappade de corde et ainsi qu'il sera advisé par lesditz consolz et conseillers.

Transeat.

XXI. — Item et pour ce que en plusieurs lieux circumvoysins aucuns seigneurs et officiers ont fait faire criés et deffences que leurs subgectz ne allent point à ladicte cité de Grenoble sur grosses peines et leur font enquestes quant ilz viennent apporter bleds et autres vivres, sera crié publicquement en ceste dicte cité que chascun dehors ledit Grenoble, qui ne sont infectz ou dangereux, qui vouldront apporter lesdits vivres, pourront venir sans difficulté quelconques, nonobstant lesdictes inhibitions et criés à eulx et en leurs mandemens faictes, lesquelles avecques toutes enquestes seront et sont révocquées et lesdites proclamations seront publiées aussi ausdits lieux où lesdictes inhibitions, enquestes et deffenses ont esté faictes et inthimées aux seigneurs et officiers desdits lieux.

Transeat.

XXII. — Item et pour ce que plusieurs revendeurs et aultres vont au devant desdits vivres, comme œufz, burre, poysson et autre victuailhe et les acheptent pour enchérir ou autrement, sera crié et deffendu publicquement qu'ilz n'ayent à faire telles choses, et s'ils y contreviennent, ilz seront pugniz comme il semblera ausdits consolz.

Transeat.

XXIII. — Item, pour ce que le sécrétaire et procureur de

ladicte cité de Grenoble, tant pour peur de la peste que autrement, se sont absentez dehors ladicte cité, de sorte que les affaires de ladicte cité des choses dessus dictes et autres, que tous les jours surviennent, demeurent en arrière, lesditz consolz et conseillers pourront pourveoir d'autre procureur et greffier pour enregistrer et mettre par escript les choses dessus dictes et autres que surviendront, affin que le tout puisse mieux procéder.

Transeat.

XXIV. — Item, si quelcun habitant de ladicte cité de Grenoble, de quelque estat ou condicion qu'il soit, est trouvé par inquisition summaire ou autrement suspect de fréquenter ou avoir fréquenté aucuns infectz, lesdits consolz et conseillers les pourront chasser et bannir de ladicte ville pour le temps et ainsi que bon leur semblera.

Transeat.

XXV. — Item, pour ce que lesdits consolz de Grenoble ont eu beaucop de peine à trouver ung barbier et cirurgien pour servir ausditz infectz chassez dudit Grenoble, estans à l'hospital de l'Isle, et despuis ont trouvé ung nommé Maistre Estienne, cirurgien, lequel est de présent habitant en ladicte Ysle avecques iceulx infectz, à gros gages de ladicte cité, auquel ilz ont promis que, quand ladicte peste sera cessée, lesditz consolz seront tenuz luy bailler et donner une maistrise et boticque de barbier en ladicte cité de Grenoble, à ceste cause, lesditz consolz auront faculté et puissance, oultre lesditz gaiges, de pourveoir et donner audit Me Estienne, cirurgien, place et boticque en ladicte cité, sans contradicion quelconque, incontinant quant ladicte peste sera cessée et finie.

Transeat.

Tenor supplicationis desuper dictis articulis porrecte.

Magniffici Domini, pro conservatione reipublicce presentis civitatis Gratianopolis, ubi nunc viget epidimie pestis, egregius dominus procurator fiscalis generalis dalphinalis traddit et offert articulos, presentibus alligatos, quos petit juxta ipsorum formam et tenorem exequi et observari; et de eisdem proclamationes et cridas publicas in dicta civitate et aliis locis opportunis fieri, dictosque articulos, cum decretis et provisionibus super eisdem fiendis, registrari in cartulariis supreme curie Parlamenti Dalphinatus, Camereque compotorum dalphinalium et dicte civitatis Gratianopolis et alias providere, prout dictis V. M. videbitur et placuerit providendum, licteras, si placet, concedendo opportunas. — Matheronis, advocatus.

Tenor licterarum desuper concessarum.

Guilhermus Gouffier, regii ordinis miles, dominus de Boniveto, consiliarius et cambellanus regius, admiraldus Francie, locumtenens generalis gubernator persone domini nostri Dalphini et patrie hujus Dalphinatus, universis et singulis harum serie notum fieri volumus quod, exhibitis et presentatis nobis in curia Parlamenti Dalphinatus, pro parte nobilis et egregii domini procuratoris fiscalis generalis dalphinalis, pro conservatione reipublice presentis civitatis Gratianopolis, supplicatione sive requesta, hiis immediate subjuncta, una cum articulis in eadem mentionatis, presentibus etiam sub contrasigillo regiminis Dalphinatus annexis, ipsis que visis et plene perlectis et tenore eorumdem mature considerato, Curia prefata, cum assistentia dominorum Camere compotorum dalphinalium auditorum, decrevit contenta in dictis articulis respective observari et exequi juxta supplicata et in pede cujuslibet dictorum articulorum decreta sive descripta, licteras propterea eidem procuratori fiscali dalphinali supplicanti opportunas concedendo. Quocirca in exequutionem decretorum tam in pede dicte supplicationis quam cujuslibet prementionatorum et subannexorum articulorum descriptorum dilectis nostris consulibus modernis et vice castellano presentis civitatis Gratianopolis necnon pr..... hujus patrie ac aliis commissariis et cappitaneis deputandis, aliisque ad quos pertinet et cuilibet ipsorum respective harum serie precipimus et commictendoman damus quathinus ad singula loca pro contentis in dictis articulis et illorum exequtione opportuna accedendo et vos transferendo, singula singulis respective refferendo, decreta, tam in pede supplicationis quam articulorum predictorum descripta, exequamini et ad debite realisque exequutionis effectum deducatis, quemadmodum tenore eorumdem decretorum fleri precipitur et committitur; quoniam sic fieri, vobisque et cuilibet vestrum respective in premissis et circa et per quoscunque officiarios, mediate vel immediate dalphinales subditos, pareri efficaciter, publiceque promulgari sive cridari, nec non et presentes cum dictis articulis et decretis eorumdem in cartulariis dictarum Curie et Camere registrari volumus et jubemus per presentes. Datum Gratianopoli, die secunda mensis septembris, anno Domini millesimo quingentesimo vicesimo secundo.

Per Dominum gubernatorem ad relationem Curie, qua erant Domini. A. Palmerii, Bertrandus Raboti, Franciscus Marchi, Stephanno Oliverii, Jacobus Galliani, A. Caroli, Meraldus Morelli, Aymarus Rivallii, Honoratus de Herbesio, nec-non presidens et auditores compotorum.

BACHODI.

(Archives de Grenoble, AA. 6, fol. 417-420.)

V *bis.*

Pacta dominorum consulum Grationopolis et magistri Francisci de Molinis, cirurgici.

9 mars 1526.

In nomine Domini, amen. Universis sit notum quod anno nativitatis Domini millesimo quingentesimo vicesimo sexto et die nona mensis martii, personaliter constituti nobilis et egregius vir Enymundus Claquini et Johannes Chaboudi, cives et consules civitatis Granop., qui gratis et sponte, pro se et suis,... ac nomine totius communitatis et universitatis dicte civitatis Granop.,..... cum magistro Francisco de Molinis, cirurgico, habitatore dicte civitatis, pacta et conventiones fecerunt subscriptas.

Primo quod idem Franciscus tenebitur servire dictis dominis consulibus et civitati continue et pauperibus hospitalis infirmis, et illos pro posse ab infirmitatibus et plagis visitare et sanare; et dicti domini consules sibi fornibunt de medelis et droguis necessariis pro sanatione dictorum pauperum.

Item quod, si contingat aliquem decedere in civitate, suspectum de peste, sive morbosum vel infirmum esse (quod absit!) quod idem Franciscus teneatur et debeat, tociens quotiens fuerit vocatus vel mandatus per dominos consules, cum eisdem consulibus ire et accedere et tale corpus sive corpora visitare, si in eo vel in eis sit suspicio pestis vel epidimie, ut de talibus infirmis, suspectis, vel defunctis, habita ejus relatione, possit provideri sine mora.

Item, quibus mediantibus, idem Franciscus habebit a dominis consulibus et civitate, pro suis penis et vadiis, viginti quatuor solidos, quolibet mense, hac die incipiendo et officium sue magistratus sibi relinquendo.

Item, quod si contingat aliquem infirmum vel defunctum, suspectum de peste, reperire sive reperiri, ita quod idem Franciscus sit expellendus a dicta civitate, quod indilate idem Franciscus habeat absentare ipsam civitatem et ire mansum in domo hospitalis Insule et ibidem permanere tamdiu quandiu durabit dicta suspicio, sub salario et vadiis sex scutorum solis pro quolibet mense, incipiendo die exitus civitatis, et ejus vita honesta, secundum suum statum, et hoc donec intraverit civitatem predictam et dominis consulibus placuerit.

Item quod, ipso existente in dicta insula, teneatur et debeat omnes et singulos infirmos visitare, mederi et pro posse sanare absque premio; item et infirmos non relinquere desolatos quin pro posse suo sanentur.

Item si aliqui fient abusus per commissos ad sepeliendum mortuos, aut alios, illico revelare habeat dictis dominis consulibus... et omnia facere que ad suum officium cirurgici sunt fienda et dicenda.

Que omnia dicti domini Consules, nominibus quibus supra, et Franciscus de Molinis promiserunt... etc...

(Archives de Grenoble, DD. 1, fol. 248, v°.)

VI

Provisio contra pestiferos extraneos.

17 novembre 1526.

Anno Domini M.DXXVI et die decima septima mensis novembris, apud civitatem Gratianopolim, videlicet in platea publica ejusdem vulgo dicta *au banc de Malconseil* et aliis locis ejusdem civitatis, similia subscriptis fieri solitis, fuerunt facte et proclamate preconisationes et cride inferius inserte, alta et intelligibili voce preconis ac ad sonum tube, per Eynondum Gadini et Franciscum Lamberti, qui talia fieri consueverunt, me subsignato notario dalphinali, clericoque suppreme Parlamenti dalphinalis curie, eisdem dictas cridas legente et lingua vulgari declarante, in presentia et testimonio nobilis Glaudii Chantarelli de Chamosseriis et Leonardi Guioneti ac mei predicti et subscripti notarii et clerici, et hoc vigore dominicalium licterarum, quorum quidem proclamationum et cridarum tenor talis est :

« L'on faict ascavoir, de par le Roy Daulphin nostre souverain seigneur, Monseigneur le Gouverneur, Mess. de la Court de Parlement du Daulphiné, que il est faicte inhibition et deffence a tous et chascun subjectz de ce pays de Daulphiné, suspectz de peste, sur poyne, pour chascun d'eulx et chescune foys, de cent marcs d'argent à appliquer audit Seigneur, qu'ilz n'ayent doresenavant, durant le temps de suspicion de peste, venir ou entrer en ceste cité de Grenoble sans bons et souffisans buletins et certiffications par eulx et chescun d'eulx des lieux dont ilz sont et desquelz ilz viendront. »

In cujus rei testimonium hic in pede me subscripsi et subsignavi ego supra et subsignatus : Bontosii.

(Archives de Grenoble, AA. 6, fol. 426.)

VII

La Peste de 1533.

Quamvis per ea, que sunt in libro conclusionum consiliorum de hoc anno Domini millesimo quingentesimo tricesimo tercio factorum descripta, aliquantulum appareat de pluribus et diversis negotiis statum reipublice hujus inclite civitatis Gratianopolis concernentibus, tamen ex eis nonnulla sunt signanter que de dicto anno evenerunt, que adeo ardua et gravia fuerunt, ut merito, quantum seriose narrari et describi poterint, perpetue sint commendande memorie, ut posteri, ad quorum devenient noticiam, quot laboribus et quibus implicitis curis pertractata et passa fuerint, non dicam ignorantiam de eis pretendere, sed quam maxime, ubi opus fuerit, similibus ingeniis et remediis in ipsius reipublice pertractatione adjuvare, preteritorumque experientia futura providere possint.

Propterea universis et singulis, qui ea que inferius sunt narrata viderint et audiverint, verum esse appareat quod supradicto anno Domini M.DXXXIII, nobilis Gaspar Fleardi, in primo, honorabilesque viri, magister Anthonius Abrilis, causidicus, in secundo, Jacobus Monnerii, mercator, in tercio et magister Claudius Reynaudi, praticus, in quarto gradibus, cum magnis et continuis curis laboribusque et vigiliis consulatum in eadem civitate laudabiliter gesserunt, sicuti et per prius, anno precedente M.DXXXII ipsi nobilis Fleardi et Abrilis, in eisdem gradibus respective gesserant, unde ipso predicto anno M.DXXXIII et fere ab initio illius, dicti domini consules quid eidem civitati utile et honestum pro illius decore esset perscruptantes, advisamento et deffinitione nobilium et egregii domini Hectoris Gauteroni, jurium doctoris, Zacarie Menonis, secretarii dalphinalis, honorabiliumque virorum magistrorum Johannis Boverii, Martini Malete, Johannis Chossonis, Johannis Maximi, magistri Martyris Cheminalis et Johannis Merrissonis, virorum probate industrie et merito consiliariorum, electorum ad consulendum utilitati reipublice universitatis dicte civitatis, decreverunt quod fieret unum magnum portale et una turris, eidem portali contigua, in introitu suburbii Pererie, in eodem scilicet loco in quo supra Isaram, a parte portus Ruppis, perprius ligneo portali ipsum suburbium minus decenter claudebatur.

Circa quorum portalis et turris instructuram, maxima cum cura et solicitatione dum operam darent illis inceptis, et multum, ut pro posse fieri poterat, jam in altum adductis, dira pestis epidemie, quod dolenter reffertur, de mense martii proxime preterito, sicuti Deo placuit, eamdem civitatem latenter invasit, licet perprius a longo tempore, illius formidine, in omnibus ejusdem civitatis portalibus adversus quascunque pestiferas personas, undecunque ad eamdem civitatem venientes, sufficiens fuisset adhibita custodia.

Tunc cives dicte civitatis seu major et sanior pars illorum et pariter supradicti consiliarii, qui, ut supra dicitur, ad reipublice dicte civitatis consulendum erant electi et jurati, duobus scilicet Johanne Chossonis, aromatario et Johanne Maximi, mercatore, exceptis, eadem peste perterriti, cum cothidie invalesceret, quasi furore incensi, cum suis famulis dictam civitatem reliquerunt et ad eorum villas, quas circumcirca eamdem civitatem aliqui habent et aliqui longius, ubi potuerunt, aufugerunt. Inde vero statim loca et villagia quam plurima eidem civitati satis propinca eadem peste pariter incensa fuerunt. Cujus ob causam civitas ipsa in majori fuit discrimine constituta, quia intus et foris fere ad menia eamdem pestem habebat. Et propterea dicti domini consules custodi, qui in quolibet portali dicte civitatis erat, ut tutior in illis custodia esset, alium addiderunt custodem et hospitale Insule, quod ab antiquo pro personis eadem peste infectis recipiendis factum fuit et quod jam pluribus annis clausum fuerat, apperuerunt, in illoque deputaverunt dominum Anthonium Trollionis, presbiterum et Franciscum de Mollines, cirurgicum, ut personarum ipsa peste infectarum, que in eodem hospitali venirent, ipse dominus Trollionis animarum salutis et idem de Mollines corporum medicamenti curam haberent; quibus addiderunt hominem quemdam vocatum *Le Provensal,* qui corpora, [que] in eadem civitate et circumcirca illam ac in eodem hospitali eadem peste mortua essent, in cimiterio dicti hospitalis ad cepelliendum depportaret et seppeliret. Depputaverunt et etiam in dicta civitate duos cirurgicos, qui personas et corpora infecta dicta peste in dicta civitate visitarent.

Quibus sic preparatis, utque Dei iram, supra eamdem civitatem forte motam, et cujus pretextu eadem pestis in illa in flagellum missa esset, pro posse placarent, primumque in hoc a Deo remedium haberent, per dominos ecclesiasticos ecclesiarum cathedralis, collegiateque et conventuum ipsius civitatis processiones et alia divina officia omni die pro ejusdem civitatis salute et Dei ira placanda in suis ecclesiis et claustris pie fieri fecerunt, indeque omnes pauperes, qui dietim per eamdem civitatem in magno numero fere quatercentum hostiatim vagabant mendicantes, in hospitalibus ejusdem civitatis, scilicet Nostre Domine, Sanctorum Jacobi, Anthonii et Magdalenes, ut cautius pro incolumitate ejusdem civitatis in eisdem hospitalibus enutrirentur, introcluserunt et illos ibidem de communi alimentaverunt; indeque omnes carrerias immundiciis curari et per totam estatem valde mundas teneri fecerunt.

Deinceps vero insignis curia Parlamenti, tot labores et curas eorumdem dominorum consulum perpendens, utque illorum auctoritatem tueretur et augeret, tam in illis que materiam ejusdem pestis evictande [tangebant], quam pro majori obediencia eis per quos decebat prestanda, ipsis dominis consulibus non modicam jurisdictionem dedit, de qua apparent lictere in archiviis dicte civitatis recondite et que inferius sunt inserte. Qua auctoritate fungentes, ipsi domini consules in platea publica Scanni Mali Consilii dicte civitatis unum patibulum erigi fecerunt, ut si quis in eadem civitate Dei nominis blasfemus esset aut qui eadem peste infectus vel suspectus civitatem ipsam intrare presumeret ant adversus statum reipublice dicte civitatis facinus aliquod commicteret, strapatam et aliam meritam penam in illo judicio et arbitrio ipsorum dominorum consulum pateretur, et etiam per cadrivia dicte civitatis fieri fecerunt voce tube plures et diversas proclamationes, que in libro supradictarum conclusionum sunt latius inserte (foleo CCVII°), quibus contravenire nemini licebat. Et quia nobilis et egregius dominus Guillermus Martini, jurium doctor, dicte civitatis, illis contravenit in hoc signanter quod quendam suum famulum, quem domi sue pestifferum habebat, extra ejus domum posuit et misit apud Guingaletum in molendinis suis, dictis dominis consulibus insciis, quod eos scire uno capitulo earumdem proclamationum statuebatur, per ipsos dominos consulés mulctatus fuit in quatuor libris turonensium applicatis expense helemosine pestifferorum dicti hospitalis Insule; cui mulcte dictus dominus Martini acquievit et dictas quatuor libras solvit, ut supra in libro conclusionum (foleo CCXXIII) continetur.

Et quia plures communitates mandamentorum circumvicinorum sicuti Mure Mathesine, Moyrencii, Voyronis, Tullini, Clarimontis ac plurium aliorum locorum, quantum poterant, prohibuerant etiam per penarum impositiones suis cohabitatoribus ne ad dictam civitatem victualia aliqua afferent, ymo nec ad illam venirent aliquid negociaturi, et cives aliquos dicte civitatis, qui pro victualibus emendis aut aliquo negocio privato ad eadem loca veniebant, aut ibidem suum transitum faciebant, quamvis infecti aut peste suspecti non essent, et sufficientes bulletinos, armis dicte civitatis insignitos et per alterum eorumdem dominorum consulum signatos, haberent et ostenderent, non receperent et illos lapidibus et jaculis ignominiose fugabant et pluribus injuriis et incommodis afficiebant; quorum pretextu, instantibus et prosequentibus dictis dominis consulibus, cum eis juncta parte fiscali dicte Parlamenti Curie, illorum aliqui fuerunt coram ipsa curia in causam inquestalem tracti, coram qua uti delati personaliter comparuerunt, et inde penitentia ducti, se culpabiles reputantes, cum eisdem dominis consulibus de predictis delictis, per eos in cives predictos commissis, convenerunt et concordaverunt. Sed dum in premissis ipsi domini consules summo cum labore intenderent, ipsa pestis, que jam per plures carrerias et domos dicte civitatis dilatata erat, plures ex civibus dicte civitatis interfecit aliosque plurimos infecit et de illa suspectos reddidit, merito cujus ipsi domini consules infirmos et suspectos a sanis segregaverunt, infectos quidem in supradicto hospitali et suspectos in insulis Dravi miserunt, et tanta eidem civitati moles fuit ut fere in dicto hospitali infecte et in dictis insulis suspecte fuerint fere tercentum persone, que a Paschate usque ad Sanctos de communi alimentate fuerunt.

Et ut illis alimenta neccessaria minori discrimine infectionis ministrarentur, ipsi domini consules depputaverunt quatuor viros, qui dietim tam ad jamdictum hospitale infectis, quam in gleriis Dravi suspectis non solum dicta alimenta verd et pariter medicamenta neccessaria afferebant, omnia consilio nobilis et egregii domini Petri Arcodi, in medicina doctoris, qui sua mera liberalitate eadem medicamenta predictis infectis et suspectis, prout eis respective neccessarium erat, ordinabat et aliquando consiliarii, aliquando consulis sua industria vices gerebat.

Fuerunt et pariter nonnulli dicte civitatis concives, qui metu dicte pestis ab eadem civitate non fugerunt, sicuti magistri Johannes Vernini, Guillelmus Pérouse, dominus Sancti Guillelmi, dalphinalis secretarii, Urbanus Cocti, supradictique Chossonis et Maximi, Anthonius Constantini, Jacobus de Suelis et Franco Boverii, qui consiliariorum omni die in premissis officio utebantur. Insignis vero Parlamenti curia et alii domini judices et viri pretores, quia domini advocati et ceteri viri cansidici ipsius civitatis fugientes, illam relinquerant, nec etiam erat clientulus, qui ad prosequendum aut deffendendum causam suam, metu dicte pestis, dictam civitatem applicaret, et ut personarum congregationes in eadem civitate metu majoris infectionis non fierent, publicas audiencias a medio augusti usque ad Sanctos dare continuaverunt.

Perprius vero mercata publica ipsius civitatis a Sancto Johanne usque fere ad Sanctos in tanta populi copia, uti perprius consuetum erat teneri, non fuerunt visa; et nundine, que in dicta civitate medio augusti et octava die septembris per ante erant ab omni evo teneri solite, non fuerunt tente. Et ex premissis firme barre et communis vini, macelli et ponderis farinarum multum deteriorate fuerunt, quia non fiebat in ipsa civitate impensa, ob quod denarii communes, de dictis firmis provenientes et quibus negocia publica dicte civitatis cedari consueverunt, multo minores effecti fuerunt, et onera creverunt ultra quam auditum sit, quia supranominati servitores dicte civitatis, scilicet presbyter, cirurgicus, *le Provensal*, qui in hospitali Insule, ut supra dicitur, depputati erant, et desserviebant, quatuorque viri ad defferendum victualia in dicto hospitali et ultra Dravum commissi, aliique quatuor comporterii, in auxilium porteriis, ut supra dicitur, dati, nec non et supradicti duo cirurgici, qui in dicta civitate pestifferos visitabant, et equidem unus porterius, qui in porta Insule fuit commissus, qui dictam portam regeret, quia per illam, die et nocte persone infecte et corpora mortua peste ad dictum hospitale defferebantur, pariter duo hostiarii, qui tam infra dictam civitatem quam in insula illud quod eis per dominos consules injungebatur exquebantur, de ipsis infectis inquirendo et eos quos infectos comperiebant ad dictum hospitale conducendo, et in cimiterio dicti hospitalis corpora peste mortua cepeliri faciendo.

Erant et pariter commissi in ipsa civitate et in principalioribus carreriis et suburbiis illius certi viri probate fidei, qui die ac nocte vaccabant, caute tamen, ut intelligerent et inde in consulatu refferent si facinus aliquod comicteretur, ea ratione quia, civitate, ut supra ponitur, suis quamplurimis civibus vaccua, fuit auditum aliquos facinorosos conjuratosque viros insurrexisse, ut nocte ipsorum civium absentium domos invaderent et illorum bona mobilia furarentur.

Et isti supra mentionati, reipublice modis suprascriptis deservientes, omnes quolibet mense, arduis negociis, quibus respective intendebant perpensis, vadia non modica arbitrio ipsorum dominorum consulum de publico reportaverunt; pauperesque persone, ut supra dicitur, in hospitalibus introcluse et supradicte alie persone pestiffere, que in dicto hospitali et in insula et alie suspecte, que ultra Dravum in gleriis, ut supra dicitur, erant, fere omnes expensis dicte civitatis ab initio, quo de eodem anno ipsa pestis in dicta civitate viguit et quousque stincta fuit, de publico pariter alimentate fuerunt.

Et aliunde opus quod in porta Perrerie inceptum fuerat de portali et turri, ut supra dicitur, conficiendis continuatum fuit, modico excepto tempore, quo fuit suspicio dicte pestis in dicta carreria et prope eandem portam.

Unde ex prenarratis impensis denariis publicis seu communibus defficientibus et ut tot et tam magnis expensis et tanto populo, in tam magno discrimine constituto, ut ceptum fuerat, pie subveniretur, dicti domini consules et consiliarii decreverunt, etiam in hoc accidente auctoritate predicte insignis curie Parlamenti, pecunias tam a civibus quam capitulis ecclesiarum dicte civitatis manulevari et ad dictas pecunias mutuandum ipsos cives et capitula et quemlibet ipsorum, pro rata suarum facultatum compelli.

Quibus sic quam maxime ordinatis, quia plures persone peste suspecte, que extra Dravum se quadraginta diebus purgabant, suas quadragenarias compleverant, fuit actum illas infra dictam civitatem, si voluissent, restitui, prout et restitute fuerunt; et plures alias personas, que in insula pestiffere erant et que aut pestem evaserant aut que jam ibidem sanate fuerant, extra Dravum reponi in Gleriis, videlicet in tentoriis et tabernaculis in quibus erant dicte persone suspecte, que se purgaverant et civitatem intraverant.

Fuit et paulo post decretum domos dicte civitatis peste infestas mundari, et ad hoc inde commisse fuere certe persone, que in libro hujusmodi supra folco... sunt nominate, que, ut ibidem describitur, promiserunt et juraverunt ad penam ultimi supplicii bene, decenter et probe in hoc se habere, prout eodem foleo est descriptum.

Et cum premissa sic, ut premittitur, fierent, dictique domini consules summo cum labore in eis operam darent, supranominatus magister Anthonius Abrilis, in secundo gradu................ immediatumque agens consulatum, ac si moriendo vivere decrevisset, nulla formidans pericula, eadem peste circumventus, die vicesima septima mensis augusti, ejus domi interiit, cui consulari honore per alios dominos consules et plures cives dicte civitatis, qui tunc aderant, adhibito, in crastinum sui obitus in ecclesia Sancti Andree dicte civitatis et in tumulo suorum parentum, factis decentibus et consuetis deffunctorum exequiis, publice fuit inhumatus; statimque supradictus magister Claudius Raynaudi, quartus consul extra civitatem per mensem et ultra infirmitate, nescitur qua, formidatur tamen quod uno carbunculo, anxie laboravit. Nec mirum, quia dicti domini consules die ac nocte cum supradictis publicis officiariis operam dabant hiis que pro dicta peste extinguenda necessaria erant, nimis ad narrandum prolixa et tristitia. Nec ex hiis supradicti nobilis Fleardi primus et Jacobus Monerii tertius consules superstites territi fuerunt; sed quod perprius per quatuor fiebat, ipsi in credibili animositate assumpta viriliter fuerunt exequuti ; et cum tanto zelo in hoc deservierunt ut plures cives, qui extra eandem civitatem, aut pestifferi aut peste suspecti, perfugierant, visitaverunt et illis suas privatas opes obtulerunt. Expost vero, quod decretum erat, domos infectas in dicta civitate et suburbiis illius mundari fecerunt per personas ad hoc, ut superius dicitur, depputatas et juratas, que dictas domos mundando pre infectione fuere quasi omnes peste consumpte. Fecerunt et pariter fieri cotisationem, interveniente in hoc auctoritate et mandato prefate insignis Curie Parlamenti, supradictarum peccuniarum mutuo a civibus habitarum. In quaquidem cotizatione fuerunt assistentes aliqui ex spectabilibus dominis consiliariis supradicte Parlamenti Curie et pariter plures ex dominis ecclesiasticis ecclesiarum et nobiles ex nobilibus, burgensesque mercatores dicte civitatis. Et in quaquidem cotizatione omnes cives dicte civitatis et alii in eadem civitate revenutam percipientes, licet eandem civitatem non habitarent, exempti et non exempti, miserabilibus civibus exceptis, quilibet secundum ratam facultatum suarum, fuerunt cotizati et quilibet ad solvendum quotam suam, si opus fuit, compulsus; plurimamque impensam, que olim de publico flebat, resecaverunt et plures expensas in administrando rem publicam idem nobilis Fleardi de proprio sustinuit.

Et dum, die prima mensis decembris hujus predicti anni, gentes trium statuum hujus patrie Dalphinatus fuerunt in villa de Romanis, metu predicte pestis Gratianopoli urgentis, congregate, ipse nobilis Fleardi tanquam primus consul dicte civitatis ibidem comparuit; et quia olim coram eisdem gentibus dictorum statuum inter consulem Vienne petentem et consulem Gratianopolis deffendentem orta fuerat questio, super eo videlicet quia dum ipsi status tenebantur extra civitatem Gratianopolis, idem consul Vienne dicebat, proponebat et petebat in dictis statibus se ante poni consuli Gratianopolis et illum precedere debere in sede et voce, tanquam consul civitatis provincialis Dalphinatus, que est ipsa Vienna; ipse vero consul Gratianopolis ad hoc opponebat id minime fieri debere et quod tam ipse quam sui predecessores, ab omni evo, in dictis statibus ubique in Dalphinatu tentis, in sede et voce precesserant dictum consulem Vienne, cum ipsa civitas Gratianopolis sit et fuerit ab omni evo capitalis et principalis civitas hujus patrie Dalphinatus. De novo idem consul Vienne instantiam fecit ut dictum nobilem Fleardi in eisdem statibus et causa predicta precederet, secum coadjuvatis pluribus nobilibus bailliviatus Viennesii, qui illum adversus dictum nobilem Fleardi in premissis adjuvarent, cui ipse nobilis Fleardi secum associatis equidem aliquibus nobilibus bailliviatus Graysivodani opposuit quod tam ipse quam sui antecessores consules Gratianopolis in eisdem statibus, tam infra dictam civitatem Gratianopolis tentis, ab omni evo precesserant dictum consulem Vienne ex (eo) quod, ut supra dicitur, dicta civitas Gratianopolis sit capitalis et principalis dicte patrie Dalphinatus et quod consul Gratianopolis per ipsas gentes trium statuum in hoc fuerat manutentus, ut ibidem sufficientibus litteris edocuit; et eadem questione delata illustrissimo domino Francisco comiti Sancti Pauli, gubernatori Dalphinatus, magnificisque dominis Falconi de Auriliaco, presidenti, Bertrando Raboti, Anthonio Caroli, Georgio de Sancto Marcello et Aymaro Rivallii, consiliariis dalphinalibus, qui tunc in eisdem statibus erant et per eos dictis partibus super premissis auditis, et visis predictis litteris, ut supra, per dictum nobilem Fleardi exhibitis, ex matura consilii deliberatione inter se habita, ordinaverunt quod idem nobilis Fleardi, uti primus consul predicte civitatis Gratianopolis, in eisdem statibus precederet dictum consulem Vienne et quod infra annum ipse consul Vienne, latius ejus pretensa jura declararet et justificaret precize, prout constat actis super hoc per magistrum Pisardi, dalphinatem secretarium receptis.

Post premissa vero dicti domini consules fecerunt continuari probationem et segregationem pestifferarum et suspectarum personarum post suas quadragenas extra Dravum factas, in tantum quod circa finem eorum consulatus in insula nec extra Dravum, quod, Deo gratias agendo, refertur, de tot supra narratò agmine pestifferarum et suspectarum personarum que in insula et extra Dravum erant, non fuerunt ultra duodecim persone aut pestiffere in Insula aut suspecte extra Dravum.

Et inde ad evictandum ne in dies palpatione et usu induimentorum personarum, que in supradicto hospitali insule pestiffere fuerant, eadem pestis in dicta civitate suscitaretur, omnia ipsa induimenta et omnem suppellectilem eorumdem pestifferorum ex consilii deliberatione cremari ordinaverunt et que expost die decima tertia januarii anni sequentis dictam ordinationem insequendo cremata fuerunt.

Quibus premissis ac pluribus aliis negotiis statum reipublice dicte civitatis concernentibus, preter dictum negotium pestis per ipsos dominos consules pertractatis et expeditis, finis anni eorum consulatus advenit. Propter quod hic de eis pro nunc aliud non dicam nisi quod utinam dicte civitati tales nuncquam defficerent consules !...

(Archives de Grenoble, AA. 6, fol. 431, v°.)

VIII

Ordonnance au sujet de la peste.

7 juillet 1533.

Franciscus, comes sancti Pauli, locumtenens generalis et gubernator Delphinatus, universis et singulis harum testimonio notum fieri volumus quod, anno et die infrascriptis, recepta indeque visa in Curia Parlamenti Dalphinatus supplicatione presentibus sub contrasigillo regiminis Dalphinatus alligata et articulata ac linga layca scripta, nobis in Curia Parlamenti Delphinatus parte civium, hominum et habitantium hujus civitatis Gratianopolis supplicantium inibi nominatorum exhibita, et omni tenore inspecto, jamdictis supplicantibus, instantibus et requirentibus, jamdicta Parlamenti Curia decrevit et decernit, nosque tenore presentium decrevimus et decernimus, prout in pede cujuslibet articuli et capituli dicte supplicationis describitur, ad queque petita et supplicata ibi respondendo et providendo respective, mandantes, preci pientes et commictentes dictis consulibus Gratianopolis quathinus in concernentibus dicta decreta et ad formam ipsorum procedant, exequantur, observent et observari faciant quibus expedierit; quoniam ita fieri volumus; et in testimonium premissorum sigillum regiminis Dalphinatus presentibus duximus apponendum.

Datum Gratianopoli die septima mensis julii anno Domini millesimo quingentesimo trigesimo tertio.

Per Dominum Gubernatorem ad relationem Curie, qua erant domini Falco de Aurilliaco, miles, preses, A. Palmerii, B. Raboti, G. de Sancto-Marcello, Honoratus de Herbesio, Enymondus Muleti, Va. Tardivonis et Petrus Monerii. — Vernini.

IX

1533.

Plaise à Messeigneurs tenans la court de Parlement du Daulphiné, pour le bien, prouffict, utilité et santé de voz magniffícences, citoyens et habitans de ceste cité de Grenoble et pour obvier aux inconvéniens et dangiers qui pourroient survenir tant de peste que aultrement, (de quoy Dieu nous gard !) mander et fairo observer les chappitres cy apprès escriptz et aultrement sus iceulx pourveoir ainsi que mieulx par voz magniffícences sera advisé.

I. — Premièrement que combien par cy devant, tant de l'auctorité et mandement de voz magniffícences, que de Monsieur le Juge commun de ceste cité, ayent esté faictes plusieurs cryés, prohibitions et commandemens et, entre les aultres, que personne infecte et dangereuse ou venant de (lieu) dangereux et infect de peste ne eust à entrer à ladicte cité de Grenoble, et estre sonnée la retraicte, personne, de quelque estat ou condition qu'elle feust, n'eust à aller parmy les rues de ladicte cité sans torche ou chandelle allumée, ni sans cause et raison légitime.

Repetantur proclamationes.

II. — Item que tous vagabons et aultres non ayans maistres ou aveu et pouvres validez eussent à vuyder ladicte cité dedans vingt-quatre heures, sur peine d'avoir troys coups de corde ou d'estrapade; et tous revendeurs ou revenderesses et aultres ne eussent à aller au devant des vivres, pour iceulx achepter et en enarrer, et que lesdits revendeurs ne eussent à achepter aucuns avivres devant midy, sur grosses peines. Toutes foys icelles cryés n'ont point esté observées par négligence et par faulte de pugnir les contrevenans ausdictes cryés, dont se sont cuydés ensuyvir grandz inconvénients à ladicte cité, tant pour l'entrée d'ung cirurgien pestifféreux que aultres, que pour aucuns mouchoirs, ribans, gandz, teinctures infectes, ainsi que l'on souspeçonne, que ont est émises et semées par les rues de ladicte cité, seroit bon et nécessaire derechef icelles cryés, prohibitions et commandemens fère et renouveller et bailler aux consulz et administrateurs de la chose publicque de ladicte cité puissance, auctorité, faculté et licence pugnir ou fère pugnir les délinquans et controvenans ausdictes cryés, jouxte et à la forme d'icelles, ou aultrement, selon l'exigence du cas et délict perpétré, sans estre admiz ou ouyz à appellation et opposition, mandant et commandant aux chastellain, corrier de ladicte cité, ou à leurs lieuxtenans, sergens et aultres semblables officiers qu'ilz ayent à obéyr ausditz consulz et leurs commandemens, pour plus facillement et deuement mectre à exéquution tant ce que dessus, que ce que cy après aux suyvans chappitres est contenu.

Fiat tempore pestis tantum.

III. — Item, pour mieulx obvier ausdits dangiers, seroit fort utile faire guect de nuyt par ladicte cité ; et pour icelluy fère, aussi pour mieulx garder et tenir ladicte cité et habitans en icelle en santé, coumectre cappitaines et aultres gens, tant des citoyens ou habitans d'icelle, que desdits officiers, pour ce sera baillé ausdits consulz puissance, auctorité et faculté de coumectre et eslire lesdits cappitaines et aultres nécessaires pour ledit guect et garde, et contraindre lesdits citoyens et officiers par imposition et déclaration de peines, prinse de corps ou aultrement, ainsi que le cas le requerra, à exercer les charges que pour ledit guect et garde leur seront par lesdits consulz baillez, chascun par son tour, pour éviter plus grans fraiz et despens. Et si cas estoit que l'on ne peust avoir gens de sorte et requis pour lesdictes charges exercer, sans aulcuns gaiges ou salaires, lesdiz consulz leur pourront assigner gaiges ou salaires modérément compétens, qui se payeront sur tout l'universel de ladicte cité, tant exempts que non exempts.

Fiat pro nunc et citra consequentiam.

IV. — Item si, faisant ledit guect ou aultrement, l'on trouvait quelques gens coumectans larrecin, pilleries ou faisans insultz, insolantez et aultres maléfices, lesditz consulz les pourront punir selon l'exigence du forfaict.

Fiat in concernentibus pestem.

V. — Item, si ceulx qui ont esté ou pourroient estre pour l'advenir mis dehors ladicte cité, comme infectz et dangereux ou suspectz de peste, si mectoient dedans de faict et de leur auctorité par force, violance ou aultrement, sans le sceu, congé et licence desdits consulz, pourront estre et seront puniz par lesditz consulz, selon que le faict le requerra, sans estre ouyz.

Fiat prout supra.

VI. — Item, pour ce que en plusieurs cités, villes, villaiges et parroisses, tant circumvoysins que aultres de ce pays, ont faict deffandre et cryer que les habitans desditz lieux ne ayent à venir en ceste cité porter bledz ni aultres advivres, sur peine de enqueste, sera cryé à son de trompe, tant icy que ausdits lieux, de la part du Roy Dauphin, nostre souverain seigneur, que il est permis à tous et ung chascun, non infect et dangereux ou non venans des lieux infectz et dangereux de peste pourront (sic) en ceste dicte cité de Grenoble venir pour apporter bledz, vins et aultres advivres sans difficulté quelzconques, non obstant lesdictes inhibitions et cryés; ensemble toutes enquestes faictes ou à faire seront et sont dès maintenant révocquées, en deffendant aux seigneurs et consulz desditz lieux ou aultres, à qui appartiendra, de non bailler aucuns empeschemens ou desturbiers à ceulx qu venir et apporter vouldront advivres à ladicte cité.

Fiat ut in articulo.

VII. — Item, pour ce aussi que en plusieurs cités, villes, villaiges, parroisses et mandemens circumvoysins et aultres dudit pays ne permectent, ains reffusent l'entrée de leurs dictes cités, villes, villaiges, parroisses ou mandemens à ceulx de ceste cité et aux venans d'icelle pourtans bons et souffi- sans bulletins, que est gros dommaige à ladicte cité, sera icy et ausditz lieux, où besoing sera, fait à voix de cryé et son de trompe commandement à tous seigneurs, consulz, portiers, gardes et aultres à qui il appartiendra de ce pays de Daulphiné, qu'ilz permectent et seuffrent ceulx de ceste cité et venans d'icelle portans bons bulletins, marquez et signez des armes de ladicte cité, entrer, louger, fréquenter et converser dedans leurs citez, villes, villaiges, paroisses et mandemens quelzconques de cedit pays, où ils iront et auront affaire et besougner, sans leur donner ou permectre leur estre donné aulcun destourbier ou empeschement, sur peine de cent livres tournois dès maintenant contre les contrevenans déclérez et applicquez aux réparations de ladicte cité.

Fiat, ita tamen quod pene aplicentur fisco.

VIII. — Item, suyvant la conclusion et délibération faicte tant par vosdictes magnificences que par le Conseil de ladicte cité, pour obvier aux dangiers de peste et infection, que s'en feussent suyviz ou pourroient suyvir, l'on a retiré les pouvres que par cy devant alloient par les rues de ladicte cité demandant et quérant leur vies tant des hospitaulx que aultres, espérantz que chascun feroit son debvoir de distribuer de leurs biens et facultez pour les nourrir et entretenir; lesquels pouvres sont en nombre plus de cinq cents, sans les pouvres honteux et les pouvres qui ont esté mis dehors, tant en l'ospital de l'Isle que ailleurs, à cause de la peste; mais pour ce que il y en a plusieurs de ceste cité tant de église que aultres et fermement des plus riches de ladicte cité qu'ils ne font ni ont faict jusques icy leur debvoir de donner pour lesdits pouvres, les ungs ne donnent riens, les aultres bien petit, selon et jouxte leur faculté, de sorte que l'on ne peult trouver pour les nourrir et entretenir, tellement que si aultrement l'on n'y pourvoit sera l'on contrainctz les pouvres relaxer et permectre qu'ilz aillent par les rues, criant et demandant leurs vies, comme paravant, dont s'en pourra suyvre dangier; et pour à icelluy obvier, lesdits consulz auront auctorité, puissance et faculté, appellez avecques eulx ceulx que bon leur semblera, de cotizer et tailler tous les dessusditz tant d'église que aultres, de quelque estat ou condition qu'ilz soient, qu'ilz n'ont faict, ne font leur debvoir à donner pour lesditz pouvres, scavoir selon et jouxte leur faculté et puissance et iceulx contraindre les ecclésiastiques par redduction de leurs biens à la main delphinale et les aultres par déclarations de peines, prise de biens, gaiges, et, si besoing est, prinse et incarcération de leurs propres personnes, à payer, chascune septimaine, leursdictes cotes, avecques puissance de lever serreures et fère ouverture de leurs maisons pour les gaiges, et ceulx qui seront commis par lesdits consulz à fère la queste desdits pouvres auront en ce cas telle et semblable puissance et auctorité.

Faciant quotizationem, quam curie afferant, quo facto, postea providebitur.

Tybaud substitutus procuratoris civitatis.

Fiant littere juxta superius decreta... et omnes, Carel et Rival exceptis.

Cetu, septima jullii 1533.

PISARDI.

(Archives de Grenoble, AA. 6, fol. 436.)

X

Extrait d'une lettre du capitaine La Barre, gouverneur du château de Chambéry, à Maugiron, lieutenant du gouverneur du Dauphiné.

1er août 1551.

..... « Monsieur, pour vous advertir de ce que c'est de dangier de peste de ceste ville, il y a bien assez longtemps que dans la ville n'est mort personne; bien sont encores infectés les faulxbourgs et aux envyrons de ladicte ville, il s'en meurt en divers endroitz. Je vous prometz, Monsieur, que c'est chose ydeuse d'entendre la malheurettó de ses malheureux semeurs de peste, qui sont en tel nombre que j'ay oppinion que, durant ses challeurs, ils auront encores grands moyens faire beaucoup de maulx. Messieurs de Genefve ont envoyé en ceste ville pour avoir le double du procès de ceulx qui ont été exécutez, parce que dedans leur ville ilz en ont prins quelques uns, qu'ilz ont trouvé gressant et mesmes il en est mort dans leur dicte ville.

« Je mettray peine à me conduyre et donneray tel ordre

que, avec l'ayde de Dieu, j'ay espérance préserver ceste maison d'infection et aultres dangiers. Et cependant, Monsieur, après vous avoir présenté mes recommandations, etc. .

« Du chasteau de Chambéry ce 1e d'aoust.

« Vostre humble et obéysant serviteur,

« LA BARRE. »

(Archives de l'hôpital de Vienne, 1 H. 14.)

X *bis*

Commission à un conseiller du Parlement pour aller organiser le service sanitaire à La Buissière.

21 juin 1581.

Sur la requête présentée par le Procureur général du Roy aux fins de pourveoir par la Cour que la contagion de peste ne s'estande plus oultre.

La Cour a commis Me Jean du Vache, conseiller du Roi, pour, estant sur les lieux, ordonner commissaires aux mandements de La Buissière, Belle-Combe et Avallon, qui auront charge de pourveoir sur le faict de la santé et d'establir gardes nécessaires pour contenir les suspects de contagion et les faire reffermer en des cabanes, auquel Me Jehan du Vache et aux commissaires, qui seront par lui depputés, est enjoint à tous les habitants de La Buissière, Belle-Combe et Avallon hobéir, sur peyne de cent escus, mesmes aux suspects de contagion, de se contenir aux cabanes et aultres lieux qui leur seront assignés, sur peyne d'estre arquebusés; ce qu'est permis et enjoinct de faire en cas de déshobéissance, en l'assistance toutes fois du chastelain ou son lieutenant. Est aussi enjoinct aux consuls desdicts lieux de pourveoir d'aliments, médicaments et aultres choses nécessaires à ceux qui seront esdictes cabanes, sauf à reppéter ce que sera par eux fourny de ceux qui en auront les moyens.

Fait à Grenoble, en Parlement, le 21 juin 1581.

(Archives de l'Isère, B. 2041, fol. 87.)

XI

Mémoire et règlement pour le faict de la santé.

17 août 1585.

Premièrement, que nul des habitants de ceste ville de Grenoble n'aye à sortir hors ladicte ville pour demeurer passé le jour de son départ, sans prendre son passeport et de rapporter certifficats des lieux où il se trouvera avoir esté pour séjourner, à peyne de ne reentrer dans ladicte ville ny à une lieue d'icelle, de ne fréquenter personne et se tenir pour fermé quarante jours, sinon que aultrement soit ordonné, à peyne de 50 escus d'amende, que seront employés pour la garde des portes, réparations de la ville et aultres arbitraires.

Que ceulx qui sont et seront ordonnez notables pour la garde des portes, le jour, seront tenus faire leur garde aux portes où ils seront establiz et y tenir pied le jour qu'ilz seront commandez et sans fraude, à peine d'ung escu pour chascun défaillant et contrevénant et sera paiable sans desport et contraincte par corps, applicable comme dessus, sauf à eulx y faire porter leur vie.

Que sont faictes inhibitions à tous manantz et habitantz de ladicte ville, de quelque qualité qu'ils soient, getter ou permettre estre getté aulcunes eaulx soit de jour ou de nuict, moings aulcungs immondices par les fenestres ou aultres lieux, à peyne de semblable amende payable comme dessus; et aux serviteurs ou chambrières, qui getteront lesdictes immondices, de bannissement et aultre arbitraire.

Que aussi aulcungs des habitants ne poseront aux rues ou ruettes aulcungs immondices, soit à l'endroit leurs maisons, ny allieurs, sur mesme peyne, qui sera déclérée et payée sans desoret.

Item que ceulx, à l'endroict les maisons desquelz se treuveront immondices, seront tenuz les faire lever promptement et par le jour, à mesme peyne qui sera déclérée.

Aussy que le chascung sera tenu faire vuyder les eaulx, qui seront à l'endroict leurs maisons, soit aux rues ou ruettes et de les tenir sans immondices, à semblable peyne, qui sera déclérée comme dessus.

Que tous fumiers et aultres immondices, qui sont estez et seront mis par lesdictes rues et ruettes, seront promptement levez et mis hors la ville et lieu pour ne porter infection, à mesme peyne de 10 escus d'amende et de la confiscation desdits fumiers.

Que les précédentes criées et inhibitions seront réitérées.

Que sera inhibé à tous taverniers et cabarettiers de la présente cité et faulbourg d'icelle recepvoir aulcung des habitants d'icelle pour boyre et manger, à peyne de dix escus pour la première foys et de semblable à ceulx desdits habitants, qui iront ausdits cabarets, contre lesdictes inhibitions, et pour la seconde foys, de vingt escus, qui seront appliquez comme dessus.

Que le chascung gettera d'eaue claire et nette au devant de sa maison et selon l'estendue d'icelle, soyr et matin, sur peyne d'ung escu d'amende, exigeable sans desport et applicable comme dessus.

Que toutes filles et femmes publicques, macquerelles et aultres personnes de néant et sans adveu seront myses hors de ceste ville.

Faict et conclud au Conseil estably pour le faict de la santé ce 17 aout 1585.

SURVILLE.

(Archives de la ville de Grenoble. — Registre du Conseil de santé, 1577-1585, fol. 230-231.)

XII

Délibération du Conseil de santé.

Dimenche XXIIIe jour du moys d'aoust 1597, dans le lougis et gallerye de Monseigneur le premier Président d'Yllins, a esté tenu le Conseil de la santé de ceste ville, auquel ont assisté :

Mondit Seigneur le premier Président d'Yllins;

Messieurs les conseilliers du Vache et de Virieu ;

M. de Genton, commandant pour le service du Roy en ceste ville en l'absence de M. de Morges, gouverneur d'icelle ;

M. le juge royal Basset ;

MM. les premier, troysiesme et quatriesme consulz ;

MM. les chanoines du Faure et Sonnyer ;

MM. de Moydieu, de Lyonne et de Laffrey ;

MM. de Villeneufve, médecin, de Gentil, cappitaine de la santé ;

M. Vallambert, avocat ;

Sieur Guigues Sonnyer, appoticayre ;

Maistres Claude Clerget et Pierre Mollard, chirurgiens ;

Sur la proposition faicte au Conseil aux fins de dresser règlement et mettre quelque bon ordre soyet pour le faict des malades et blessés venus du camp et pour le faict de la sancté de ceste ville, sur quoy a esté opiné, puys,

I. — Conclud en premier lyeu que l'on fera promptement et au plus tost sortir les malades et blessés estant en ceste ville, venus du camp, et les envoyer, scavoyr lesditz blessés à Sassenaige et lesditz malades à Noyarey ; et pour les y recepveoir sera escript aux chastelains, consulz et officiers dudit lyeu, d'avoir l'œil et tenir la main de fère accommoder des liytz et autres choses commode pour les y louger, et leur sera fourny de chirurgien pour les penser et de vivres, médicamentz et aultres choses nécessères tous aultant et ainsy qu'il leur sera ordonné par Monseigneur des Diguières.

II. — En segond lieu, que l'on fera sortir les reffugiés des villasges, qui se sont venus retirer en ceste ville, et iceulx envoyer aux montaignes de Sassenaige, Chartrousse et aultres lieulx, ou la recorte est encore à fère, pour y travallier et gaigner leur vye.

III. — En troysiesme lieu, le sieur de Gentil, cappitaine général de la santé en ceste ville, est aucthorizé pour prendre deux des archiers du prévost des huict qui sont en ceste ville, pour luy assister et recepveoir ses commandementz, en ce qu'il s'agira pour l'exécution du faict de sa charge de cappitayne général de la sancté ; et où ilz ne luy vouldroyent hobéyr, seront pryés les sieurs procureurs et commis du peys de les fère rayer et hoster des roolles et en sera à ces fins parlé au sieur cappitayne Colignon, lyeultenant dudit sieur prévost.

IV. — En quatriesme lyeu, que l'on fera sortir tous les paouvres estrangiers, estantz en ceste ville, hors d'icelle et renvoyer le chascun à son villaige et, à ces fins, sera escript aux consulz et chastelains desditz lieulx de les retirer et les nourrir; et est par mesmes enjoinct à chascun des pourtiers de ceste ville de ne les y laisser plus entrer, et sera baillhé la passade ausdictz paouvres en sortant de cesdicte ville.

V. — En cinquiesme lyeu, est aussy conclud que l'on fera sortir promptement tous les infectz et suspectz, estants en ceste ville et mis hors icelle; et leur sera faict et dressé des cabannes au lyeu sus désigné, à leurs despens, s'ilz ont de quoy, sinon aux despens des deniers de ladicte sancté.

V. — En sixiesme lieu, que l'on se servira des gallopins estantz en ceste ville et lesquelz ont servy cydevant dans celle à la dernière contagion, et s'il est de besoing en avoyr davantaige, l'on en mandera venir de Briançon jusques [au] nombre de deux ou troys.

VII. — En septiesme lyeu, qu'il sera procéddé au plus tost par les sieurs commissaires à ce depputez de chascun ordre, assavoyr : pour la part de MM. de la Cour, MM. le Premier Président et du Vache, conseiller en lad. Cour; pour l'Esglize, MM. les chanoines Faure et Sonnyer; pour la Noblesse, MM. de Moydieu et de Lyonne, et pour le Tiers-Estat, les sieurs consulz de cestedicte ville, et ce au despartement de la somme de 300 escus permize estre levée par Noz Seigneurs de la Chambre ordonnée en temps de vaccation et aultres qu'il sera cy après permis estre imposées pour le faict de la sancté, pour les affaires courantz de ladicte sancté, à la forme de l'arrest de lad. Chambre cydevant faict en tel cas; et laquelle somme de 300 escus sera remyse par lesditz Troys-Ordres, chascun sa part le concernant, entre les mains de Me Pierre Guérin, lequel le présent Conseil a dès à présent esleu, nommé et estably recepveur général pour recepvoir desd. Troys-Ordres icelledicte somme de 300 escus et icelle distribuer par les mandatz et ordonnances de Messieurs du présent Conseil et aux quallittés portées par ledit arrest de permission de Noz Seigneurs de ladicte Chambre.

VIII. — En huictiesme lieu, que l'on fera sortir tous ceulx qui sont en maysons suspectes.

IX. — En neufvyesme lyeu, touchant sieur Philippe Tacon et sa niepce, de pourveoir à ce que ledit Tacon est sorty de ceste-dicte [ville] sans congé, estant sa femme et sa filhe mortz soudeynemant, estant par ce suspectz, et icelly après revenu dans cesdicte ville, le Conseil est d'advis que ledit Tacon huydera lad. ville, ensemble sadicte niepce malatte et fort suspecte et tous ceulx qui les ont fréquantés, pour fère leur quarantaine en cabanes, fors pour le regard dudit Tacon, qui pourra choisir un lyeu escarté, s'yl a quelque mayson ou grange à luy apertenant, oultre que de sa cabanne des Costes; et sera informé contre ceulx qui n'ont vollu houbéyr au sieur de Gentil, cappitayne de la sancté, au faict de sa charge, pour, l'information veue et rapportée au Conseil de lad. sancté, estre procédé contre les délinquantz, ainsy que ledit Conseil verra à faire.

X. — En dixiesme lieu, que l'on prendra trois charretiers à gaiges pour hoster les immondices, dont il n'y en aura deux pour dessa le pont et ung pour della le pont.

XI. — En onziesme lyeu, qu'il sera enjoinct à tous manantz et habitantz de ceste ville de tenir les rues nettes et y getter de l'eaue fresche et clayre, le chascun au droict de sa mayson, à peyne de dix solz d'amende contre le chascun contrevenant et deffallyant, applicable, la moictyé aux susdictz charretiers, qui nettoyent lesdictes rues, et l'aultre moictyé aux archiers qui accompagnent ledit sieur Gentil, icelle amande dès à présent déclérée

XII. — En douziesme lyeu, est aussy conclud et ordonné que le Conseil de lad. sancté est dès à présent estably et ordonné estre tenu dans la salle de l'audiance du pallaix, deux foys par sepmayne, assavoyr chascun jour de dimenche et le jeudy à l'heure de midy.

XIII. — En treziesme lyeu, le présent Conseil a commis les sieurs de Villeneufve et de Gentil, cappitayne général de la sancté, pour trouver ung chirurgien qui se charge de penser, soigner et médicamenter les malades suspects et infectz.

XIV. — Et finallement est ordonné que chascun centenier, en son quartier, choysiront telz qu'ils avizeront de leur rue pour servir de surveillyans sus ceulx qui tumberont mallades et en advertir le cappitayne de la sancté.

(Archives de la ville de Grenoble, série GG. Délib. du Conseil de santé.)

XIII

Extrait des registres des délibérations du Conseil de santé.

REIGLEMENT

19 octobre 1597.

Sont faictes inhibitions et deffences à tous chefz de maison et aultres habitans de la présante ville de Grenoble, de quelque estat, quallité et condition qu'ils soient, d'aller et fréquenter aux hostelleries et cabarestz, durant troys moys, à compter de ce jour, pour y manger et boyre ou pour aultre occasion quelconque, à peyne de quatre escus d'amende, pour chascune foys, contre ceulx qui iront ausdictz cabarestz, et semblable amande contre les hostes et cabarestiers; applicables lesdictes amandes, les trois quarts, moytié aux paouvres, moyctié au faict de la santé, et le quart restant aux dénuntiateurs; pour le payement desquelles amandes seront les contrevenans contrainctz par corps, comme pour deniers royaulx et icelles exigées sans desport.

Et où, après avoir payé lesdictes amandes, aulcuns des habitans, hostes et cabarestiers retourneroient encores à contrevenir ausdictes inhibitions, est ordonné qu'ilz seront mis hors la ville avec leur famille pour trois moys, avec deffences de n'y retourner pendant ledit temps, à peyne de banissement pour ung an entier.

Lesdictz hostes et cabarestiers ne pourront recepvoir aucuns estrangiers en leurs hostelleries ou cabarestz, soyent gens de guerre ou aultres, qu'ilz ne monstrent au préalable bonnes bullettes ou certifficats de leurs cappitaines ou chefz ou des consulz des lieulx d'où ilz seront despartys, sur l'estat de la santé desditz lieux, lesquelles bullettes seront portées par lesditz hostes et cabarestiers, avant que recepvoir aulcun en leur logis, à l'ung des sieurs consuls ou cappitaine de la santé, son lieutenant ou leur commis, pour en estre faicte vérifflcation, soubz les mesmes amandes et peyne que dessus.

Sont commis M. Me Anthoyne de Griffon, lieutenant particulier au siège royal de ceste ville, avec son greffler ou son substitut, pour avoir l'œil ouvert et observer les actions et déportementz tant desditz habitans que hostes et cabarestiers et dénoncer auxditz sieurs ou l'ung d'eulx les contraventions au présent reiglement et faire la recepte desdictes amandes, à la charge que le quart d'icelles apertiendra ausdictz commis et dénuntiateurs, comme dit est.

Et à ce que nul ne prétende cause d'ignorance du présent reiglement, en sera faicte proclamation à son de trompe et criz public dès demain par tous les carrefours de ceste ville deça et dela le pont de l'Isère et les deux premiers jours de marché de ceste sepmaine et en oultre en sera faicte particulière intimation à tous lesdicts hostes et cabarestiers par Papet, crieur ordinaire, lequel sera tenu, rue par rue, de leur signifier le présent reiglement et de rapourter ses exploictz en bonne et deue forme, qui contiendront les noms et surnoms desditz hostes et cabarestiers et les rues où ils habitent; et sera ledit reiglement enregistré en registres de ceste ville et plusieurs copies d'icelluy faictes pour mettre aux carrefours d'icelle.

(Archives de la ville de Grenoble, série GG. — Délib. du Conseil de santé.)

XIV

Reiglement pour le faict de la santé pour les villages du Fontanil, Sappey, Cercenas et la Chartreusse, mandement de Cornillon.

10 avril 1598.

Sur l'occurrence du mal contagieux, duquel il a pleu à Dieu vizitter plusieurs villes et lieux de ceste province, a esté advisé par Mgr d'Illins, seigneur dudit Cornillon, chevallier, conseiller du Roi en son conseil privé et d'estat et premier président en sa Cour de Parlement de ce pais de Daulphiné, estre expédient, pour la conservation de la santé de ses subjectz et autres habitans audit mandement, et spécialement au village du Fontanil, estant sur le grand chemin de Grenoble à Lyon et d'Avignon, et auquel lieu du Fontanil aborde ordinairement grande quantité de personnes, tant de cheval que de pied, pour y loger, attendu le bon nombre de hostes qui y habitent, d'y establir noble Abraham Coquier, pour le lieu du Fontanil et Me Jehan Mollard, pour lesdits villages du Sappey, Cercenas et la Chartreusse, soubz le bon plaisir de Messieurs du Conseil général de la santé et de M. de Villeneufve, cappitaine général d'icelle audit Grenoble et bailliage de Graisivaudan, pour en quallité de lieutenants dudit seigneur de Villeneufve audit mandement de Cornillon, tenir la main à l'observation du présent reiglement.

Et à ces fins est inhibé et deffendu à tous les manans et habitans dudit mandement, et spéciallement dudit village du Fontanil de n'aller ne praticquer audit Grenoble ny ailleurs sans bulletta desdits sieurs Coquier et Mollard, et à tous les hostes dudit village indifféramment de ne recepvoir aulcunes personnes, de quelque quallité et condition qu'elles soient, en leur logis et maisons, bien qu'ils portassent bullette, à peyne d'ung escu d'amande, pour la première fois, dès à présent déclairée aplicable, le tiers aux paouvres du lieu, le tiers au dénuntiateur et le tiers au salaire de ceulx qui seront députez pour garder les advenues des chemins par lesquels on va audit village; et pour la seconde fois, d'estre mis les contrevenans hors dudit village du Fontanil et autres, sans qu'il leur soyt loysible d'y retourner de quarante jours.

Et aussy, enjoinct très-expressément aux chastellain, son lieutenant, greffier, procureur d'office et consulz dudit mandement de faire fermer les advenues dudit village du Fontanil et aultres dépendans dudit Cornillon, en sorte qu'on n'y puisse passer et à ces fins d'y establir des gardes à tour de roolle, et par mesme moyen de mettre en tel estat le grand chemin, estant soubz ledit village du Fontanil, qu'on y puisse passer librement; et pour cest effaict seront les propriétaires des fonds abotissants audit chemin contrainctz à réparer icelluy promptement, chascung en droict soy; enjoignant aux susdits officiers et consulz d'y tenir la main avec toute célérité et à l'observation du présent reiglement, à peyne de dix escus d'amande, en leur propre et privé nom, dès à présent déclairée aplicquable, comme dessus, et ce durant deux moys attendant qu'il plaise à Dieu restablir la santé en ceste province, mesmes ès lieux voysins dudit mandement.

Et à ce que nul desdits habitans esdits villages puysse prétendre cause d'ignorance du présent reiglement, en sera faicte publication au prosne de la messe parrochialle et en la place publicque dudit village du Fontanil, dimenche prochain et aux aultres villages dudit mandement de Cornillon, et spéciallement et promptement sera signiffié à tous les hostes d'icellui village du Fontanil et aultres dudit mandement; le tout, soubz le bon plaisir desdits sieurs du Conseil de la Santé et dudit sieur de Villeneufve, lesquelz sont respectivement suppliés de vouloir apreuver et homologuer le présent reiglement.

Faict audit Fontanil, ce neufviesme jour du moys d'avril mil cinq cent quatre vingt dix huict. D'Yllins. — Par commandement de Monseigneur : Putod.

Le susdit reiglement a esté leu au Conseil de la Santé et homologué et apreuvé par icellui; ordonne ledit Conseil qu'il sera estroictement gardé et observé, soubz les peynes y contenues. Est commis et depputé le barbier de Voreppe pour visiter les corps qui décedderont dans le mandement dudit Voreppe et audit village du Fontanil; inhibant aux officiers et consuls desdits lieux de n'en fère enterrer aulcun, qu'il n'aie esté au préallable visitté par ledit barbier, à peyne de dix escus d'amende, aplicables, comme dict est. Et, après avoir ouy le raport dudit sieur de Villeneufve, déclaire ledit Conseil que ceulx qui n'auront esté mallades que quatre jours et décedderont le quatriesme, sont censés et réputés estre décédez de mal suspect. Et sera le présent reiglement générallement observé par tout ce baillinge.

Faict audit Conseil de la Santé tenu à Grenoble, ce 10 avril 1598.

(Archives de Grenoble, série GG. Délib. du Conseil de Santé.)

XV

Conditions esquelles Messire Jehan Faure, curé de La Valdenc, mandement de Ratiers, sera tenu servir la ville.

26 avril 1598.

Premièrement toutes les festes et dimenches, il sera tenu de dire la messe aux infectz, tant dehors que dedans l'hospital de l'Isle.

Sera aussy tenu d'exhorter les malades de contagion, estant tant audit lieu de l'Isle, que au terroir de ceste ville, de leur conscience, et leur administrer les sacremens tant de confession que aultres, ainsy qu'il cognoistra estre nécessaire, et à ces fins fera recherche, sans estre sollicité desdits mallades, pour les disposer à se rendre capables et préparés à recepvoir les sacremens.

Plus assistera lesdits mallades, cellon ses sens, scavoir et industrie de tous remeddes propres pour le rétablissement de leurs santés, pour lesquelles il leur ordonnera ce qu'il cognoistra estre de nécessité, soit saignées, médicaments et aultres remeddes à ce requis et néccessères et, en tant que de besoing, fera lesdictes saignées.

Ne luy sera loysible, ny moings à l'homme qu'il aura avec luy, de sortir et absenter le terroir de la présante cyté, sans l'exprès voulloir, congé et permission de MM. les Consulz et Cappitayne de la Santé.

De mesme luy est inhibé et deffendu dès ce jour tout commerce, fréquentation et accès avec les personnes saines, sur les peynes, en cas de contravention, qui seront ordonnées par le Conseil de la Santé, soit pécuniaires, soit corporelles.

Et lhors que sa présence sera requise ou néccessaire à quelqu'un des habitans dans la ville, soit pour estre exhorté de sa conscience, ouy en confession, ou médicamenté, en ce cas en sera donné advis auxdits sieurs Consuls ou l'un d'eulx et audit sieur Cappitayne de la Santé, par l'advis et commandement desquels sera ledit... accompagné d'ung des soldatz de ladicte santé, qui marchera au devant de luy avec une baguette blanche, pour empescher l'abord de toute sorte de personne.

Et pour ses sallaire et norriture, le Conseil de la Santé luy accorde, pour chescung mois, la somme de cinquante escus tant pour luy que pour l'homme qui le servira, à commencer ledit mois dès ce jour.

Semblablement a esté accordé par ledit Conseil de luy fournir les ornemens requis pour le sacrifice de la messe.

Et finallement ledit Conseil lui accorde pour son habitation une mayson garnie d'un liet, la plus proche qui sera de l'Isle.

Toutes lesquelles susdictes conventions ont estés leues au cydevant nommé Messire Jehan Faure, lequel, mettant la main à l'estomac, à forme de religieux, a promis d'y satisffaire et en la présence de noble Charles Borel, sieur de Ponsonnas, premier, et de Me Claude Dupinet, procureur en la cour, second consulz de ceste ville, lesquelz, audit nom de consulz, ont aussy promis et jurez de luy faire payer des deniers de la santé les sommes et choses contenues aux susdits articles.

Faict à Grenoble, rue Saint-Laurent, au devant le logis du Griffon ce XXVIe avril 1598.

Signé : Charles Borel 1er consul. — Du Pinet, second consul. — Louis de Villeneufve. — Et moy, notaire royal, secretaire de ladicte santé, recepvant : Surville, secretaire.

(Archives de Grenoble, série GG. Délib. du Cons. de santé.)

XVI

Traité avec le sieur Pélican, médecin.

30 mai 1629.

Du mercredy 30e may 1629, au palais, dans le premier bureau, MM. les Commissères depputés par le conseil de sainclé du jour d'hier pour traicter avec le sieur Pellican, auquel ont adsisté MM. etc...

Le sieur Pellican a représenté comme il a esté recherché par M. Boffler, advocat général du Roy, de la part de MM. de la Cour de Parlement, pour venir en ceste ville servir les malades avecq [un] chirurgien nommé Laporte ou aultre, ayant uzé de touttes sortes de fidellité pour s'acquitter sellon leur consiance et praticque et sans aulcune difficulté, en ce temps dangereux, d'aller vizitter les malades, qui seront dedans la ville de Grenoble dans leurs maisons, les toucher, et leur donner les remèdes à eux nécessaires pour leur sainclé et leur fère fère par le chirurgien les opérations et aultres, tant saignées, ventouses et lavemens et panser boubons et charbons, se obligeant d'en traicter jusques au nombre de vingt-cinq par moys et, en cas qu'ils n'y soyent pas, cella luy reviendra à son proffict; et pour ledit nombre de vingt-cinq il leur fournira tous médicaments nécessaires jusques à parfaicte guérison; et y en ayant davantaige que dudit nombre, il les vizittera tous gratuitement et leur fournira de tous remèdes, qui luy seront payés, soyt des particuliers ou de la ville; et tout ce que dessus, pour la somme de cent pistolles le moys, qui luy seront peyées par advance de moys en moys, lougé et norry avec les Pères Augustins, aux despens de la ville et jusques à ce que la sainclé soyt dans la ville et qu'il aye faict quarantayne de sainclé.

Ladicte proposition ouye par Messieurs de la Sainclé, a esté conclud que ledit sieur Pellican visitera tous les malades qui sont et seront dans la ville, estants infectz, dans leurs maisons, les touchera et leur donnera les remèdes à eux nécessaires pour leur sainclé, et leur fera faire par son chirurgien les opérations nécessaires, tant saignées, ventouses et lavements et panser boubons et charbons; et yra tous les jours en l'Isle voyr les infectz qui y sont ou seront ci-après; et arrivant qu'il y eust tant de malades dans la ville qu'il [ne] peult aller à ladicte Isle, la compagnie y aura esgard. Desquelz malades, tant dans ceste dicte ville, que en l'Isle, il en traictera jusques au nombre de trante tous les jours et les fournira de touttes drogues nécessaires, à ses propres couts et despens; et en cas qu'il n'y aye sy grand nombre de malades, cela luy appartiendra, sans luy fère aulcung rabais; et le surplus, oultre lesdits trente malades, il sera tenu leur fournir tous médicaments, à la forme que dessus, lesquels luy seront payés, soyt par les particuliers qu'il traictera, ou par la ville sellon sa consiance. Et pour tout ce que dessus luy sera payé la somme de cinq cents cinquante livres pour chescung mois, que luy seront payées par advance chesque moys qu'il servira, commencant le premier moys au vingtcinquiesme du présent moys de may; et oultre sera lougé, norry et entretenu avec son chirurgien, son vallet et nourriture de sa mulle, aux despens de la ville et pendant que la maladie durera, et icelle estant cessée, ledit Pellican faira sa quarantaine de sainclé, pendant laquelle il sera norry et entretenu avec le susnommé aux despens de la ville, sans aulcungs gaiges. Et tout ce que dessus a esté accepté par ledit sieur Pellican.

(Arch. de Grenoble, GG. Délib. du Cons. de santé.)

XVII

Protestation des maîtres chirurgiens de Grenoble contre le traité passé par la Ville avec Me Pélican, médecin, et son compagnon.

13 juin 1629.

Les maistres chirurgiens de la ville de Grenoble soubsignés resmontrent à vous Nosseigneurs de la saincté de la présante ville que, puisqu'il a pleu à Dieu de volloir affliger ladicte ville de maladie contagieuse, ils vous déclaire et propose et font les offres pour le service du public telz que cy apprès :

Scavoyr que l'ung d'iceulx promect panser et traicter tous les malades attainctz de maladie pestilentielle, qui se tiendroit en la présente citté et pour cest effect fournir les médicaments nécessères pour la quantité de trente malades ; que cy le nombre excédoit, la ville ou les malades seroient obligés de fournir ou peyer le surplus.

Plus demande un lougement pour luy, deux serviteurs et ung cheval, lesquels seront nourris et entretenus aux despens de ladicte ville, qui seront prins par ledit maistre sellon sa vollonté.

Plus demande pour la fourniture desdits médicaments, gaiges tant pour luy que pour ses serviteurs, la somme de six cents livres pour chescung moys, poyables au commancement d'ung chescung moys qu'il servira.

Et au cas que au commencement de chescung moys on ne luy payat la susdicte somme de six cents livres, il soyt permis audit offrant de se retirer et quitter sa susdicte pache, en faisant sa quaranteyne luy et ses serviteurs aux despens de ladicte ville.

Et lhors qu'il plairra à Dieu de vouloyr appeyser le mal et qu'on jugeroyt que ledit offrant ne seroyt plus nécessaire, il offre de fère sa quaranteyne de sainctė, luy et ses serviteurs sans aulcungs gaiges que leur norriture.

Et sy tant est, Mesdits Seigneurs, que les offres sy-dessus expécifflées soyent par vous treuvées justes et iceulx receus à fère ledit service, sera, s'il vous plaist, à condiction que M. Pélican, ses serviteurs et autres, qui se mesle à traicter lesdits malades, se retireront et feront leur quaranteyne. Ainsi signé : Ozias Eymard, Me chirurgien ; Isaac Eymard, maistre chirurgien ; Mayance, maistre chirurgien.

(Archiv. de Grenoble, sér. GG. Délib. du Cons. de santé.)

XVIII

TRAITÉ AVEC DES GALOPINS

Mémoire des conditions du contract que Me Jehan-Michel Clément doybt passer avec MM. les Consulz de Grenoble.

1620.

« Premièrement, je me charge de fornir quatre hommes, moy comprins, et deux femmes pour fère le service de la ville au mal contagieux, comprins celuy qui est en l'Isle, soyt pour panser mallades, vizitter, perffumer les maisons infaictes et tout ainsy qu'il sera nessessère, pendant le temps qu'ilz en auront de nessessité, à charge qu'ilz se forniront la noretture desdictes six personnes honestement. » (c'est à dire qu'on leur fournira la nourriture, puisqu'en marge il précise qu'on leur donnera, pour six, 12 pots de vin, 15 l. de pain, 6 l. de mouton et 6 l. de bœuf, et le vendredi et le samedi du fromage et du beurre.)

On leur fournira ce qui sera nécessaire pour les parfums.

On leur fournira les onguents et médicaments nécessaires aux pansements, en sorte qu'ilz n'aient rien à acheter.

On leur donnera un habit à la fin de leur service.

On leur payera leurs gages jusqu'à ce qu'ilz soient libérés de leur quarantaine à la fin de leur service.

S'ils viennent à mourir, on les payera temps pour temps. Pour leur salaire on payera audit Clément 330 livres au terme qui sera avisé.

(Arch. de Grenoble, série GG. — Délib. du Cons. de santé.)

XIX

PIERRE BRONS, *de Carcassonne en Languedoc, habitant à présent à Grenoble.*

1620.

Propose aulx Messieurs de la Sainclé dudit Grenoble qu'avec l'aide de Dieu, il faira ung eau préservative que tous ceulx qui en prendront seront préservés de la peste et qu'elle faira soûrtir la maladie à ceulx qui en seront ataintz inthérieurement;

Que estant sourtie en quelque endroict du corps, comme estant le plus foible de la nature, il faira un remède pour la tirer et sourtir plus avant et la mûrir et ung aultre pour la percer, purger, consolider et guérir parfaitement;

Que toutz ceux qui l'auront aparante en quelque endroict du corps, où elle soict, en prenant dudict remède, seront préservés de tout venin dans la vingt-quatre hure et continuant ledit remède, en seront totalement guéris;

Soict il pour ladite eau ou quattre aultres remèdes qu'il donnera, famillières et plaisans à la bouche, que tout homme, femme et petits enfens, jusques à l'eage de ceulx de tetin, peult prendre et recepvoyr sans aulcune crainte ny desdain;

Qu'il faira ladicte eau et dispansation de sesdits remèdes à l'aspect de la souveraine Cour de Parlement de Grenoble, de touts les Messieurs, des médecins, appotiquaires et sirurgiens d'icelle et de tout le peuple, au mitan de la place de Saint-André, où il édiffiera ung lieu pour la construction de ce qu'il luy sera nécessaire;

Demande aux Messieurs de ladicte Sainclé de lui donner gage annuellement et somme capable pour faire les susdicts préservatifs, moyennant quoy, il donnera le secret à la ville, pour estre mis dans les archifs d'icelle, pour estre distribué à ung chascun par les commis à ce depputés, comme s'observe et a esté observé en la ville de Tholoze et Carcassonne, lors de la grand peste en l'année [15] 90, 91, qu'alors ayant prins de ladicte eau, personne ou bien peu en morurent.

Ledict proposant l'aiant veu et aidé à faire et tiré l'extraict d'icelluy du livre escript à la main de celluy qui la feist en ce temps là, comme estant alors le proposant serviteur d'ung de Messieurs les Capitouls de ladicte ville.

Que si ledit Conseil ne veult entendre à ladicte despence, Le supplie de bon cœur et de la part de Dieu luy permettre qu'il le fasse et distribue à ses despens et le vende publicquement à ceulx qui s'en vouldront servir, et alors la preuve et véritté sera déclarée et descouverte, nonobstant toutz faux calompniateurs.

BRONS.

(Arch. de Grenoble, série GG. — Délib. du Cons. de santé.)

XX

Inspection du Capitaine de la Santé.

21 août 1629.

A esté proposé par le sieur Bernard, capitaine de saineté, que despuis vendredy dernier qu'il fust receu en sa charge), il a faict sa visitte tant dans la ville que en l'Isle vers l'hospital de l'Isle, qu'en l'Isle de Fournet; et que dans la ville il n'a treuvé que seze maisons infectées de nouveau et à l'hospital de l'Isle il y a treuvé de grands désordres, que faulte des cabanes, ils sont tous les uns sur les autres, y ayant telle cabane où ils sont treze personnes, à quoy est nécessaire promptement pourveoir à fère fère des cabanes, autrement il y arriveroyt un grand péril, comme de mesme en l'Isle de Fournet il y a... des gents qu'il y a plus de deux (mois) qu'ils y sont, estant aussi necessère faire faire des cabanes; et pour satisffère à tout cela, il faut avoir de l'argent, comme aussi pour payer les nettoyeurs, les soldats de saincté, les gallodins et batelliers qui servent journellement et les barbiers aussy, qui ne veulent plus servir s'ils ne sont payés, etc.

(Arch. de Grenoble. GG. Délib. du Conseil de santé.

XXI

Ordonnance de Guillaume Basset, capitaine général de la santé.

7 août 1631.

Nous Guillaume Basset, docteur en droitz, cappitayne général de la santé, estably à Grenoble et balliage de Graisivaudan, pour aller au devant de plus grand péril et couper chemin aux plus grandes intorsions, qui pourroient estre causées en ladicte ville, faulte que les meysons infettées de la malladie contagieuse ne sont nétoyées et parfumées, avons ordonné et ordonnons que la nuict enssuivant que les corps auront (esté) prins et enlevés par les corbeaux, lesdictes meysons seront parfumées et nétoyées en toute diligence, bien et deubment, sans bruit ny escandalle, aux despans des propriétayres desdictes maisons, mainlevables, saufz à les répéter sur les inquilins, qui auront donné cauze à ladicte infettion, et, à ces fins, mandons et enjoignons aux héretiers du feu sieur Balme, curé de Notre-Dame, et au sieur Claude Barcelet de fère nettoyer, savoyr : lesdits héretiers ladicte meyson de leurdit sieur curé, et audit Barcelet le membre de sa meyson où la feue femme de Me Flory, tayleur d'abis de la présente cyté, ce treuvera avoyr pratiqué et estre décédée, à peyne de mil livres d'amende, despans, dommages et intérestz des voysins, appliquable ladicte amande aux frays de la santé dudit Grenoble. Et à ce que nul n'en prétende cause d'ignorance, ordonnons la présante estre inthimée, notifyée par ung des soldartz de ladicte santé à tous lesdits propriétayres desdictes meysons.

Fait à Grenoble, ce VII d'aoust mil six centz trente ung. Signé G. Basset, cappitayne général de la santé.

(Arch. de Grenoble, série GG. Délib. du Cons. de santé.)

LES MALADRERIES OU LÉPROSERIES

On sait le grand nombre de maladreries fondées au moyen-âge par la charité publique ou privée. On a souvent rappelé qu'à la fin du règne de Louis VIII, il y en avait plus de deux mille dans les pays soumis à la Couronne et environ dix-neuf mille dans toute la chrétienté. En Dauphiné, elles jalonnaient les grandes routes de deux lieues en deux lieues. C'est que si le lépreux était pour nos pères un objet d'horreur, il était aussi un objet de pitié. Les mêmes hommes qui le bannissaient de leurs maisons et de leurs rues, se préoccupaient de lui assurer un asile où, avec l'aide des aumônes des voyageurs, il pourrait vivre à l'abri du besoin et attendre sans trop souffrir l'heure où la mort mettrait fin à son exil et le réunirait, dans un monde meilleur, aux frères qui l'avaient rejeté.

De tout temps, l'Église avait encouragé ces tendances compatissantes : ses conciles recommandaient les lépreux à la sollicitude des évêques et leur prescrivaient de prélever sur leurs revenus la part destinée à nourrir et à vêtir ces malheureux. Si elle consacrait par une cérémonie religieuse leur cruelle expulsion de la société des vivants, elle leur laissait entendre par des formules pleines de consolations et de surnaturelles espérances, qu'elle leur gardait une place dans la communion des Saints. Elle ouvrait sous leurs yeux la page des Saints-Livres où est contée l'histoire du lépreux qui mourut à la porte du mauvais riche et fut emporté au Ciel par des anges.

Elle les avait placés sous le patronage de Sainte Madeleine et de Saint Lazare et ce dernier leur avait donné son nom, d'où est dérivé celui de ladre, sous lequel ils furent généralement désignés par le peuple pendant tout le moyen-âge. Et de même leurs maisons s'appelaient plus communément ladreries ou maladreries. Aujourd'hui, deux siècles et demi après la disparition de ces léproseries, leurs noms subsistent encore, à peine modifiés sous les formes maladière et ladrière, rappelant que dans les hameaux ou les faubourgs ainsi désignés se trouvait jadis un hôpital de lépreux.

Ces hôpitaux étaient généralement placés sur les grandes routes et dans le voisinage des villes, disposition qui, tout en isolant le lépreux, le tenait cependant à portée des aumônes nécessaires pour assurer sa subsistance.

Très nombreuses dans les premiers siècles du moyen âge, les maladreries disparurent peu à peu, à mesure que l'infirmité, pour laquelle elles avaient été ouvertes, faisait de plus rares victimes. Pour ne parler que du diocèse de Grenoble, les renseignements fournis par les anciens cadastres permettent d'affirmer qu'il y en avait, au XIIIe siècle, aux portes de toutes les villes, de toutes les bourgades de quelque importance. Or, à la fin du XVe siècle, dans cette même circonscription ecclésiastique, qui comprenait alors le décanat de Savoie, le pouillé rédigé en 1497, par les ordres de l'évêque Laurent Ier Alleman, n'en mentionne plus que dix-huit [1].

Ces dix-huit maladreries survivantes étaient celles de La Buisserate, située sur la commune de Saint-Martin-le-Vinoux, de Voreppe, de Moirans, de Rives, sur Saint-

---

[1] Marion, *Cartulaires de l'Église cathédrale de Grenoble.* Paris, 1869, in-4°, p. 385.

Georges-de-Beaucroissant, de Saint-Étienne-de-Crossey, sur Saint-Aupre, des Échelles, du Bourget, de Chambéry, de Montmélian, de Frèterive, d'Allevard, sur La Chapelle-du-Bard, de Goncelin, de Gières, de Sassenage, de La Mure-en-Matésine, de Montbonnot, sur Saint-Ismier, de La Buissière et de Saint-Pierre-d'Allevard.

A la plupart de ces maladreries était annexée une chapelle, placée sous le vocable de Sainte Marie-Madeleine, de Saint Lazare ou de quelques autres saints. Étaient sous le patronage de Sainte Marie-Madeleine les chapelles des léproseries de La Buisserate, de Saint-Aupre, de Saint-Ismier, de Frèterive et des Échelles. Celle de La Mure était dédiée à Saint Lazare; celle de Montmélian, à Saint Gratus; celle du Bourget, à Saint Ours, Saint Aupre et Saint Théodule[1].

Quelques-unes n'avaient plus de chapelles, ou même peut-être n'en avaient jamais eu. Dans d'autres cas, c'est la léproserie qui avait disparu et la chapelle seule avait survécu, rappelant par son vocable Marie-Madeleine, que des lépreux avaient été là jadis. Ainsi, aux Echelles, il ne reste plus, en 1497, que la chapelle. A Jarrie, auprès du pont, le pouillé de Laurent Allemand signale une chapelle, dédiée à Sainte Madeleine, qui provient très probablement d'une maladrerie[2]. Pour Vourey, le même document est plus explicite : il explique que la chapelle de Sainte Marie-Madeleine est située *prope Lazaros*.

Dans cette liste des maladreries, qui ont duré jusqu'au XVIe siècle, on remarquera qu'il y en avait, à cette époque, quatre dans un rayon de quelques kilomètres autour de

---

[1] Ibid. *passim*.
[2] Marion, op. cit., p. 317.

Grenoble : celles de La Buisserate, de Sassenage, de Gières et de Montbonnot. C'est de celles-là seulement que nous aurons à nous occuper dans cette étude, consacrée aux institutions charitables de Grenoble, et même nous ne pourrons guère parler que de l'une d'elles, celle de La Buisserate, d'abord, parce que seule elle était sous le patronage de nos consuls, et aussi parce que les documents sur les trois autres manquent presque absolument.

Mais, auparavant, il ne sera pas inutile de dire quelques mots d'une antique maladrerie citée par nos anciens actes, sous le nom de maladrerie d'Esson. S'il faut en croire l'historien de Saint Hugues[1], le saint évêque de Grenoble aurait fondé aux portes de sa ville épiscopale, sur la rive droite de l'Isère et sur l'emplacement actuellement occupé par le couvent de Sainte-Marie-d'en-Haut, une léproserie, qui aurait appartenu d'abord au chapitre de Notre-Dame et aurait été ensuite attribuée aux religieux de Saint-Antoine. J'ai déjà eu l'occasion de parler[2] de cette maladrerie, à l'occasion de l'hôpital que les Antonins possédaient non loin de là, dans la rue Perrière, et dont ils avaient, dès le XIVe siècle, cédé l'administration et la charge aux consuls de Grenoble. J'ai rappelé que dans un plan de cette ville, dressé en 1544, on voyait figurée sur l'ancienne route romaine, qui gravissait le mont Rachais, appelé alors le mont Esson, une chapelle dédiée à Saint

---

[1] Alb. Du Boys. *Vie de Saint Hugues*. Paris, 1837, in-8°, p. 224. M. Du Boys confond l'hôpital de Saint-Antoine, situé dans la rue Perrière et dont il a été question dans un chapitre précédent, avec la maladrerie d'Esson ou de Chalemont, laquelle, comme l'indique son nom, ne pouvait se trouver qu'au quartier dit de Chalemont.

[2] Vide sup., p. 9.

Antoine. Cette chapelle est signalée en ces termes par le pouillé de 1497, qui constitue une très exacte statistique du diocèse de Grenoble à la fin du xve siècle : « In Calvo monte est quedam capella sancti Anthonii, que est de membris ecclesie Gratianopolitane[1] », d'où il résulte que, malgré les présomptions fournies par son vocable, lesquelles ont pu égarer M. Albert Du Boys, cette chapelle n'avait pas encore été cédée aux Antonins. Or, dans le plan dressé en 1572 par l'ordre des consuls pour la *Cosmographie* de Belleforest[2], cette chapelle a disparu, emportée vraisemblablement pendant les guerres religieuses, qui désolèrent Grenoble en 1562.

Cette chapelle était-elle le dernier souvenir de la maladrerie d'Esson fondée par Saint Hugues? Cela est très vraisemblable, sans qu'il soit possible d'en fournir une preuve certaine. Quoi qu'il en soit, la léproserie d'Esson est citée dans les actes ci-après. A la suite d'une émeute, qui avait mis aux prises l'Évêque de Grenoble, le chapitre de Notre-Dame et les bourgeois de la ville, la grande dauphine Béatrix de Faucigny convoqua les belligérants, qui l'avaient prise pour arbitre, dans la maladrerie d'Esson et leur fit signer un traité. Ceci se passait le 2 janvier 1303[3]. On peut raisonnablement en conclure que déjà à cette date la maladrerie n'abritait plus aucun lépreux.

En 1343, dans un traité conclu entre le dauphin Humbert II et l'Évêque de Grenoble, au sujet de la juri-

---

[1] Marion, op. cit., p. 281.
[2] Ce plan a été réimprimé par M. le Colonel de Rochas d'Aiglun, dans le *Bulletin de la Société de Statistique de l'Isère*, 3e série, t. IV.
[3] Arch. de la ville de Grenoble, AA. 6, fol. 146.

diction de la ville, nous lisons que le Dauphin pourra élever des fortifications sur le mont Esson, à Chalemont ou *à la Maladière,* à condition de les tenir en fief de l'Évêque[1].

Enfin, nous lisons dans le compte de la châtellenie de Grenoble pour 1489 : « [Recepit] a rectore maladerie de Essone VI denarios pro censu cujusdam soturni siti infra domum maladerie apud Essonem. » Même mention dans le compte de 1526 : « plus (reçu) du recteur de la Malladière de Challemont ou de Esson, VI deniers[2] ».

Il est impossible, avec les seules données fournies par ces brèves mentions et quelques autres de même nature, que les actes anciens fournissent incidemment, de prétendre reconstituer l'historique de la maladrerie d'Esson. Tout au plus pourrait-on en conclure que l'existence de cette maison charitable fut de très courte durée et qu'elle ne tarda pas à être abandonnée, remplacée par celle de La Buisserate.

Et la raison de cet abandon se devine aisément. Les maladreries, nous l'avons dit, étaient généralement situées sur une grande route, mais à une certaine distance des habitations. Telle était bien la situation de la maladrerie d'Esson, lorsqu'elle fut édifiée sur la route romaine, à quelque distance des portes de la ville, alors entièrement enfermée dans ses remparts, sur la rive gauche de l'Isère. Mais bientôt des habitations s'élevèrent sur la rive droite, autour du prieuré de Saint-Laurent, et la léproserie ne se trouva plus assez isolée. On prit alors le parti de la désaffecter, tout en laissant subsister la chapelle, qui avait

[1] Arch. de l'Isère, B. 3161.

[2] Ibid., B. Comptes des Châtellenies, 1489, 1526.

probablement une dotation spéciale et qui appartenait au chapitre de Notre-Dame. Ce serait donc le titulaire de cette chapelle, qui serait inscrit dans les comptes de la châtellenie de Grenoble en 1489 et en 1526, sous la rubrique de recteur de la maladrerie d'Esson ou de Chalemont. Ce qui confirme cette hypothèse, c'est que le pouillé de 1497, qui nous a fourni la liste des maladreries existant à cette date dans le diocèse de Grenoble, ne parle plus de la maladrerie d'Esson et se borne à citer la chapelle de Saint-Antoine comme une dépendance du chapitre de Notre-Dame.

Le rôle que jouait la maladrerie d'Esson fut repris après sa désaffectation par la maladrerie de La Balme, dite aussi de La Buisserate, située sur la route de Grenoble à Saint-Robert, au pied du rocher de Néron, au-dessous de l'hermitage de Saint-Martin-le-Vinoux, où les Récollets établirent, au commencement du XVIIe siècle, leur premier couvent.

A quelle époque et par qui fut fondée cette maladrerie? On ne saurait le préciser et les recherches que j'ai faites dans nos anciens cartulaires ne m'ont apporté aucun éclaircissement à ce sujet. Cette obscurité des origines est du reste commune à la plupart des établissements de ce genre. La maladrerie de La Balme ou de La Buisserate (elle porte indifféremment ces deux noms), est citée pour la première fois dans une charte de franchise accordée en 1225-1226 aux bourgeois de Grenoble, par leurs deux co-seigneurs, l'évêque Soffrey et le comte André-Dauphin [1]. Elle y est indiquée comme l'une des limites de la franchise grenobloise.

---

[1] A. Prudhomme, *Hist. de Grenoble*, p. 107.

Quel fut son fondateur? L'Évêque de Grenoble ou le Chapitre de Notre-Dame, qui avaient des terres à Saint-Martin-le-Vinoux? C'est peu vraisemblable, car ils auraient gardé sur cette maison un droit de patronage. Et puis, on trouverait quelque trace de cette fondation dans les Cartulaires de Saint Hugues ou d'Aymon de Chissé.

Est-ce le prieuré de Saint-Robert? Ce serait plus admissible, attendu que la maladrerie était sur des terres relevant de sa directe, mais, lui aussi en aurait gardé le patronage, et aurait conservé l'acte de fondation dans son chartrier[1].

Pour les mêmes raisons, il n'est pas possible d'en attribuer la fondation à l'un des Dauphins de la première race, ou à la dauphine Béatrix, mère d'André-Dauphin.

Ce qui est plus probable, c'est que cette maladrerie fut primitivement fondée par les bourgeois de Grenoble, qui en restèrent les patrons et cela, lorsque la maladrerie d'Esson fut désaffectée. Les conciles ayant prescrit d'isoler loin des habitations les lépreux reconnus tels, les habitants de Grenoble durent se trouver dans la nécessité de choisir un nouvel asile pour ces malheureux. Peut-être encore ce fondateur inconnu fut-il un simple particulier, comme ce Berlion Chenu qui, pour le salut de son âme, fondait en 1187, la maladrerie de Voreppe et en confiait la direction et la défense à l'Abbé du monastère de Chalais[2], ou bien un lépreux relativement aisé qui, expulsé de Grenoble, se sera établi dans cet endroit alors désert, et y aura construit une petite maison et une chapelle. Ces

[1] Voyez notamment à ce sujet la pièce justificative n° 1, dans laquelle l'abbaye de Saint-Pierre-de-Vienne commet un de ses moines pour administrer la léproserie de Voreppe.

[2] E. Pilot de Thorey, *Cart. de Chalais*, n° XXXI, p. 54.

trois dernières hypothèses sont admissibles, sans qu'il soit possible de choisir entre elles.

Si l'on en excepte la charte communale de 1226, dont il a été question précédemment, aucun document antérieur à la seconde moitié du XIVe siècle ne mentionne la maladrerie de La Buisserate. Elle n'est jamais inscrite dans les testaments des Dauphins et des Dauphines, du moins d'une façon spéciale, et ceci tend à confirmer qu'elle n'était pas de fondation delphinale.

La dauphine Béatrix, veuve d'Hugues III, duc de Bourgogne et mère d'André-Dauphin, dans son testament daté de 1228, où se trouvent de nombreuses libéralités en faveur des établissements religieux et charitables de la région, ne désigne pas nominalement la maladrerie de La Buisserate, mais laisse à chacune des léproseries situées dans le comté et auxquelles était annexée une chapelle, une aumône de dix sous, et trois sous seulement à celles qui n'avaient pas de chapelle [1].

Le testament de Guigues VI, daté de 1267, attribue un legs de cinq sous en faveur de chacune des maladreries de ses états [2]. Le 26 août 1318, Jean II lègue dans son testament une aumône de cinq sous à chaque lépreux ou lépreuse de ses terres et ordonne de construire dans son domaine une maladrerie destinée à recevoir six lépreux nobles et un chapelain. Pour leur entretien, il charge son exécuteur testamentaire, Henri Dauphin, de leur assurer à chacun un revenu annuel de dix livres [3]. Le testament de Guigues VII, daté de 1333, contient un legs

[1] Auvergne, *Cartulaire de Saint-Robert*, p. 4 (Bull. de l'Académie delphinale. Doc. in., t. Ier).

[2] Pilot, *Statist. gén. du Dauphiné*, III, 496, note 1.

[3] Valbonnais; *Hist. du Dauphiné*, II, 171, c. 2.

de 2,000 livres en faveur des maladreries et hôpitaux du Dauphiné[1].

Toutes ces libéralités témoignent des sentiments de compassion qu'inspirait le triste sort des lépreux. Et cependant, à cette même époque, ils eurent à subir une cruelle et bien injuste persécution. En 1321, le bruit se répandit d'un bout de la France à l'autre que les lépreux, associés aux Juifs et aux Sarrasins, avaient empoisonné les puits et les fontaines. Sans réfléchir à ce qu'une pareille accusation avait d'invraisemblable, on en prit acte pour faire brûler un grand nombre de ces malheureux. Le roi de France, Philippe V lui-même, rendit un édit prescrivant d'arrêter tous les lépreux, de condamner au feu ceux qui seraient reconnus coupables et de tenir les autres enfermés sous peine de mort dans leurs maladreries[2].

Ces odieux procès semblent avoir été poursuivis même en Dauphiné. Guigue, seigneur de Beauvoir, rédigeant le 9 décembre 1333, ses dernières volontés, se sent pris de remords en se rappelant les lépreux qu'il a fait brûler et dont il s'est approprié les biens et il ordonne à son exécuteur testamentaire de réparer (?) le tort qu'il a causé, s'il n'a pas fait cette réparation de son vivant. « Item, de questione et inimicitia quam habeo de leprosis, in terra mea combustis et bonis eorumdem captis et dissipatis, volo per executores meos vel alterum ipsorum fiat emenda condecens ad consilium duorum Fratrum Minorum, nisi per me in vita fuerit satisfactum[3]. »

D'autre part on lit dans un mémoire produit par l'archevêque de Vienne en 1425, pour justifier de ses droits de

[1] Valbonnais, II, 236.
[2] Chevalier, *Notice historique sur la Maladrerie de Voley*, p. 24.
[3] Archives de l'Isère, B. 2974, fol. 185.

haute justice, que, sous l'un de ses prédécesseurs Guillaume de Laudun (1321-1327), le courrier épiscopal fit arrêter et incarcérer tous les lépreux de la ville de Vienne et les fit passer en jugement et brûler. « Dictus correarius capi et incarcerari fecit omnes leprosos de civitate et ejus territorio et demum ipsi leprosi fuerunt per judicem curie secularis ad incendium condempnati, et eosdem comburi fecit dictus correarius in territorio dicte civitatis[1]. »

Une information dirigée en 1336 contre un châtelain de La Mure, nous révèle de nouvelles atrocités. Ce misérable nommé Guigue de Villaret avait fait enlever de sa maladrerie de Treffort une pauvre lépreuse, l'avait fait conduire à La Mure et brûler sur la place publique. A quelque temps de là il avait fait mettre à la question la fille de cette malheureuse et plusieurs autres lépreux, sous l'inculpation de crimes imaginaires et les avait condamnés au feu[2]. Les actes, qui nous ont conservé le récit de ces iniquités, sont muets sur le châtiment qui fut infligé au coupable.

La peste noire qui désola toute l'Europe vers le milieu du XIVe siècle fournit un nouveau prétexte aux absurdes accusations portées contre les juifs et les lépreux et jeta au bûcher de nombreuses victimes dont les biens furent soigneusement confisqués. Nos comptes de châtellenies ont conservé la trace de ces odieuses persécutions et des transactions toujours onéreuses imposées à ceux qui purent se racheter à prix d'argent[3].

---

[1] Arch. de l'Isère, B. 3253, fol. 146. On lit, à la suite de cette mention : « item dictus correarius comburi fecit quosdam hereticos, condempnatos per dom. Episcopum et remissos curie seculari ».

[2] Ibid., B. 3241, fol. 121.

[3] Ibid., B. Comptes de Châtellenies, passim.

Pendant cette première période, qui fut vraisemblablement la plus active de son existence, nous ne savons rien de l'histoire de la maladrerie de La Buisserate, dont le nom ne reparaît dans les actes que dans les confirmations des franchises de Grenoble, où il est incidemment cité comme l'une des limites du périmètre de ces franchises. Pour avoir quelques détails sur son fonctionnement comme établissement charitable, nous en sommes réduits à puiser dans l'histoire des léproseries de la région et surtout dans l'excellente monographie que M. le docteur Chevalier a consacrée à la maladrerie de Voley près Romans[1].

On sait quelle était, au moyen-âge, la misérable condition des lépreux. Atteints d'une maladie réputée incurable et qui se manifestait par des ulcérations répugnantes sur toutes les parties du corps, mais principalement à la face et aux mains, les ladres étaient pour tous un objet d'horreur et de dégoût. Aussi leur était-il expressément ordonné de ne jamais paraître en public que gantés et leur capuchon rabattu sur leur visage. Quelle était la nature de leur mal ? Était-ce une affection spéciale, ou celle connue aujourd'hui sous le nom de psoriasis, ou encore celle qu'on appellera plus tard en France le mal de Naples et en Italie le mal français ? Les médecins ne sont pas d'accord et il ne nous appartient pas d'être plus affirmatif qu'eux.

Quoi qu'il en soit, la lèpre est aussi ancienne que le monde. Le peuple hébreux la connut et certains en ont

---

[1] *Notice historique sur la maladrerie de Voley, près Romans, précédée de recherches sur la lèpre, les lépreux et les léproseries...*, par J.-A.-Ulysse Chevalier, docteur en médecine, etc. Romans 1870, in-8°.

conclu que ce sont ses fils qui l'introduisirent en Europe. De quoi ne les a-t-on pas accusés ces misérables parias? Dès le VIe siècle, les conciles d'Orléans et de Lyon recommandaient les lépreux à la charité des évêques. mais c'est surtout après les premières croisades que le mal atteignit son plus grand développement, si l'on en juge par le grand nombre de maladreries qui furent créées à cette époque.

La liturgie chrétienne entourait d'un cérémonial à la fois cruel et consolant l'entrée du lépreux dans la maladrerie. Le malade que l'on soupçonnait d'être atteint de la lèpre était mandé au tribunal de l'official diocésain et soumis par l'ordre de ce magistrat à l'examen d'un médecin assermenté. S'il était reconnu ladre, on le condamnait à être exclu de la maison qu'il habitait et relégué dans la léproserie la plus voisine. La sentence était lue solennellement au prône de l'église paroissiale et exécutée le dimanche suivant avec un grand cérémonial, ainsi fixé par le rituel de l'Église de Vienne.

Ce jour-là le lépreux était conduit en procession par le clergé de sa maison jusqu'à l'église, où on lui permettait d'entrer une dernière fois. Assis tout seul au milieu de la nef vide, il entendait la messe. L'office terminé, le recteur de la paroisse s'approchait de lui, et, pour le réconforter, lui adressait cette brève allocution :

« Mon ami, il plaist à Nostre Seigneur que tu soyes infect de ceste maladie et te fait Nostre Seigneur une grant grace quant il te veut punir des maux que tu as fait en ce monde. Pourquoy aies patience en ta maladie ; car Nostre Seigneur, pour ta maladie ne te desprise point, ne te sépare point de sa compagnie ; mais si tu as patience, tu seras sauvé, comme fut le ladre qui mourut devant l'ostel du mauvais riche et fut porté tout droit en paradis. »

Puis le prêtre bénissait le vêtement destiné à l'avenir au lépreux et dont la forme et la couleur spéciale le désignaient déjà à l'attention publique[1]. Il en revêtait le malheureux en prononçant les paroles suivantes :

« Vois-tu icy la robe que l'Église te baille, en toy deffendant que jamais tu ne portes robe d'autre façon, afin que chascun puisse cognoistre que tu es infect de ceste maladie et afin que l'on te donne plus tost l'aumosne pour l'amour de Nostre Seigneur. »

Le prêtre bénissait ensuite les gants et les remettait au lépreux en lui disant : « Vois tu icy des gants que l'Église te baille, en toy defendant que, quand tu iras par les voyes ou autre part, tu ne touches à main nue aulcune chose; mais que tu ayes mis tes gants, afin que ceulx, lesquels ne sont point infects de ceste maladie, ne touchent aucune chose après toi et que par le moyen du touchement que l'on feroit après toy, l'on ne fust infect de ta maladie. »

Enfin il bénissait encore les cliquettes que l'Église appelait les langues de bois du ladre, sorte de crécelle, composée de deux languettes de bois, que le lépreux frappait violemment l'une contre l'autre pour attirer les passants et solliciter leurs aumônes. En les lui donnant, le prêtre disait : « Vois tu icy la langue que l'Église te baille, en toy deffendant que tu demandes jamais l'aulmosne sinon à cet instrument et aussi te défend l'Église que jamais tu ne parles à personne si l'on ne te fait parler.

« Item l'Église te commande que, quand tu iras par les voyes et tu rencontreras une personne saine, que tu luy faces place.

---

[1] Ul. Robert, *Les Signes d'infamie au Moyen Age* (Mém. de la Soc. des Antiquaires de France, 5ᵉ série, T. IX, p. 146).

« Item que tu ne converses jamais avec ceulx qui ne sont point infects de ceste maladie, tant en maison que aultre part.

« Item que jamais tu n'entres en l'église jusques à la mort, afin que par la conversation que tu feroyes avec les sains, qu'ils ne soient infects de ta maladie.

« Item l'on te recommande que, quand tu seras en ta maladrerie, que quarante jours tu n'en partes, ou au moins du pourpris d'icelle.

« Item je te prie que tu prennes en pacience et en gré ta maladie et remercies Nostre Seigneur ; car se ainsi fais, tu feras pénitence en ce monde, et combien que tu soies séparé de l'Église et de la compagnie des saints, pourtant tu n'es séparé de la grâce de Dieu, ni aussi des biens que l'on fait en nostre mère Sainte Église. »

Après ces pieuses exhortations le lépreux était conduit hors de l'église et conduit par le prêtre, précédé de la croix, jusqu'à sa maison qui lui était destinée. Si cette maison était neuve, le prêtre la bénissait. Il bénissait encore le lit du malade, son feu et sa fontaine. Puis la porte de la maladrerie se refermait. Prêtres et fidèles se retiraient et le lépreux restait seul, marqué d'un signe ineffaçable de réprobation et condamné à un éternel isolement[1].

Il était rare qu'un lépreux fût admis gratuitement dans une maladrerie. Comme il devait y finir ses jours, on lui demandait de contribuer dans la mesure de ses ressources à son entretien. Il devait donc solliciter l'autorisation du recteur de la maladrerie, et payer pour l'obtenir un droit

---

[1] Tous les détails de ce cérémonial ont été empruntés à un ancien rituel de l'Église de Vienne, par Charvet, *Hist. de la Sainte Église de Vienne*, p. 752, et reproduits par le Dr Chevalier, dans sa *Notice sur la Maladrerie de Voley*, p. 33

d'intrage qui variait de trente à cent florins. De même fréquemment on exigeait qu'il apportât avec lui de la vaisselle d'étain, un lit, une couverture, des draps et une besace pour recueillir les aumônes.

En principe, le lépreux ne devait pas quitter sa retraite, dans laquelle était pratiquée une loge, d'où il pouvait à l'aide de ses cliquettes implorer la charité des passants. Mais cette règle, nous le verrons, souffrait en Dauphiné de larges adoucissements.

A l'origine, les léproseries étaient servies par des frères et des sœurs voués à ce charitable ministère. Mais cet usage semble avoir peu duré. Les lépreux durent se servir eux-mêmes, quand ils n'avaient pas le moyen de se procurer une chambrière.

Le régime d'administration des léproseries variait beaucoup. Plus fréquemment chaque maison était gouvernée par un recteur, qui en prenait à ferme les revenus et s'engageait à fournir aux lépreux les vivres et autres objets nécessaires. Ce recteur, nommé par les patrons de la maladrerie et institué par l'official diocésain, habitait une petite maison attenante à celle des lépreux, d'où il leur faisait passer, par une sorte de tour, leur pitance quotidienne. Le plus souvent une chapelle et un cimetière étaient annexés à la léproserie. Le recteur, quand il était prêtre, ou un ecclésiastique du voisinage venaient y célébrer la messe chaque dimanche.

Tel était, au XIIIe et au XIVe siècle, le régime le plus généralement adopté dans les maladreries de la région. Nous allons voir, à l'aide des brèves mentions que nous fournissent des documents trop rares, quel était celui de la léproserie de La Buisserate.

Dans un vieux sac oublié depuis plusieurs siècles, dans

les archives de Grenoble, j'ai retrouvé quelques parchemins relatifs à la maladrerie qui nous intéresse. Sans avoir l'intérêt capital que j'en attendais, sur la foi de l'inscription cousue aux flancs de ce vénérable sac, laquelle m'annonçait les titres de fondation de la maladrerie, les actes que j'y ai trouvés fournissent sur l'organisation de cet établissement, au XIVe siècle, des renseignements précieux et absolument nouveaux.

Malheureusement le plus ancien ne remonte pas plus haut que l'année 1378. C'est une reconnaissance passée en faveur du prieuré de Saint-Robert, le 9 janvier 1378, par Guillaume Pellet, dit Chaboudon, maçon de Grenoble, pour une vigne, un pré et un bois contigus, une maison et un four, dépendant des biens de la maladrerie située sur le territoire de Saint-Martin-le-Vinoux, au mas dit de la Maladrerie, lesdits fonds contigus à la vigne de Pierre le lépreux. Guillaume Pellet reconnaissait devoir au prieuré, à raison de ces biens, un cens annuel de deux sommées de vin et d'une émine d'avoine[1].

Un autre acte, du 2 mars 1383, nous fournit la reconnaissance, passée au même prieuré par ce Pierre le lépreux, dont il est question dans l'acte précédent et qui s'appelait de son vrai nom Pierre Clavel, pour une terre, un pré, une vigne et quelques maisons situées « loco dicto in Belloregardo sive in maladeria, juxta iter publicum », et confinant le domaine de Guillaume Pellet, reconnu en 1378. Pierre Clavel devait au prieuré, à raison de ces immeubles, un cens annuel de douze sous et huit sous de plait à chaque changement de tenancier[2].

---

[1] Archives de la ville de Grenoble. Fonds de la maladrerie de La Buisserate.

[2] Ibid.

Il résulte de ces deux actes que la maladrerie de La Buisserate était établie sur des terres dépendant du fief du prieuré de Saint-Robert, et cela laisserait supposer que ce prieuré n'avait peut-être pas été absolument étranger à sa fondation. Il en résulte en outre que, contrairement à l'idée que nous nous en faisons, cette maladrerie ne se composait pas d'une seule maison, mais qu'elle comprenait un assez grand domaine avec terres, prés et vignes, qu'il y avait plusieurs maisons ou chaumières et que ces chaumières appartenaient parfois à d'autres qu'à des lépreux. Enfin il paraît bien que le lépreux qui habitait alors la maladrerie (rien n'indique dans l'acte qu'il agisse au nom d'un groupe dont il serait le syndic) était, à titre personnel, albergataire de la maison qu'il habitait et du domaine qu'il cultivait.

Cette dernière conclusion ressortira plus évidente des actes suivants. Le 26 juillet 1443, Jean Amabert, de Crolles, lépreux, achetait à Pierre Motet, cordier, de Saint-Martin-le-Vinoux, un domaine comprenant une maison d'habitation avec cour et jardin, terre, vigne, pré et bois, le tout d'une contenance d'une sétérée, situé au lieu dit « in plana maladerie de Buxerata », sur la paroisse de Saint-Martin-le-Vinoux, et confrontant au couchant le grand chemin royal qui allait de Grenoble à Saint-Robert. La vente était consentie pour une somme de 31 florins et sous cette condition que l'acheteur payerait annuellement un cens de quatre sous au couvent de Saint-Robert, du fief duquel dépendaient les terres vendues. Le 11 décembre 1444, Aymonet Salvaing, aumônier du prieuré, assisté de François de Saint-André, prieur, et de plusieurs autres religieux, ratifiait la vente et en conférait l'investiture à Jean Amabert[1].

Nous nous trouvons encore en présence d'un achat fait en son nom personnel par un lépreux. Observons à ce sujet que, tandis que dans d'autres provinces les lépreux étaient considérés comme morts et partant dépouillés de leurs droits civils et de leur patrimoine, en Dauphiné ils peuvent librement acheter, vendre, tester, donner, se marier, ester en justice, absolument comme s'ils n'étaient pas malades[2].

L'acte suivant nous montre deux lépreux achetant au nom de la maladrerie. Le 18 septembre 1446, le même Pierre Motet vend à Antoine Gerbat et Pierre Tentour, lépreux de la maladrerie de La Buisserate, achetant en leur nom et au nom de la maladrerie et des lépreux qui l'habiteront à l'avenir (pro se et ad opus dicte maladerie et infirmorum seu leprosorum in ipsa maladeria in futurum affluentium), une maison d'habitation avec un pré, un bois et diverses dépendances, le tout attenant à la maison et situé au lieu dit la Maladière, confinant : au couchant, un emplacement dépendant de la maladrerie ; au midi, la route de Saint-Robert, et au nord, la forêt de Patolier, appartenant au couvent de Saint-Robert. Cette vente est consentie au prix de 50 florins payés comptant par les acheteurs[3].

A cette époque, il n'y avait, dans la maladrerie, que les deux lépreux qui interviennent dans cet acte. Six ans plus tard, l'un d'eux, Pierre Tentour, accepte, au nom

---

[1] Archives de la ville de Grenoble. Fonds de la maladrerie de La Buisserate.

[2] Chevalier, op. cit, p. 37.

[3] Pièce justificative n° II.

de la maladrerie et des lépreux qui s'y trouvent ou s'y trouveront à l'avenir, une cession faite par une femme nommée Benoîte Borel, de tous les droits qu'elle pouvait avoir sur un pré ou verger « ubi sita est domus dicte maladerie » et sur une pièce de vignes et de bois contigus audit verger, lesquels avaient été jadis donnés à Pierre Clavel, lépreux, dont il a été question précédemment [1].

Cette même année un autre acte nous montre le lépreux Pierre Tentour en procès avec les héritiers de Pierre Clavel, au sujet de leurs droits sur les biens laissés par ce dernier, droits qu'ils sont contraints d'abandonner à la maladrerie [2].

Une reconnaissance passée, le 8 juin 1459, au prieuré de Saint-Robert, par Antoine Gerbat, au nom de tous les autres lépreux de la maladrerie, nous permet de constater qu'elle avait gardé dans son patrimoine tous les biens reconnus en 1378 par Guillaume Pellet, et en 1383 par le lépreux Pierre Clavel [3]. Pour ces biens elle payait annuellement au prieuré deux sommées de vin et 16 sous de cens. La première de ces redevances fut rachetée en 1466, par Antoine Gerbat et Antoine des Amours, pensionnaires de la maladrerie pour une somme de 40 florins [4].

Les lépreux continuèrent à acquitter le cens de 16 sous avec une légère redevance en avoine jusqu'en 1643, époque où la maladrerie fut réunie à l'hôpital de Grenoble [5].

---

[1] Pièce justificative n° III.
[2] Arch. de Grenoble. Fonds de la maladrerie de La Buisserate.
[3] Ibid.
[4] Pièces justificatives n° IV.
[5] Le Carnet des quittances de ces redevances existe encore aux Archives de la ville.

On a vu par les actes analysés ci-dessus quel était le patrimoine de la maladrerie. Il n'y avait plus, en 1459, qu'une seule maison d'habitation, avec un four, mais à l'entour un verger, des terres, des prés, des vignes et des bois, fournissaient aux lépreux, lorsqu'ils étaient peu nombreux, les moyens de vivre sans trop recourir à la charité publique. D'autre part, ce patrimoine s'accroissait parfois — trop rarement, il est vrai, — des libéralités testamentaires de quelques personnes généreuses et parfois de lépreux eux-mêmes. Le vieux sac des Archives de Grenoble, auquel nous avons déjà fait de fréquents emprunts, nous en fournit un exemple. Le 25 avril 1481, un lépreux nommé Gonon des Amours dictait d'une fenêtre de la maladrerie de La Buisserate son testament à un notaire installé sur la route et y inscrivait un legs de cinq florins en faveur de la maison où il avait trouvé un refuge[1]. En 1517, une femme nommée Marguerite Brigaude léguait une somme de 200 florins aux pauvres et aux maladreries de la ville[2] de Grenoble.

Le *Livre de la Chaîne*[3], précieux recueil, où les consuls de Grenoble inséraient les titres les plus importants de leur administration, nous a conservé un acte de juillet 1467, qui fournit d'intéressants détails sur l'entrée des lépreux dans la maladrerie. Un gentilhomme, nommé Jean Bouvier, de Fontaine, atteint depuis peu de la lèpre, manifesta l'intention de se retirer dans la maladrerie de La Buisserate. Comme il était étranger à la ville de Grenoble, il dut solliciter l'autorisation des consuls, protec-

[1] Archives de Grenoble, GG. ibid.
[2] Ibid., BB. 4.
[3] Ibid., AA. 6, fol. 280. — Voir Pièce justificative n° V.

teurs et recteurs de la maladrerie, et aussi l'assentiment des lépreux qui y habitaient déjà. Cette autorisation lui fut accordée[1] en considération de sa bonne réputation et de ce qu'il était, habitant Fontaine, très voisin de La Buisserate, mais surtout à raison de l'offre très avantageuse qu'il faisait de construire à ses frais une chambre pour son habitation dans la maison de la maladrerie, au-dessus de celle qu'occupait déjà un autre noble lépreux, nommé Aymar Repellin, de meubler cette chambre d'un lit et des autres ustensiles nécessaires et de subvenir à tous ses besoins à l'aide de ses revenus, sans être à charge aux autres lépreux. Il s'engageait en outre à verser dans la caisse de la léproserie deux écus, pour faire creuser un puits et réparer la chapelle, et à n'introduire jamais dans sa chambre aucun autre malade. Au cas où il contreviendrait à ces engagements, il restait entendu qu'il serait, sur l'avis conforme des autres lépreux, expulsé de la maladrerie[2].

A l'époque où cet acte fut rédigé, la maladrerie de La Buisserate était placée sous le protectorat des consuls de Grenoble et nul ne pouvait y être admis sans leur

---

[1] Du moins celle des consuls, car nous ne possédons pas l'acte d'adhésion des lépreux de la maladrerie.

[2] Chorier, dans son *Histoire du Dauphiné* (II, p. 472) a parlé de ces deux personnages internés à La Buisserate et il en tire cette singulière conclusion dont la logique nous échappe : « Ils étaient tous deux gentilhommes. C'est ce qui me persuade que la lèpre alors était différente de celle que les siècles précédents avaient eue en tant d'horreur et qu'elle n'était que cette maladie naissante que l'on appelle la vérole, à cause de la variété de ses aposthèmes et de ses pustules. »

Il semblerait résulter de là que, pour l'historien du Dauphiné, la peste n'était contagieuse que pour les manants et que les nobles en étaient exempts.

assentiment. Le consentement des pensionnaires de la léproserie était également nécessaire. Il semble bien qu'il y avait dans la maison deux catégories de malades : les uns, riches ou nobles, avaient un appartement spécial et se nourrissaient à leurs frais; les autres vivaient de la vie commune, c'est-à-dire du produit des fonds de la maladrerie et des aumônes. En principe, les lépreux de cette seconde catégorie devaient être originaires ou habitants de Grenoble, et jouir d'une bonne réputation; mais ce principe souffrait de nombreuses exceptions.

Le pouillé de l'église de Grenoble, rédigé en 1497 par l'official François du Puy, consacre à la maladrerie de La Buisserate les lignes suivantes : « Infra dictam parrochiam (Sancti Martini Vinosi) est maladeria seu leprosaria Boisseracte, in qua est quedam capella Beate Marie Magdalenes, que caret fundatione et rectore » [1].

Le procès-verbal d'une visite pastorale du 23 juillet 1491 [2], à laquelle avait assisté l'official François du Puy, confirme ces indications sur la chapelle dédiée à Sainte Marie-Madeleine et sur l'absence de fondations. Il ajoute qu'avec le produit des aumônes déposées près de la croix érigée devant la maladrerie, les lépreux faisaient dire des messes dans leur chapelle par le vicaire de Saint-Martin-le-Vinoux. La chapelle possédait un calice d'argent, une chasuble et les autres ornements nécessaires au service divin. Il n'est pas fait mention du recteur, dont les fonctions spirituelles étaient remplies par le clergé de la paroisse. Nous allons voir que quelques années plus tard la situation s'était modifiée à ce dernier point de vue.

---

[1] Marion, *op. cit.*, p. 343.

[2] Archives de l'Évêché, Visites pastorales, Registre n° 138, fol. 273.

Avec le XVIe siècle les renseignements deviennent plus abondants sur le fonctionnement de la maladrerie et y laissent entrevoir de nombreux et graves abus. Bien que les consuls exercent sur cette maison, par d'assez fréquentes visites, une constante surveillance, les registres de délibérations sont pleins de réclamations et de doléances relatives aux scandales dont elle était le théâtre.

Le 12 novembre 1514, un barbier de Grenoble demandait au Conseil de Ville l'admission de son fils, atteint de la lèpre, dans la maladrerie de La Buisserate. Le Conseil, après enquête, accorda au jeune malade une chambre dans la maison hospitalière[1]. Or, un an s'était à peine écoulé que le nouveau pensionnaire signalait aux consuls les scènes étranges qui s'y passaient.

Dans une chambre de cette maison habitait une femme, que l'on appelait communément la Repelline et qui devait être la fille de cet Aymar Repellin, dont nous avons précédemment signalé la présence dans la maladrerie. Au dire de tous les lépreux, cette femme n'était pas malade et occupait indûment une place réservée aux seuls lépreux. A diverses reprises on l'avait fait examiner par des médecins, qui tous avaient reconnu sa parfaite santé. Le vibailli du Graisivaudan l'avait en conséquence condamnée à quitter la maladrerie. Elle avait résisté. A la suite de quelques méfaits, elle avait encouru la peine du bannissement du Dauphiné. Cette seconde condamnation l'avait laissée aussi indifférente que la première. Elle s'était constituée la maîtresse de la maison et y régentait tous les pensionnaires. Ceux qui tentaient de résister étaient réduits à l'obéissance à coups de bâton.

---

[1] Arch. de Grenoble, BB. 3, fol. 156.

La tyrannie de cette mégère était telle que les lépreux se déclaraient résolus à abandonner la maladrerie, si on ne parvenait pas à l'en faire sortir.

Le Conseil consulaire prescrivit une enquête qui démontra l'exactitude des griefs imputés à la Repelline. Il lui enjoignit en conséquence de quitter la maladrerie. Elle ne fit qu'en rire et redoubla de vexations contre les lépreux, auxquels elle fit expier leur dénonciation. Le recteur de la maladrerie, le chapelain Berton, le seul dont le nom soit parvenu jusqu'à nous, l'encourageait dans sa résistance et le bruit courait qu'elle était sa concubine.

L'Évêque, saisi de l'affaire, révoqua le recteur ; mais se déclara impuissant à expulser la Repelline. L'affaire fut portée au Parlement. Engagée en 1514, elle n'était pas encore jugée en 1519 et il semble bien que l'obstinée plaideuse ne put être expulsée, puisque nous la retrouvons en 1526, plaidant encore contre le nouveau recteur au sujet du calice de la chapelle qu'elle prétendait lui appartenir. Et l'official lui donna raison. La ville fut obligée d'acheter un nouveau calice pour la chapelle des lépreux.

En 1645, lorsque la maladrerie de La Buisserate fut réunie à l'hôpital de Grenoble, la chambre qu'elle avait habitée portait encore le nom de chambre des Repellins. Il est à présumer que cette partie de la maison avait été construite aux frais d'Aymar Repellin et que celui-ci s'en était réservé la jouissance pour tous ses descendants, ne prévoyant pas que l'un d'eux pût être exempt du mal héréditaire dont il était atteint[1].

---

[1] Arch. de Grenoble, BB. 4, fol. 14 v° 20, 22, 30, 84, 138, 193, 214, 257 ; — BB. 5, fol. 41, III v° ; — BB. 6, fol. 59 ; — BB. 8, fol. 315 ; — BB. 9, fol. 58, 88.

Quoi qu'il en soit, cet épisode montre bien l'anarchie qui régnait alors dans la maladrerie, transformée en cour des miracles et où une vieille fille pouvait impunément rosser les lépreux et narguer les consuls. Que nous sommes loin du religieux asile, dépeint au début de ce chapitre, et où l'on n'entrait que précédé de la croix et accompagné des bénédictions d'un prêtre! A l'époque où nous sommes arrivés, les admissions à la maladrerie sont devenues des formalités purement administratives. Le lépreux présente une demande à la Municipalité. Celle-ci fait une double enquête, enquête médicale et enquête de moralité. Le dossier constitué, le malade est reçu gratuitement s'il est indigent; mais ce cas est très rare et nous n'en avons trouvé que peu d'exemples. S'il a quelques biens on lui fait payer un droit d'intrage variable suivant ses ressources[1].

Les ordonnances relatives à l'isolement des lépreux, les lois qui leur interdisaient de fréquenter les lieux de réunion et de pénétrer dans les villes, semblent aussi depuis longtemps tombées en désuétude. L'horreur qui s'attachait à leur infirmité s'est atténuée. On ne s'étonne plus de les rencontrer en bandes dans les rues de Grenoble. Il en vient non seulement de la maladrerie de La Buisserate, mais encore de celles de Gières et de Montbonnot et parfois de léproseries plus lointaines. La faim fait sortir tous ces misérables de leurs cachettes, et ils

---

[1] En 1539, deux lépreux sont reçus à La Buisserate moyennant un droit fixe de 60 florins et à condition qu'ils apporteront chacun un lit garni. En 1551, Claude Allegret, ladre, de Miribel, est admis aux mêmes conditions (Arch. de Grenoble, BB. 12, délib. du 28 février 1539, et BB 14. Cf. *Inventaire des Archives historiques de Grenoble*, t. I, p. 44, col. 2).

encombrent les rues, assiègent les porches des églises, mêlés aux gueux de toutes sortes, qui sollicitent à grands cris la charité des fidèles. Le soir, ils rentrent dans leurs léproseries, la besace pleine, pour revenir le lendemain. Bientôt ils ne quittent plus la ville, où leur pitance est plus assurée, et couchent dans les écuries, sous les portes des maisons, dans les terrains vagues.

Pour que l'autorité s'émeuve, il faut que la peste s'annonce, menaçante. Alors, les consuls les font expulser et ordre est donné aux portiers de ne plus les laisser rentrer. Et comme ils objectent que c'est les condamner à mourir de faim, on les autorise à faire faire des quêtes par un notable bourgeois, qui consentira, moyennant salaire, à leur rendre ce pieux service[1]. Le Parlement intervient à à son tour dans l'intérêt de la santé publique et, s'inspirant de ses ordonnances, le Conseil consulaire édicte, le 25 avril 1522, un règlement qui nous a été conservé par le *Livre de la Chaîne* et dont voici les dispositions essentielles[2].

Il est interdit à tout individu atteint de la lèpre, quelle que soit son origine, d'entrer dans la ville et d'y séjourner pour quêter ou pour tout autre cause, s'il n'appartient pas à l'une des trois maladreries de La Buisserate, de Montbonnot et de Gières. Toutefois, les lépreux étrangers pourront être autorisés à traverser la ville à condition de ne ne pas s'y arrêter et de se tenir le plus loin possible des passants, afin d'éviter tout danger de contagion.

Dans chacune des trois maladreries suburbaines, on choisira le lépreux le moins gravement atteint pour venir

---

[1] *Inv. des Arch. de Grenoble,* BB. 4, fol. 41 v°. Délib. du 21 avril 1516.

[2] Ibid., AA. 6, fol. 406. — BB. 7, fol. 155. Pièce justificative VI.

trois fois par semaine, les dimanche, mardi et vendredi, faire la quête à Grenoble. Ces trois quêteurs se partageront les quartiers de la ville de façon à marcher toujours séparés et ils auront grand soin d'éviter de se mêler aux foules. La quête faite, ils se rejoindront en un lieu écarté des habitations et se répartiront fidèlement le produit des aumônes, au prorata de la population de chaque maladrerie. Pour se distinguer des lépreux étrangers, ces trois quêteurs porteront sur leurs vêtements les armes de la ville ou tel autre signe distinctif.

Pendant la période des chaleurs, c'est-à-dire depuis Pâques jusqu'à la Toussaint, aucun lépreux n'entrera dans la ville. Les consuls désigneront un commissaire pour faire, trois fois par semaine, la quête en leur nom. Ce commissaire recueillera les aumônes dans une . oite fermée, dont la clef restera entre les mains d'un consul, qui sera chargé, de concert avec le commissaire-quêteur, de répartir le produit de la quête entre les trois maladreries, le quêteur prélevant préalablement ses honoraires.

A l'avenir, aucun lépreux ne pourra être reçu dans l'une des trois maladreries suburbaines, s'il n'est habitant de la châtellenie et s'il n'a obtenu le consentement des consuls de Grenoble. Quant aux lépreux étrangers, ils pourront y recevoir l'hospitalité, mais pendant un jour seulement, le tout sous le bon plaisir du gouverneur du Dauphiné et du Parlement.

Ce règlement sera notifié aux lépreux et ceux qui refuseront de s'y soumettre, seront expulsés des léproseries ou contraints à l'obéissance par la saisie du produit des quêtes, ou par tout autre moyen qui conviendra aux consuls.

Ces sages dispositions furent immédiatement appliquées

et comme on entrait dans la période durant laquelle les lépreux ne pouvaient pénétrer dans la ville, un bourgeois nommé Georges Roy accepta la mission de mendier pour eux, s'engageant à répartir l'argent qu'il recueillerait entre les trois maladreries sus-nommées et celle de Clarière, à Sassenage [1]. A quelque temps de là, cette dernière ayant été emportée par un débordement du Drac, son titre fut réuni à celui de La Buisserate [2].

L'ordonnance de 1522 resta en vigueur jusqu'à la suppression des maladreries. Ce qui ne veut pas dire qu'elle n'ait pas souffert de nombreuses infractions dont on trouverait la trace à chaque page de nos vieux registres de délibérations consulaires. Ainsi, le 4 février 1524, un conseiller faisait observer qu'il y avait dans la ville un grand nombre de lépreux qui s'y étaient installés chez des personnes charitables. Ils mendiaient durant toute la journée et le soir vendaient à des acheteurs peu délicats le pain et les autres denrées qui leur avaient été donnés en aumône. Le Conseil consulaire décida que les personnes qui donneraient asile à des lépreux seraient expulsées de la ville et que les lépreux, coupables d'avoir vendu le produit de leurs aumônes, seraient privés pendant un temps du bénéfice de ces aumônes [3].

Chaque année, mais particulièrement en temps de peste, des protestations de même nature se produisaient. Les lépreux de toute provenance pénétraient impunément dans la ville et choisissaient même, pour y faire une quête plus fructueuse, les jours de marché. En vain, le crieur public rappelait à tous, bourgeois et manants, les sages

---

[1] Arch. de Grenoble, BB. 7, fol. 155.
[2] Ibid., BB. 12. Délib. du 11 mars 1541.
[3] Ibid., BB. 8, fol. 97.

dispositions de l'ordonnance de 1522, en vain les gardiens des portes recevaient la consigne d'en assurer l'exécution, la surveillance, reprise pendant quelques semaines, ne tardait pas à se relâcher et les lépreux reparaissaient.

Pour remédier à ces abus, il aurait fallu réformer l'administration des léproseries et y faire exercer par les recteurs une surveillance constante sur les pensionnaires confiés à leur garde. Or, nous avons vu quelle anarchie régnait à La Buisserate. L'action des consuls de Grenoble y était impuissante et du reste ils avaient fini par ne plus y faire qu'une visite par an.

Cette désorganisation n'était pas spéciale à notre province. En 1543, le Grand Aumônier de France signalait au roi le désordre qui régnait dans l'administration des maladreries et léproseries. Les recteurs abandonnaient leur poste, négligeaient leurs charges et affermaient les revenus des maladreries au lieu de les consacrer à l'entretien des lépreux, si bien que ces malheureux étaient obligés d'aller « cliquetter » dans les villes. François Ier rendit, le 19 décembre 1543, des lettres par lesquelles il mandait aux juges ordinaires, baillis et sénéchaux, de s'informer du revenu des maladreries et léproseries et de destituer les recteurs négligents ou coupables [1]. Un autre édit du 19 mai 1544 confiait au Grand Aumônier de France la réforme de ces établissements [2].

Ces ordonnances fréquemment renouvelées ne semblent pas avoir été plus efficaces que celles de nos consuls. Les lépreux continuèrent à venir « cliquetter » dans les villes. Et parmi ces porteurs de cliquettes il y avait même

---

[1] Recueil des actes et déclarations concernant les hôpitaux et maladreries de France. Paris, S. Cramoisy, 1675, in-fol., p. 4.

[2] Ibid., p. 17.

de faux lépreux. La profession de ladre, loin de sembler odieuse, comme elle l'était au moyen-âge, était devenue un objet d'envie pour les autres mendiants, étant plus pitoyable et partant plus lucrative.

Des lettres d'Henri II, du 22 janvier 1554, nous apprennent « qu'aux pays du Dauphiné, Savoie et Bresse, grand nombre de personnes, hommes et femmes, atteints et grandement suspects de mal de lèpre, vestus et amparés d'habits ordinaires, comme les personnes saines et non suspectes et sans sonner cliquettes ou autres pour signification qu'ils sont lépreux, se transportent ainsi dans les églises, maisons et hôtelleries »... d'autre part, « plusieurs de nos sujets, mal vivants, faisant profession de truanderie, allant et venant, appliquant sur leur face et autres parties de leur corps certaines herbes et onguents, portant habits et indices de lépreux, cliquettes et autres choses pour êtres réputés lépreux, demandent ainsi les aumônes dans les villes et villages, bien qu'ils ne soient aucunement entachez de lèpre ». Pour remédier à ces deux abus, le roi nomma Antoine de Brunier, l'un des chirurgiens de son père, pour visiter dans lesdits pays toutes les personnes suspectes de lèpre, commettre tels médecins pour procéder en son nom à cette visite, faire interner les lépreux dans les maladreries et faire punir d'une correction qui serve d'exemple, ceux qui auraient simulé ce mal[1].

Antérieurement à la date de ces lettres, il y avait à Grenoble un chirurgien chargé de la visite des lépreux,

---

[1] Archives du Sénat de Savoie, Édits. Reg. de 1554 à 1559. Publié par J. Létanche, *La maladrerie de Yenne* (Mém. et documents publiés par la Société Savoisienne d'histoire et d'archéologie, t. XXX, p. 155).

mais ce même chirurgien, nommé Urbain Morillon, prend, en 1557, le titre de Commis par le Roi pour le fait des lépreux, ce qui laissé entendre qu'il avait reçu une délégation d'Antoine de Brunier. A cette date, le Conseil consulaire l'invite à visiter quatre personnes suspectes de lèpre [1].

Le 31 mars 1565, un chirurgien de Saint-Geoire, nommé Georges Garcin, sollicitait du Parlement de Grenoble des lettres de provisions de l'office « de séparer les lépreux d'avec les sains en ce pays de Daulphiné ». A l'appui de sa requête et pour justifier de sa compétence, il produisait des certificats signés de MM. Pons Roux et Bertrand Galliot, médecins au Pont-de-Beauvoisin. La Cour ne jugea pas ces garanties suffisantes et elle assigna au postulant un délai de trois mois pour trouver une personne suspecte de lèpre et l'amener à Grenoble, où il l'examinerait contradictoirement avec MM. Nicolas Allard et Hugues Sollier, docteurs en médecine, et du Villard, chirurgien. Après cette épreuve on aviserait [2]. Nous ignorons si Georges Garcin consentit à s'y soumettre.

En cette même année 1554, où Henri II nommait un chirurgien chargé de veiller à l'internement des lépreux, le Conseil consulaire rendait le 31 août une ordonnance enjoignant « sur grosses peines » à tous lépreux de se retirer dans leurs maladreries et à ceux qui seraient obligés d'en sortir pour un motif sérieux « de porter en leurs seintures des clicquettes qui sont entreseignes de ladre » [3]. Et deux ans plus tard, le 20 décembre 1556, le

---

[1] Arch. de Grenoble, BB. 17. Délibér. du 4 juin 1557.

[2] Arch. de l'Isère, B. 2032, fol. XVIII-XIX.

[3] Arch. de Grenoble, BB. 15, *Inventaire*, p. 46.

même Conseil, restreignant les libertés accordées aux lépreux par l'ordonnance de 1522, leur faisait expresse défense de pénétrer dans la ville en quelque temps que ce fût[1].

Aussi bien n'était-il plus nécessaire de laisser mendier les lépreux, le nombre des malheureux atteints de cette infirmité ayant tellement diminué que les biens des maladreries suffisaient à les faire vivre. A La Buisserate, de 1569 à 1645, nous trouvons constamment la même famille de lépreux et encore n'est-il pas bien sûr qu'ils le fussent réellement.

Le chef de cette famille, Jean Chosson, originaire de Tullins, y était installé depuis quelque temps déjà lorsqu'il épousa, le 29 décembre 1569, Georgette Rambaud, veuve d'un autre lépreux de la même maladrerie. Les nouveaux époux restèrent seuls habitants de la maladrerie, cultivèrent les terres, perçurent les revenus, payèrent les redevances au prieuré de Saint-Robert et s'accoutumèrent peu à peu à s'en considérer comme les propriétaires. Le dernier acte de propriété que firent les consuls de Grenoble fut d'alberger en 1574 à un archer de la compagnie du duc de Nemours, nommé Le Baron, quelques sétérées de terres dépendant du domaine de la maladrerie. Le prix d'intrage servit à faire réparer la maison; quant au cens annuel, il fut perçu par les époux Chosson[2].

De leur mariage naquit un fils nommé Claude, lequel épousa, vers 1595, Marguerite Fagot, originaire de Saint-Etienne-de-Crossey, internée une quinzaine d'années au-

---

[1] Arch. de Grenoble, BB. 16, *Inventaire*, p. 50.
[2] Archives de l'Isère, série H, fonds des Maladreries.

paravant avec toute sa famille par l'ordre des consuls de Voiron dans la maladrerie de Saint-Aupre. Un certificat médical de MM. Pierre Delaye, docteur en médecine, et Jacques Bise, chirurgien de Voiron, les avait déclarés tous atteints de la lèpre. Après la mort de ses parents, Marguerite Fagot avait quitté Saint-Aupre, où elle mourait de faim, était venue à La Buisserate, y était restée quelque temps et s'était ensuite retirée dans la maladrerie de Tullins.

Claude Chosson et Marguerite Fagot coulèrent des jours heureux dans l'agréable domaine de La Buisserate. Peu à peu ils oubliaient leur infirmité et autour d'eux personne n'y prenait plus garde. Leurs voisins de Saint-Martin-le-Vinoux les tenaient en grande estime et les jalousaient même, car ils étaient, en leur qualité de lépreux, exempts des tailles. Le 7 août 1610, Marguerite Fagot recevait une procuration de sa belle-sœur, qui la chargeait de gérer ses affaires, ce qui implique qu'elle avait le droit d'aller et de venir à son gré, de fréquenter la ville, d'entrer dans les cabinets de procureurs et les auditeires des justices. Cependant tous deux reconnaissaient encore les droits des consuls de Grenoble sur la maladrerie. Le 7 mars 1614, Claude Chosson leur adressait une requête : il était déjà vieux, infirme, et ne pouvait plus travailler suffisamment pour cultiver les trente-trois sétérées de terres du domaine. C'est pourquoi il demandait l'autorisation de s'adjoindre un lépreux de La Côte-Saint-André, lequel offrait de consacrer ses biens à faire réparer la maison de la maladrerie. Les consuls, après une enquête sommaire, ne crurent pas devoir refuser l'admission d'un nouveau malade assez aisé pour entretenir les bâtiments qui tombaient en ruines.

Ce que Claude Chosson n'avait pas dit, c'est que ce lépreux allait épouser sa fille Dimanche et que son admission dans la maladrerie constituait une partie de la dot qu'il donnait à celle-ci. Et de fait, quelques semaines plus tard, un notaire dressait le contrat de mariage de Jean Combes, fils de François Combes, de Penol, avec Dimanche ou Domengy Chosson, de La Buisserate. Claude Chosson donnait en dot à sa fille la moitié des bâtiments et terres de la maladrerie et, ce qui est le plus étrange, c'est que cette singulière donation fut faite avec l'assentiment des consuls de Grenoble.

François Combes, père du nouvel époux de Dimanche Chosson, était originaire de Saint-Nicolas-de-Macherin. Il avait été interné en 1581 dans la maladrerie de Saint-Aupre, où il était resté huit ou dix ans. Il l'avait ensuite quittée pour la maladrerie de La Côte-Saint-André qui était vacante. Cela lui avait assez mal réussi, car s'il était seul dans sa nouvelle résidence, il avait eu à plusieurs reprises à se défendre contre les voleurs, qui l'avaient roué de coups et pillé.

Son fils, Jean Combes, avait grandi dans les maladreries et il y avait gagné un honnête pécule qu'il apportait en dot à Dimanche Chosson. Fidèle à ses engagements, il fit faire à la maison hospitalière d'importantes réparations et s'y installa auprès de son beau-père. Tous deux travaillèrent en commun les terres du domaine de La Buisserate.

Claude Chosson y vécut encore de longues années et mourut vers l'année 1635. Après sa mort, son gendre et sa fille restèrent les seuls maîtres de la maladrerie[1];

---

[1] Archives historiques de l'hôpital de Grenoble, B. 109.

Telle était la situation de la maison de La Buisserate, lorsque les consuls de Grenoble s'avisèrent qu'on en pourrait peut-être faire un meilleur emploi. Il ne leur échappait pas que la lèpre de la famille Chosson et de leur gendre Combes était au moins douteuse et que, même à la supposer réelle, c'était beaucoup d'une maison entière et de trente-trois sétérées de terre pour une seule famille. D'autre part, c'était le moment où l'on achevait la construction du nouvel hôpital, et l'on se préoccupait d'accroître sa dotation. Les administrateurs des pauvres songèrent à désaffecter la léproserie de La Buisserate et à en faire une dépendance de l'hôpital. Aussitôt conçue, cette idée fut mise à exécution avant même que les formalités légales fussent remplies. Dès 1637, on logea dans la maladrerie quelques pauvres, lesquels, à peine installés, s'imaginèrent qu'ils devaient avoir les mêmes privilèges que les anciens lépreux et demandèrent à l'Administration hospitalière l'autorisation de venir quêter trois fois par semaine dans la ville, autorisation qui leur fut refusée [1].

Très ému des prétentions de l'hôpital, Jean Combes songea d'abord à protester et pour affirmer ses droits fit faire quelques importantes coupes de bois. Le 5 novembre 1644, le syndic des pauvres, informé de ces faits, présenta au Parlement une requête dans laquelle il demandait l'expulsion des faux lépreux, qui avaient usurpé les biens de la maladrerie et la mise sous séquestre des bois coupés [2].

En recevant, quelques jours après, le décret du Parlement qui le citait à comparaître dans trois jours, Jean

[1] Archives historiques de l'hôpital de Grenoble, E. 5.
[2] Ibid., B. 109.

Combes comprit qu'il n'aurait pas facilement raison de ses adversaires et il manifesta l'intention d'entrer en composition. Des pourparlers s'engagèrent et le 27 novembre il signa une déclaration solennelle par laquelle, reconnaissant que, par la grâce de Dieu, il était absolument sain lui et sa famille, il abandonnait aux directeurs des pauvres la maison et les terres de la maladrerie, à condition qu'on lui tiendrait compte de certaines dépenses qu'il y avait faites[1].

Ce qui avait décidé le faux lépreux à faire cette concession c'est qu'il avait appris qu'on allait donner à ferme le domaine de La Buisserate et qu'il espérait l'obtenir à un bon prix. Et en effet, lorsque, le 4 décembre, on mit en adjudication la ferme de la maladrerie, il se présenta le premier et en offrit huit écus par an. C'était peu, car la ferme fut adjugée à un autre pour vingt-six écus[2].

Déçu dans ses espérances, Combes revint sur sa précédente déclaration. Il s'affirma ladre, fils et gendre de ladre et pour justifier ses quartiers de ladrerie, réunit un assez volumineux dossier, auquel nous avons emprunté les détails qui précèdent sur cette singulière famille.

Cependant sans se laisser arrêter par ces réclamations, dont le Parlement fit justice, les consuls adressaient une requête au Cardinal Louis du Plessis de Richelieu, archevêque de Lyon, grand aumônier de France, dont l'autorisation était nécessaire pour obtenir du Roi des lettres de réunion de la maladrerie à l'hôpital. Ils exposaient que le nombre des lépreux ayant beaucoup diminué, tandis que celui des pauvres s'accroissait, il y avait

---

[1] Archives historiques de l'hôpital de Grenoble, B. 109.
[2] Ibid., Cf. Arch. de l'Isère, B. 2924, fol. 291 v°.

intérêt à réunir au patrimoine de l'hôpital les revenus de la maladrerie inoccupée.

A cette requête était jointe une attestation de Pierre du Faure, sieur de Colombinière, procureur général au Parlement, dans laquelle il était dit « qu'aux portes de la ville et au lieu appelé La Buisserate, il y avoit une maladière établie d'ancienneté pour recevoir les malades que les consuls de Grenoble treuvoient à propos d'y mettre, laquelle est aujourd'hui entièrement abandonnée et n'y a aucun malade, estant de fort peu de revenu, la plus part engagé et usurpé », en sorte que la réunion de cette maladrerie à l'hôpital de la ville ne pouvait qu'être profitable aux pauvres et au public[1].

De son côté, le Premier Président du Parlement faisait intervenir son influence auprès du Cardinal et obtenait de lui des lettres du 2 décembre 1645 accordant la réunion demandée, à condition que si à l'avenir « il se trouvait quelque lépreux du lieu ou des environs, il fût logé, nourri et entretenu sa vie durant sur les biens de ladite maladrerie, que les lieux seroient entretenus en bon état, le service divin fait à l'accoutumée, et que les administrateurs obtiendraient lettres de S. M. pour l'union de ladite maladrerie audit hôpital[2] ».

Ces lettres furent accordées dans le courant de ce même mois. Elles décrétaient, sous les conditions exigées par le grand aumônier, la réunion de la léproserie de La Buisserate et de son maigre patrimoine aux hôpitaux de Grenoble[3]. Le 2 janvier 1646, les administrateurs des pauvres sollicitaient du Grand Conseil l'enregistrement de ces

---

[1] Arch. de l'Isère, B. 2,924, fol. 991.

[2] Ibid., Arch. de l'hôpital de Grenoble, E. 6.

[3] Pièce justificative n° VII.

lettres. Celui-ci, avant de faire droit à cette requête, commit le juge de Grenoble, Bon de La Baulme, pour faire une enquête *de commodo et incommodo* sur la réunion projetée et dresser un état descriptif de la maladrerie et de ses biens et titres.

L'enquête se fit le 8 mars. Quelques notables bourgeois furent entendus, qui tous répétèrent, comme une leçon apprise, la même déposition : Il y a très longtemps (vingt ans, disent les plus précis) qu'il n'y a plus de malades à La Buisserate et alors même qu'il s'en présenterait, il serait facile de les loger à la léproserie de Gières qui n'est pas plus éloignée de Grenoble que La Buisserate, c'est-à-dire d'environ un quart de lieue. Les bâtiments de la léproserie sont fort vieux et en mauvais état. Ils tomberont vite en ruines si on ne les entretient. L'union des deux établissements serait utile en ce que souvent les salles du grand hôpital sont insuffisantes, surtout lors des passages de troupes. La petite maison de La Buisserate serait dans ces circonstances une précieuse annexe. Elle pourrait aussi servir de maison de convalescence aux malades qui ont besoin de changer d'air. Enfin en temps d'épidémies elle serait affectée aux maladies contagieuses [1].

Deux jours après, le même juge se rendait à La Buisserate et y dressait un état descriptif de la maladrerie. Voici ce document qui donnera une idée assez exacte de ce qu'était cette maison hospitalière lors de sa suppression.

10 mars 1646.

Procès-verbal de la visite de la maladrerie de La Buisserate.

L'an mil six cent quarante-six et le dixième jour du mois de mars, à la réquisition de M. Jean Boys, procureur des

[1] Arch. de l'Isère, B. 2924, fol. 995.

sieurs directeurs et administrateurs des hôpitaux de la ville de Grenoble, Nous Bon de la Baulme, écuyer, conseiller du Roy, juge royal de ladicte ville et commissaire en cette partie depputé, sommes acheminez avec Me Pierre Garcin, notre greffler, au lieu de La Buisserate, pour y faire la description de la maison de la maladrerie dudit lieu et des fonds en dépendants, et ensuite de l'arrest de Nos Seigneurs du Grand Conseil de Sadicte Majesté, du quinzième janvier dernier, obtenu par lesdits sieurs directeurs; auquel lieu de La Buisserate avons veu ladicte maison de la maladrerie, laquelle est assise à deux toises proches du grand chemin de Grenoble à Lyon, et de l'autre côté elle joint la montaigne appellée de Neyron et n'a de hauteur ladicte maison sur terre que trois toises, à laquelle on entre par une porte quarrée faite de deux pièces de bois, l'huis sans serrure ni verroux, l'une desquelles, servant de sueil supérieur, est appuyée contre une autre porte, faite en arcade de pierre de taille, fermant avec deux huis, barre, gonds et sans serrure, et de ladicte porte on va par une allée dans quatre petits membres bas, le chacun de la largeur et longueur d'environ une toise et demie et de sept pieds de hauteur, l'un desquels membres souloit servir de cuisine, y ayant un petit four et une cheminée entr'ouverte et fort gastée; de laquelle cuisine on monte par un petit degré de bois fort droit aux trois membres qui sont au-dessus, à l'un desquels qui est au-dessus de ladite cuisine, y a aussi une cheminée de plastre, laquelle est fort vieille et sur le point de tomber; ladite maison estant couverte de tuilles: le bois dudit couvert et celui des planchers desdits membres est aussi fort vieux et gasté, à cause qu'il n'a esté entretenu couvert de tuilles, comme il estoit nécessaire. Et lesquels susdits membres de maison sont séparez par une muraille de massonnerie et les autres séparations sont faites de plastre.

A costé de laquelle maison, il y a un autre petit membre bas, qui souloit servir de chapelle, dans lequel il paroit y avoir eu autrefois un autel, lequel membre a son couvert de tuilles séparé du couvert de ladite maison. A laquelle maison il est nécessaire d'y faire plusieurs réparations, notamment aux portes, fenestres, cheminées, planchers et partie du couvert, sans lesquelles ladite maison est en danger de tomber en ruyne dans quelques années, estant de présent inhabitable et ne sert que pour tenir des bestiaux; et au devant de laquelle maison le chemin allant au village de Saint-Egrève, entre icelle et le long du susdit grand chemin il y a environ cinq séterées ou arpens de pré, terre et verger, derrière ladite maison environ une sétérée ou arpent de vigne et au-dessus et contre ladite montagne il y a un bois taillis de la contenance d'environ quatre ou cinq sesterées ou arpens. Outre lesquels susdits fonds est deub à ladite maladrerie par le sieur Prieur de Saint-Robert une charge de vin et un sestier de bléd froment annuellement.

Et ce fait, ledit M. Boys nous a remonstré que pour l'inventaire des titres et enseignemens concernans le revenu de ladite maison et fondz de ladite maladerie aussi ordonné estre fait par ledit arrest ledits sieurs directeurs et administrateurs desdits hospitaux de Grenoble n'ont autres titres pour faire apparoir dudit revenu que le contract d'arrentement qu'ils ont passé d'iceluy le 14 décembre 1644 à Guillaume Nallet..... attendu qu'auparavant lesdits fondz et maison avoient été tenus par les lépreux, ou depuis abandonnez, jusques à ce qu'ils soient retombez au pouvoir desdits sieurs directeurs, etc.

Le 20 mai 1646 toutes ces formalités étaient enregistrées à la Chambre des Comptes de Grenoble. La léproserie de La Buisserate avait vécu. Désormais incorporée à l'hôpital de Grenoble, elle prend rang parmi ses domaines ruraux et elle est louée comme eux à des agriculteurs pour des prix de ferme qui vont toujours s'élevant de 50 livres à 250 livres[1]. Ruinée en partie vers 1740 par un entrepreneur qui était chargé de travaux importants au

[1] Arch. de l'hôpital, B. 100. — Arch. de la ville de Grenoble, CC. 1179 et 1183.

lit de l'Isère et de la Vence, à demi expropriée pour la rectification de la route de Lyon en Provence, ce qui en restait fut vendu en 1742 à ce même entrepreneur nommé Peclet pour une somme de 6200 livres.

LÉPROSERIE DE GIÈRES.

Les renseignements nous manquent absolument sur la léproserie de Gières. Fondée vraisemblablement par un membre de la grande famille dauphinoise des Alleman, elle dut avoir une destinée à peu près semblable à celle de La Buisserate. Le pouillé de Laurent Alleman, qui la mentionne parmi les dix-huit léproseries existant en 1407 dans le diocèse de Grenoble, ne nous donne pas autre chose que son nom, et dans la notice consacrée à la paroisse de Gières, il n'en est pas fait mention. Au XVIe siècle, la léproserie de Gières est considérée comme dépendant de la ville de Grenoble[1]. L'ordonnance de 1522 donne aux lépreux qui l'habitent les mêmes privilèges qu'à ceux de La Buisserate. Comme eux ils peuvent à certains jours quêter dans les rues de la ville et quand cette permission leur est refusée, ils ont droit de prendre une part des aumônes recueillies en leur nom.

Lorsque la maladrerie de La Buisserate fut supprimée, celle de Gières fut indiquée comme devant recevoir les lépreux de Grenoble. Il ne semble pas qu'on ait eu occasion de lui en envoyer. En 1672, en vertu d'un édit royal, elle fut attribuée avec toutes les autres maladreries du royaume aux ordres de Saint-Lazare et du Mont-Car-

---

[1] Elle se trouvait peut-être même sur le territoire de la franchise de Grenoble, qui s'étendait de ce côté jusqu'à la fontaine Jalin, située au-dessous du château de Gières.

mel, dont les représentants eurent grand'peine à retrouver, pour en prendre possession, son maigre patrimoine usurpé par ses voisins[1]. Ces religieux n'en jouirent du reste pas longtemps. Devant les unanimes réclamations que soulevèrent ces réunions, le Roi revint sur sa première décision et rendit les biens des maladreries à leur destination primitive, en les attribuant à des établissements charitables. Successivement un arrêt du Conseil du 13 juillet[2] et des lettres patentes d'octobre 1696[3] réunirent la maladrerie de Gières à l'hôpital de Grenoble.

LÉPROSERIE DE MONTBONNOT.

La maladrerie de Montbonnot était située sur le territoire de la commune de Saint-Ismier et porte plus fréquemment dans les actes le nom de maladrerie de Corbonand ou de Corbonne. Le pouillé de 1497 lui consacre la notice suivante : « Infra dictam parrochiam est maladeria de Carbonando, in qua est capella Beate Marie Magdalenes et est ad collationem prioris sancti Martini de Misere, estque rector ejusdem mensalis dicti prioratus »[4]. Il résulte de cette note que la maladrerie de Corbonne dépendait du prieuré de Saint-Martin-de-Miséré fondé par Saint Hugues, évêque de Grenoble, et il est permis de supposer que c'est à ce dernier qu'en doit être attribuée la création. Corbonne était en effet une de ces condamines, qui furent pendant de longues années le sujet des violents démêlés de Saint Hugues et du comte Guigue. Elle est

---

[1] Voyez, à ce sujet, Archives de l'hôpital, H. 147.
[2] Arch. de l'hôpital, B. 109.
[3] Ibid., Pièces justificatives n° VIII.
[4] Marion, op. cit., p. 347.

citée dans trois actes des cartulaires de Saint Hugues. Dans les chartes XVI et XVII du cartulaire B[1] elle est reconnue comme l'une des propriétés du comte, qui venait de bâtir non loin de là le château de Montbonnot. Dans la charte LXXXI du cartulaire C, datée de l'année 1116, le comte la cède à l'évêque et à l'église de Saint-Vincent de Grenoble[2].

Une transaction intervenue le 16 juin 1455 entre Jacques Dondel, prieur commandataire de Saint-Martin-de Miséré, et Antoine Morard, chanoine du même prieuré et recteur de la chapelle de Carbonnain, explique que « de droit et ancienne coutume appartenait au prieur de Saint-Martin-de-Miséré, duquel dépend la chapelle de Carbonnain au diocèse de Grenoble, le droit accoustumé payer pour l'entrée des malades et lépreux entrant (dans) ladicte maladière de Carbonnain ». Or, à cette date le toit de la chapelle tombant en ruine, le prieur abandonna au recteur de cette chapelle, sa vie durant, les droits d'entrée des lépreux, à condition qu'il ferait à ses frais les réparations nécessaires. Thomas des Adhémars, prieur commendataire, confirma cette donation en 1558[3]. A cette même date, il fixa ainsi qu'il suit les distributions qu'il était tenu de faire aux lépreux de la maladière : tous les lundis, chaque ladre devait recevoir du prieur un demi pain blanc et un pot de vin[4].

Comme ces modestes distributions étaient insuffisantes

---

[1] Marion, Op. cit., pp. 96 et 98.
[2] Ibid., p. 229.
[3] Arch. de l'hôpital de Grenoble, H. 401.
[4] E. Pilot. de Thorey. *Les Prieurés de l'ancien diocèse de Grenoble* (*Bull. de la Soc. de Statistique de l'Isère*, 3e série, t. XII, p. 285).

pour assurer leur subsistance durant toute la semaine, les pensionnaires de la maladrerie de Montbonnot venaient mendier à Grenoble avec ceux de Gières et de La Buisserate et partageaient avec eux le produit des aumônes.

L'édit du 20 février 1672, qui concéda aux ordres de Saint-Lazare et du Mont-Carmel les biens de toutes les maladreries, dut être appliqué à la maison de Montbonnot. Nous avons vu que ces lettres furent peu après rapportées. Les mêmes lettres patentes d'octobre 1696 qui unirent les biens de la maladrerie de Gières à l'hôpital de Grenoble, attribuèrent ce qui restait de l'antique léproserie de Corbonne à l'hôpital de Goncelin [1].

---

[1] Archives de l'Isère, B. 2261, fol. 117.

PIÈCES JUSTIFICATIVES.

I

Procuration donnée à un religieux de l'Abbaye de Saint-Pierre hors les portes de Vienne, pour administrer la maladrerie de Voreppe.

27 septembre 1261.

Notum sit omnibus presentibus et futuris quod nos frater Wilelmus, humilis abbas Sancti-Petri foris portam Vienne, dedimus et concessimus karissimo in Xristo fratri Guigoni de Vorapio, monacho nostro, licentiam ac plenariam potestatem recipiendi administrationem seu procurationem maladerie de Vorapio et bonorum ad ipsam pertinentium et curam personarum, que ibi sunt in presenti vel erunt in futuro, agendi nomine ipsius maladerie et defendendi et omnia alia faciendi coram quocunque judice ecclesiastico vel seculari arbitro, sive quocunque alio, sine quibus dicta administratio, cura seu procuratio commode consummari non posset. Precipientes eidem Guigoni, monacho nostro, in virtute obedientie, quod predictam administrationem fideliter gerat et exequatur, sicuti facere deberet in bonis nostri monasterii Sancti-Petri et membrorum ejusdem loci. Promittentes etiam bona fide, pro nobis et successoribus nostris, quod si dicta maladeria per predictum G. monachum nostrum melioraretur aut aucmentari contingat in edificiis, possessionibus vel aliis bonis, a nobis seu successoribus nostris predicta maladeria, vel ipsius rectores, quicunque fuerint, occasione hujusmodi non vexentur; immo ipsam malederiam ex nunc super premissis absolvimus et quittamus. In cujus rei testimonium presenti carte sigillum nostrum duximus apponendum.

Datum apud Sanctum Desiderium de Vorapio, die martis ante festum beati Michaelis, anno domini M• CC• LX• primo.

(Archives de l'Isère. Série H. Maladreries.)

II

Vente par Pierre Motet, sa femme Antoinette et leur fils, à Antoine Girbat ou Gerbact, et Pierre Tentour, lépreux de la maladrerie de La Buisserate, d'une maison, un pré et un bois auprès de ladite maladrerie moyennant une somme de cinquante florins.

18 septembre 1446.

In nomine Domini, amen. Noverint universi et singuli quod anno Domini millesimo quatercentesimo quadragesimo sexto et die decima octava mensis septembris, in presentia mei notarii publici et testium inferius nominatorum personaliter constituti Petrus Moteti et Anthonia, uxor dicti Petri Moteti et etiam Gonetus, eorumdem conjugum filius, habitatores parrochie Sancti-Martini-Vinosi, omnes simul et quilibet ipsorum in solidum, specialiter dicta Anthonia, uxor dicti Petri Moteti et Gonetus eorum filius, de auctoritate licentia, voluntateque et consensu dicti Petri Moteti,. .... vendiderunt tradiderunt, concesserunt et remiserunt, titulo pure, perfecte et irrevocabilis venditionis, Anthonio Girbacti et Petro Tantorti (?), leprosis et infirmis maladerie de Buxerata, dicte parrochie Sancti-Martini-Vinosi, ibidem presentibus, ementibus pro se et ad opus maladerie et infirmorum seu leprosorum in ipsa maladeria in futurum affluentium, quandam domum ipsorum Petri Moteti et Anthonie, conjugum, una cum prato, nemore et toto tenemento dicte domui pertinenti et contiguo, sitam in dicta parrochia Sancti-Martini-Vinosi, loco dicto in Maladeria, juxta aliud tenementum ipsorum infirmorum seu leprosorum, a parte solis occasus, juxta iter publicum tendens versus Gratianopolim, a parte venti, juxta terram et revoyriam Petri Ilam alias Mathon, ex parte solis ortus et juxta nemus conventus Sancti Roberti, vocatum nemus Patolerii, ex parte superiori et bisie,...... vendiderunt, inquam, dicti conjuges et filius dictas domum, pratum, nemus et tenementum dicti conjuges et eorum filius, ut supra, venditores, ad habendum, tenendum et possidendum per dictos emptores et infirmos ac leprosos, eorumque successores et alia faciendum que deinceps voluerint et sua interesse putaverint, precio et nomine precii quinquaginta florenorum, monete currentis. Quod quidem precium dicti venditores confessi fuerunt habuisse et recepisse a dictis Anthonio Girbacti et Petro Tantorti, leprosis, emptoribus, in pecunia numerata.....

Acta fuerunt premissa Gratianopoli, infra conventum Fratrum Predicatorum, in antiquo claustro ipsius conventus, presentibus venerabilibus viris domino Johanne de Molario, cappellano parrochie Vennonis, fratre Johanne Ridelli, conventuali et religioso dicti conventus Fratrum Predicatorum et Petro Couy alias Pignati, testibus rogatis ad premissa.

(Archives de Grenoble, série GG. Carton de la Maladrerie de La Buisserate).

III

Cession par Benoite Borrel, de La Buisserate, à Pierre Tentour, lépreux, agissant au nom des autres lépreux de la Maladrerie, de tous ses droits sur des terres dépendant du domaine de la Maladrerie de La Buisserate.

9 février 1452.

In nomine Domini, amen. Noverint universi et singuli hoc presens verum et publicum instrumentum visuri, lecturi seu etiam audituri quod anno nativitatis ejusdem Domini millesimo quatercentesimo quinquagesimo secundo, indictione decima quinta cum eodem anno sumpta et die nona mensis febroarii, in mei notarii publici et testium inferius nominatorum presentia, personaliter constituta Benastrua Borrelli, de Buxeracta, uxor Guilhaudi Sirandi, ipsa inquam Benastrua, de licentia tamen et auctoritate predicti Guilhaudi, ejus viri, ibidem presentis, licentiamque et auctoritatem eidem Benastrue quoad infrascripta dantis et concedentis, gratis et sponte...... cessit et remisit, titulo cessionis et remissionis, tradidit et concessit Petro Tentour, leproso, habitatori maladerie prope Buxeractam, ibidem presenti, pro se et nomine aliorum infirmorum existentium et successorum suorum in dicta maladeria stipulantique solemniter et recipienti, videlicet omnia jura omnesque actiones, rationes, requisitiones et dreyturas, que et quas eadem Benastrua habet, habereque potest et debet ac in futurum habere posset in quadam pecia prati sive viridarii, ubi sita est domus dicte maladerie et in quadam pecia vinee et nemoris, dicto viridario contigua, que pecie viridarii, vinee et nemoris date fuerant Petro Clavelli, leproso quondam, que site sunt loco dicto in maladeria, juxta suos confines, nichil juris, actionis, rationis, requisitionis aut dreyture in eisdem retinendo, sed in dictum Petrum, ibidem presentem et, ut supra, stipulantem solemniter et recipientem, totaliter transferendo. Devestiens se predicta Benastrua de predictis peciis viridarii, vinee et nemoris, traditione unius calami, ut moris est, in manibus mei notarii subsignati, stipulantis et recipientis, nomine, vice et ad opus domini sive dominorum, de cujus seu quorum feudo predicte pecie tenentur et moventur, rogando et requirendo eosdem sive eumdem quatinus eundem Petrum Tentour et aliis infirmos supradicte maladerie retinere et investire velit seu velint tociens quociens per eosdem fuerint requisiti...... promittens, etc.

Acta fuerunt hec apud Buxeractam, videlicet in grangia Johannis Ham alias Mathon, presentibus, etc. Et ad premissorum majoris roboris firmitatem sigillum castellanie Curnillionis huic instrumento est appensum.

(Archives de Grenoble. Série GG. Carton de la maladrerie de La Buisserate.)

IV

Rachat par deux lèpreux de la maladrerie de La Buisserate d'un cens annuel que la maladrerie devait au prieuré de Saint-Robert.

17 mars 1466.

In nomine Domini, amen. Noverint universi et singuli hoc presens verum et publicum instrumentum visuri, lecturi ac etiam audituri, quod cum infirmi maladerie de Buxeracta, ratione bonorum et possessionum ejusdem maladerie, tenerentur, anno quolibet, venerabili conventui prioratus Sancti-Roberti in duabus somatis vini boni, puri, franchi et receptibilis census, ultra censum per eosdem infirmos ipsi conventui debitum occasione dictorum bonorum et possessionum, ut per recognitiones ipsius conventus constat, fueritque in retentione eisdem infirmis de dictis bonis et possessionibus per eundem conventum facta, actum et reservatum per eundem conventum et in pactum expresse deductum quod iidem infirmi tenerentur et deberent ipsum censum duarum somatarum vini redimere et reachatare; sic est quod anno nativitatis ejusdem Domini millesimo quatercentesimo sexagesimo sexto, indictione decima quarta cum eodem anno sumpta et die decima septima mensis martii, coram me notario publico ét testibus infranominatis constituti venerabiles et religiosi fratres ac domini Guimetus Audisii, subprior et infirmarius, Franciscus Garcini, Johannes Eyberti, Michael Silvestri, Carolus Gauberti, Anthonius Garcini.... monachi, Amedeus de Sancto-Andrea, Petrus Buffaventi, Georgius de Gumilhiaco, Johannes de Liencourt, Jacobus Gentonis et Georgius Girardi, novicii claustrales dicti prioratus Sancti-Roberti, qui non decepti,..... confessi fuerunt se habuisse et realiter, ut asserunt, recepisse ab Anthonio Gerbacti et Anthonio de Amoribus, infirmis dicte maladerie, dictis Anthonio Gerbacti et Anthonio de Amoribus michique, notario publico subscripto, more publice persone, ibidem presentibus, stipulantibus solemniter et recipientibus vice et ad opus dicte maladerie et successorum in eadem, videlicet plenariam solutionem et satisfactionem quadraginta florenorum monete currentis et hoc ratione dictarum duarum somatarum vini et hoc tam per manus Petri Odenodi alias Franches, parrochie de Ques, quam per manus Gononi de Amoribus, fratris predicti Anthonii de Amoribus, sic quod contenti, nomine dicti conventus et successorum in eodem, eosdem Anthonium Gerbacti et Anthonium de Amoribus, nomine dicte maladerie et successorum in eadem, de dictis quadraginta florenis monete ac duabus somatis vini census quittaverunt et quittant . . . .

Acta fuerunt premissa infra dictum prioratum Sancti-Roberti, videlicet sub ulmo existente in curte ejusdem, presentibus domino Philippo de Ulmo cappellano, Gonino Odenodi et Johanne Richardi, parrochie Sancti Agrippani, testibus ad premissa vocatis specialiter et rogatis.

(Archives de Grenoble. Série GG. Carton de la maladrerie de La Buisserate.)

V

Lictera consensus et licencie per consules civitatis Gratianopolis impertite nobili Johanni Boverii, leproso, ut ediffieari faceret unam cameram in maladeria de Balma prope Boysseratam, pro mansione sua.

Juillet 1467.

Anno domini millesimo CCCC° sexagesimo septimo, indictione decima quinta[1]... mensis jullii, cum nobilis Johannes Boverii, de Fontanis, Domino permictente, morbo lepre tactus, non est diu, intendit se retrahere in maladeria de Balma prope Boysseratam, cum tamen beneplacito et voluntate

[1] La date du mois manque.

honorabilium virorum Johannis de Vourey, Petri de Suellis, Johannis de Chappanis et Georgii Revolli, consulum modernorum Gratianopolis, administratorum, conductorum et protectorum ac rectorum dicte maladerie et etiam infirmorum in eadem maladeria commorantium, et ibidem in eadem maladeria suis sumptibus edifficare unam cameram desuper camera nobilis Eymar Reppellini, leprosi, ibidem manentis, ibidem apportare cubile et omnia sibi neccessaria et vivere de proprio absque aliquo onere dando aliis infirmis, qui nunc sunt et erunt in futurum, nec etiam aliquam aliam occupationem in dicta domo ac possessionibus et pertinenciis ejusdem, nisi de beneplacito omnium aliorum pauperum infirmorum procederet; hinc est quod, anno et die predictis, dicti domini consules, actentis requisitione et oblatione antedictis et quod ipse Boverii, temporibus retrolapsis, bonus nobilis homo et bone reputationis ac vicinus satis propinquus ipsius maladerie existit, consentierunt et consentiunt, quantum in eisdem est, quod ipse nobilis Johannes Boverii collocetur et recipiatur in eadem maladeria, dum tamen promictat et se obliget actendere et servare omnia supranarrata, et ubi faceret contrarium et noxiam ac debatum poneret in dicta maladeria ac dampnum et injuriam inferret infirmis, quod expellatur ab eadem maladeria et recedat, dum tamen infirmi ipsius maladerie premissis voluntarie consentiant; proviso quod nullum alium infirmum seu infirmam possit secum retrahere in supradicta camera, nisi procederet de consensu omnium aliorum infirmorum dicte maladerie et cum hoc, ultra premissa, ipse Johannes Boverii teneatur et debeat solvere duo scuta ad utilitatem dicte maladerie, pro construendo ibidem prope dictam maladeriam in loco ordinato unum puteum et pro reparatione capelle dicte maladerie. Quibus premissis omnibus mediantibus, contemplationeque nobilitatis dicti nobilis Johannis Boverii, prenominati consules acquieverunt et premissa modo predeclarato fieri concesserunt et volunt ac ratifficaverunt, emologaverunt et approbaverunt, ipsum nobilem Johannem Boverii propterea ad premissa admictendo, dum promictat omnia premissa adimplere et de voluntate aliorum infirmorum dicte maladerie processerit; commictendo exequtionem premissorum omnium et terminationem ac tractatum honorabili viro magistro Johanni Guigonis, notario, civi Gratianopolis et mihi notario subsignato. De quibus etc.... Acta fuerunt premissa in hospitali B. M. Gratianopolis.......

Postquam anno et indictione ac die quibus supra, in mei notarii et testium subscriptorum presentia, prenominatus Johannes Boverii gratis et sponte promisit et juravit omnia et singula supra et infrascripta actendere, perficere, complere, observare ac solvere modo et forma premissis ac ipsa habere rata, grata et firma ac contra non venire, sub obligatione et hypotheca omnium bonorum suorum, etc. — Acta fuerunt premissa Gratianopoli, prope portam Perrerie, in itinere publico, presentibus prefato Johanne Guigonis, notario, commissario ac nobili et discretis viris Petro Eymerici de Seyssino, Glaudio Combe alias Baro dicti loci Seyssini et Stephano Lajardi, Sancti Stephani de Sancto Jocurs, testibus; Et me dicto Johanne Sybueti alias Reymundi, notario publico subsignato. Sybueti.

(Archives de la ville de Grenoble. AA. 6, fol. 280.)

VI

Sequitur modus per lazaros sive leprosos tenendus in hac civitate Gratianopolis super ingressu et questa elemosinarum ordinatus, ex conclusione consilii civitatis predicte, facta anno Domini millesimo quingentesimo vicesimo secundo die XXV aprilis (f° conclusionum 155).

25 avril 1522.

Primo, insequendo ordinationes dudum super hoc factas et in libro ordinationum et statutorum insignis curie Parlamenti dalphinalis fol. XXVI et XXVII registratas, quod morbo lepre infecti, undecunque existant, non habeant intrare nec manere in hac civitate Gratianopolis multo populo elevata, pro questando vel alias nisi de existentibus de leproseriis et de maladeriis Boysserate, Montisbonodi et Geyrie, nisi transeundo et iter faciendo quam longius fieri poterit a sanis, ut obvietur periculis et inconvenientibus, que ex conversatione ipsorum leprosorum contingere possent, eo maxime quia talis infirmitas est contagiosa et a sanis pro posse evictanda.

Item quod unus minus infectus de qualibet dictarum maladeriarum poterit venire in civitate, qualibet hebdomada anni, tribus diebus, videlicet dominica, martis et veneris, querendo separatim tamen elemosinam et questam nomine omnium infirmorum dicte sue maladerie faciendo, qui charrerias inter se dividere habeant, ne simul vadant et congregationes populi melius evictent et sanorum, excepto tamen tempore inferius declarato.

Item quod dicti tres, facta queysta, se invicem reperiant in aliquo separato loco per eos determinato, longe a conversatione sanorum, ubi elemosinas habitas divident inter se fideliter et portent in maladeriis eorum, habito respectu ad quantitatem infirmorum cujuslibet maladeyrie, ita quod ubi plus erunt leprosi, plus habeant de inventis elemosinis.

Item et ut cognoscantur ipsi questam facientes de dictis maladeriis et discernantur ab extraneis, quod ipsi tales questam facientes portare habeant arma dicte civitatis vel aliud signum conveniens per quod dignoscantur ab aliis extraneis.

Item quod ipsi leprosi et lepra affecti ab ultima die Pascatum non intrabunt civitatem usque ad tunc sequens festum Omnium Sanctorum. Per dominos consules Gratianopolis expertus aliquis et probus ad hoc commictetur, qui cum juramento debito perquirat elemosinam et queystam, nomine ipsorum leprosorum, tribus diebus predictis cujuslibet ebdomade [faciat] et qui habeat boetam claudentem clave, in qua elemosine pecuniarie reponentur, cujus consul habeat clavem et que cum aliis helemosinis per dictum consulem et commissum inde respective dictis tribus maladeriis dividantur, habito respectu ad quantitatem leprosorum.

Item et qui talis commissus solvatur de dictis helemosinis, prout dicto consuli videbitur moderate.

Item quod in dictis leproseriis respective ab inde non reciplantur leprosi nisi sint de castellania predictarum leprosériarum et de consensu dictorum consulum Gratianopolis, nec hospitentur extranei, nisi per unam diem naturalem, bene placito tamen domini Gubernatoris Dalphinatus et predicte Parlamenti curie in premissis semper salvo.

Item quod nolentes observare predictas ordinationes a predictis leproseriis expellantur aut alias artentur (?) observare per sequestra talium questarum aut alio meliori modo, arbitrio dictorum consulum et quod premissa notifficentur dictis leprosis et quibus expediant, abinde tenenda et observanda.

(Archives de la ville de Grenoble. AA. 6, fol. 406.)

VII

Union de la maladrerie de La Buisserate à l'hôpital de Grenoble.

Décembre 1645.

Louis, par la grace de Dieu, roy de France et de Navarre, dauphin de Viennois, comte de Valentinois et Diois, à tous présens et à venir salut. Nos chers et bien amez les directeurs et administrateurs des hospitaulx de nostre ville de Grenoble nous ont fait remonstrer que proche de ladicte ville et sur le grand chemin d'icelle est située une ancienne léproserie, appellée de La Buisserate, de laquelle deppendent quelques héritages contigus de fort peu de revenu. Et pour ce que, depuis plusieurs années, ceste maison n'a servy aux usages, ausquels par sa fondation elle a esté destinée, mais a esté occupée par le premier qui a voulu s'en emparer et a présent, estant vaccante, pourroit, à l'endroit où elle est, servir de retraite aux voleurs au préjudice du public, les exposans, qui sont chargés d'une multitude incroyable de pauvres, causée par la nécessité du temps et par les fréquents passages des armées d'Italie et du Piedmont se seroient retirez par devers nostre très-cher et féal cousin le sieur Cardinal de Lion, commandeur de nos ordres, archevesque et comte dudit Lion, primat des Gaules et grand aumosnier de France, pour avoir son consentement à l'union qu'ils désireroient faire de ladite léproserie aux hospitaux de ladicte ville, lequel il leur auroit accordé par les mesmes considérations cy-dessus et renvoyez par devers nous pour leur estre pourveu, nous requérans à ce moyen qu'il nous pleust unir et incorporer ladite léproserie et les biens qui en deppendent aux hospitaux de ladicte ville, pour estre par eux et leurs successeurs régis et administrez, le revenu de ladite maison et biens en deppendans par eux employé à la nourriture des pauvres et d'icelui rendre compte conjointement avec les revenus des autres hospitaux de ladite ville et pour cet effect leur estre pourveu de nos lettres sur ce nécessaires.

A CES CAUSES, scavoir faisons qu'après avoir fait mettre l'affaire en délibération en nostre conseil, de l'advis de la Reine régente, nostre très honorée dame et mère et de celui de nostre dit conseil, qui a veu l'acte de consentement de nostre dit cousin, le sieur Cardinal de Lion, grand aumosnier de France et de l'advis de nostre procureur général au Parlement de Dauphiné, cy-attachez sous le contre séel de nostre chancelerie, de nostre certaine science, plaine puissance et authorité royale, nous avons par ces présentes, signées de nostre main, uny et incorporé, unissons et incorporons la maison, biens et dépendances de ladicte léproserie aux autres hospitaux de ladicte ville, pour estre régis et administrez par mesmes directeurs et les revenus d'icelle employez aux mesmes usages que ceux desdits hospitaux, dont sera rendu compte conjointement en la forme et manière accoustumée pour lesdits hospitaux; aux charges néanmoins que, s'il se trouve quelque lépreux dudit lieu et ses environs, il sera logé, nourri et entretenu sa vie durant sur le revenu de ladicte maladrerie, que la maison et deppendances d'icelle seront entretenus en bon estat, le service divin fait et les charges acquittées, si aucunes sont deues; faisant deffenses très-expresses à toutes personnes, de quelque qualité et condition qu'elles soient, de troubler lesdits exposants et leurs successeurs en la jouissance de ladicte léproserie et ce qui en dépend.

Si donnons en mandement à noz amez et féaulx les gens de nostre Grand Conseil et autres noz justiciers qu'il appartiendra que ces présentes nos lettres ils facent lire, publier et enregistrer, etc.

Donné à Paris, au mois de décembre, l'an de grace mil six cens quarante cinq, et de nostre règne le troisième. Signé : Louis. Et sur le reply : Par le Roy Dauphin, la Reine régente, sa mère, présente. — Le Tellier.

(Archives de l'Isère. B. 2924, fol. 991 v°.)

VIII

Lettres patentes portant réunion à l'hôpital de Grenoble de la maladrerie de Gières et des hôpitaux de Domène et de Vif.

Octobre 1696.

Louis, par la grace de Dieu, roi de France et de Navarre, dauphin de Viennois, comte de Valentinois et Diois, à tous présents et à venir salut.

Nos bien amez les administrateurs de l'hôpital des pauvres malades de notre ville de Grenoble nous ont fait remonstrer que par nos édits et déclarations des mois de mars, avril et août mil six cens quatre-vingt-treize nous aurions désuny de l'ordre de Notre-Dame de Mont-Carmel et de Saint Lazare les maladeries et léproseries, qui y auroient été incorporées par autre notre édit du mois de décembre mil six cens soixante-douze, déclaration et arrects rendus en conséquence et icelles réunies aux hopitaux, desquels elles avoient été désunies, ce qui a donné lieu à l'arrest rendu en notre conseil le treize juillet de la présente année mil six cens quatre-vingt-seize, portant union audit hopital des pauvres malades de la ville de Grenoble des biens et revenus de la maladerie de Gières et des hopitaux de Domène et de Vif et qu'à cet effet toutes lettres nécessaires en seroient expédiées, quelles ils nous ont très-humblement fait supplier leur vouloir accorder. A ces causes, après avoir fait voir en nostre conseil le susdit arrest du 13e juillet de la présente année mil six cens quatre-vingt-seize, cy attaché sous le contre-scel de nostre chancellerie et désirant que nosdits édits et déclarations des mois de mars, avril et aoust mil six cens quatre-vingt-treize soient exécutés selon leur forme et teneur, nous avons joint, réuny et incorporé et par ces presentes, signées de nostre main, joignons, réunissons et incorporons audit hopital des pauvres malades de la ville de Grenoble les biens et revenus de la maladerie de Gières et des hopitaux de Domène et de Vif pour en jouir du premier juillet mil six cens quatre-vingt-quinze et estre lesdits revenus employés à la nourriture et entretient des pauvres malades dudit hopital de Grenoble, à la charge de satisfaire aux prières et services de fondation, dont peuvent être tenus lesdits hopitaux de Domène et de Vif et de ladite maladrerie et de recevoir les pauvres malades des lieux et paroisses de leur situation, à proportion de leurs revenus; et, en conséquence, nous ordonnons que les titres et papiers concernant lesdits hopitaux de Domène et de Vif et ladite maladrerie, biens et domaines en dépendans, qui peuvent être en la possession de Me Jean-Baptiste Macé, cy-devant greffier de la Chambre royale aux archives de l'ordre de Saint-Lazare et entre les mains des commis et préposés par le sous-intendant et commissaire par nous desparty en Dauphiné et Savoye, mêmes en celles des chevaliers dudit ordre, leurs agents, commis et fermiers ou autres, qui jouissoient desdits biens et revenus avant nostre dit édit du mois de mars mil six cens quatre-vingt-treize, seront délivrés aux administrateurs dudit hôpital de Grenoble, à ce faire les dépositaires contraints par toutes voyes et faisant ils en demeureront bien et valablement déchargez.

Si donnons en mandement, etc......

Donné à Fontainebleau, au mois d'octobre, l'an de grace mil six cens quatre-vingt-seize et de nostre règne le cinquante-quatre. Louis. Par le Roy Dauphin : Colbert.

(Archives historiques de l'Hôpital de Grenoble, B. 109)

TABLE DES MATIÈRES

DU TOME Ier

Pages.

www.ingramcontent.com/pod-product-compliance
Lightning Source LLC
Chambersburg PA
CBHW071634270326
41928CB00010B/1909